Radetzkyschule 1938

EINE SPURENSUCHE

PROJEKTDOKUMENTATION UND ERINNERUNGSTEXTE

Renate Mercsanits in Zusammenarbeit mit
Martha Bernardi, Evelyn Hadler,
Michaela König, Peter Waschulin.

Lektorat
Martha Bernardi, Christa Ertel, Michaela König,
Edith Reder, Alena Ticha, Peter Waschulin.

Titelphoto
Jože Boschitz und Petra Matulik

Photos
Kit Klein-Larsen, Petra Matulik,
Peter Schneidinger, Hermine Mandl,
Gerhard Brückler, Julius Tacha.

Mit Unterstützung von
Helga Gangl-Pleiner, Patrick Koger,
Ernst Schwager, Trude Zwieback.

Gestaltung
Erich H. Ulrich

Herausgeber
GRG3 Radetzkystraße

Verlag
Ueberreuter, Wien 2011

ISBN Nr: 978-3-85003-489-0

Inhaltsverzeichnis

Das Gedenkprojekt wurde von den Schülerinnen und Schülern und vom Lehrerkollegium des RG3 Radetzkyschule getragen. Ihnen allen gilt der besondere Dank.

WIR DANKEN

Jewish Welcome Service Wien – Susanne Trauneck

Nationalfonds der Republik Österreich für Opfer des Nationalsozialismus

Zukunftsfonds der Republik Österreich

Bundesministerium für Unterricht und Kunst
– Abteilung für politische Bildung

Verein „Freunde des Religionsunterrichtes"

Wien Kultur – 3. Bezirk

Elternverein des RG3 Radetzkystraße

BIG Bundesimmobiliengesellschaft

Bundesministerium für Justiz

Weingut Salzl, Illmitz

Coca Cola Company

Ottakringer

DIE PROJEKTDOKUMENTATION WURDE GEFÖRDERT VON

ZukunftsFonds der Republik Österreich

bm:uk Bundesministerium für Unterricht, Kunst und Kultur

Zum Geleit

BUNDESPRÄSIDENT DR. HEINZ FISCHER

Ich möchte gleich zu Beginn meines Vorwortes zum Ausdruck bringen, dass ich all jenen sehr dankbar bin, die an der vorliegenden Publikation mitgearbeitet haben, ganz besonders Frau Professor Renate Mercsanits.

Trotz vieler Analysen und Augenzeugenberichte, die uns heute bereits vorliegen, bleibt es wichtig, über die Gräuel des Nationalsozialismus zu berichten und persönliche Erinnerungen niederzuschreiben. Nicht zuletzt deshalb, um dem Verdrängen, Vergessen oder Verharmlosen entgegenzuwirken.

Die Erinnerungen der ab 1938 vom Realgymnasium „Radetzkyschule" in Wien vertriebenen, verschleppten bzw. ermordeten ehemaligen jüdischen Schülerinnen und Schüler, Lehrerinnen und Lehrer sind daher ein wertvolles Dokument. Sie machen die Zeit vor über 70 Jahren wieder lebendig, in der Rassenwahn und Menschenverachtung auch in der Radetzkyschule Einzug hielten.

Bei der Enthüllung der Gedenktafel im November 2008, bei der ich anwesend sein konnte, kamen jene Menschen zu Wort, welche die nationalsozialistische Verfolgung erlebt und überlebt haben. Sie waren gebeten worden, aus ihren Erinnerungen heraus zu den Anwesenden zu sprechen. Die Geschichte von vielen Opfern der nationalsozialistischen Gräuel bekam auf diese Weise ein Gesicht, wurde nachvollziehbar und nachfühlbar: Was es bedeutet, das Morgengrauen fürchten zu müssen, das Klopfen an der Tür, die ständige Angst, verhaftet und in die absolute Ungewissheit verschleppt zu werden und dann jede Minute mit Grausamkeiten und Tod rechnen zu müssen.

Es ist sehr verdienstvoll, dass die Radetzkyschule diese Berichte dokumentiert hat und dabei auch die heutige, junge Generation zu Wort kommen lässt.

Für mich als Bundespräsident ist es wichtig zu fragen, welche Lehren aus der Beschäftigung mit der unmittelbaren Vergangenheit unseres Landes gezogen werden können.

Zunächst ist die Erinnerung ein Akt der Solidarität mit jenen, die mit der nationalsozialistischen Machtergreifung über Nacht ihrer Rechte, ihrer Würde und ihres Lebens beraubt wurden. Sie erhalten auf diese Weise ein Stück dieser Würde zurück, verbunden mit dem Vorsatz, dass so etwas nie wieder geschehen darf.

Darüber hinaus ist es aber auch ein Ansporn, mit Engagement das weiterzuführen, was auf dem Boden der neu gewonnen Freiheit, der demokratischen Rechte und der Lebenssicherheit entstanden ist.

Das ist der Grundgedanke, den ich vor allem der jungen Generation vermitteln möchte: Gedenken heißt auch, in die Zukunft zu schauen und zu verstehen, dass ein demokratisches, freies und friedliches Österreich, das in der Welt geschätzt und geachtet wird, unser aller Mitwirkung und Verantwortung bedarf.

In diesem Sinne freue ich mich über die einprägsam gestaltete Dokumentation und wünsche ihr die verdiente Beachtung und weite Verbreitung.

GELEITWORT DES DIREKTORS

„Zachor!“ – Erinnere dich! So lautet der jüdische Imperativ, den die österreichische Republik nach 1945 nur teilweise beherzigt hat.

Die Zurückholung der Vertriebenen stand nach 1945 nicht auf der Tagesordnung der Regierung. Nur kurz nach Kriegsende waren die österreichischen Widerstandsaktivitäten von Staats wegen betont worden, bald aber trat im innenpolitischen Diskurs die reibungslose Reintegration der eigenen Ex-Nazis in den Vordergrund. Und dann herrschte, anders als etwa im Frankreich der Résistance, in Österreich der Opfer-Mythos. Erst sehr spät, nach der „Waldheim-Affäre“, hat sich das offizielle Österreich unter Kanzler Vranitzky von der Opfer-These verabschiedet.

„Erinnere Dich!“ – „Die Erinnerung tut zu weh“, so der Titel eines Buches über jüdisches Leben und Antisemitismus im Waldviertel. Zwischen diesen beiden Extremen bewegen sich Überlebende der Shoa bzw. Vertriebene, wenn sie an ihre Jugend zurückdenken.

In diesem Sinne freut es mich umso mehr, dass ehemalige jüdische SchülerInnen des RG3, die nach dem Anschluss emigrieren mussten, Teile ihrer Lebensgeschichte mit uns teilen.

Ich bin stolz, Direktor einer Schule zu sein, in der unter Frau Dir. Tesar mit einem großen Schulprojekt die Aufarbeitung der Geschichte unserer Schule begonnen hat.

Als Direktor sage ich dem Projektteam herzlichen Dank für die Initiative zur Fortsetzung dieses Projektes und zu seiner Umsetzung in Form des vorliegenden Buches.

Joachim Riedl schreibt, dass die Erinnerung in Österreich und Deutschland die Auslöschung, also die Leere, umschließt. Und das einzige Monument, das dem entspräche, wäre also eines, das man nicht sieht, weil es nur in den Köpfen der Menschen existiert.

Und das ist genau das, was ein Buch vermag: Es pflanzt die Bilder, die Geschichten und die Gedanken der Erinnerung in den Geist der Menschen. Es kann vergegenwärtigen, was lange verschwunden war.

Möge das diesem Buch gelingen!

Robert Etlinger

Zum Geleit

GELEITWORT FRAU EVA TESAR

Das Schulprojekt „Gedenktafel RG3" vom November 2008 war das eindrucksvollste meiner Schulleiterlaufbahn am RG3. Und ich bin heute noch stolz darauf, dass eine so große, vielfältige und auch komplizierte Institution wie es eine AHS ist, zu so einem umfassenden Projekt zusammengefunden hat.

Was braucht es, um ein derart aufwändiges, buchstäblich alle in der Schule arbeitenden Erwachsenen und Jugendlichen einbindendes Großprojekt erfolgreich durchzuführen?

Eine engagierte Professorin, ein zähes und durchhaltekräftiges Kernteam und ein Lehrerkollegium, in dem ein vorbehaltloser antifaschistischer Konsens besteht. Darüber hinaus eine pädagogische Haltung, wie sie im Schulprofil des RG3 festgelegt ist. Aber auch ein Bewusstsein darüber, wie fragil und verletzlich Humanität und Demokratie sind.

Empirische Studien zeigen, wie misstrauisch bis gleichgültig Jugendliche gegenüber der Demokratie eingestellt sind. Wie sehr sie den Abstand zwischen Demokratieideal und ihrer Lebenswirklichkeit empfinden. Schule kann solche Einstellungen nicht radikal ändern, zu viele andere Einflüsse spielen mit.

Aber Projekte wie dieses können dazu beitragen zu verstehen, welche Entwicklungen und Prozesse zur Zerstörung von Demokratie führen. Aber nicht nur die kognitive Ebene wurde hier angesprochen, die eigene Schule als Gedenkort, die Schulgemeinschaft als veranstaltende Institution und die eindrucksvollen Zeitzeugen als unsere Gäste trugen dazu bei, Wissen und Erkenntnisse auch gefühlsmäßig zu verankern. Und so wird diese Publikation dazu beitragen, die differenzierte Erinnerungskultur am RG3 zu erhalten.

Eva Tesar

„Gleichzeitig werde ich den Gedanken nicht los, wie verspätet dieses Unterfangen siebzig Jahre nach den Vorkommnissen ist, das sich an Personen richtet, die, wie ich, zwischen 85 und 90 Jahre alt sind und wie wenig Chancen es hat, eine tatsächliche Weitergabe der Erfahrungen an die heutige Generation zu erlauben, die nicht die «next generation» ist, sondern die einige Generationen danach …"

Isabelle Halpern *(Übersetzung aus dem Französischen: Evelyn Hadler)*

Einleitung

Die vorliegende Dokumentation ist unseren ehemaligen jüdischen Schülerinnen und Schülern geschuldet: Sie vertrauten uns ihre Erinnerungen an, gaben bereitwillig Interviews oder brachten ihre für ihre Familien verfassten Texte mit oder verwiesen uns an ihre bereits veröffentlichten Memoiren. Ihnen gebührt unser aller Dank!

Diese Erinnerungstexte bilden das Herzstück dieser Dokumentation: „Eine einzige Lebensgeschichte (vermag) über ihre eindringliche Sprache oft mehr zu vermitteln und über die Vergangenheit Nuancierteres, also Genaueres und Vielfältigeres, auszusagen als zum Beispiel ausführliche statistische Reihen, deren heuristischer Wert hier nicht bestritten werden soll."[1]

Mit den Erinnerungstexten mitgegeben wurden Zeugnisse, Klassenfotos, Fotos von Schulskikursen, aber auch Fotokopien eines Stammbuches oder Buchseiten aus dem Lesebuch der Ersten Klasse der Volksschule, Identitätskarten, Schulbesuchsbestätigungen, Familienfotos und natürlich Briefe. Wir erhielten 39 Antwortschreiben von unseren 1938 unter der nationalsozialistischen Gewaltherrschaft aus der Radetzkyschule vertriebenen jüdischen Schülern und Schülerinnen. Viele antworteten unserer Einladung per Brief, per Email oder Telefon. Manche besuchten uns bereits im Juni 2008. Zum Festakt im November 2008 kamen einige unserer ehemaligen jüdischen Schüler und Schülerinnen mit ihren Familien und Freunden:

Walter und Erika Absil (Kanada), Alexander und Eva Aldbrook(Großbritannien) Chanan und Shulamit Kedar (Israel), Charles und Germaine Spencer (Großbritannien), Georg Fischer (Wien), Hildegard Kletecka (Wien), Martin Vogel (Wien), Xenia Lonergan (Großbritannien), Susan Messinger und Neffe Paul Messinger und Nichte Nena Peltin (USA), Marylyn und Kit Klein Larsen (USA) und ihre Tochter Jessica; Melitta Löwy Garbuny (USA) mit ihrer Schwester, ihrer Tochter Carole Vogel und weiteren Familienmitgliedern – Kindern und Enkelkindern –, angereist aus aller Welt, um mit uns gemeinsam zu gedenken und zu erinnern. Als Zeitzeuge und Wegbegleiter unserer Projektarbeit mit dabei auch Prof. Ari Rath, ehemaliger Chefredakteur der Jerusalem Post und 1938, im Alter von 13 Jahren vertrieben vom Wasagymnasium.

Die Schuld- und Verantwortungsverstrickung der eigenen Schule zum Thema zu machen, verlangt danach, die Opfer zu kennen und ihre Namen im Gedächtnis der Schule zu bewahren und zu würdigen. Es verlangt auch die Schuldverstrickung der eigenen Schule offenzulegen, nach den Ausgrenzungsmechanismen und der institutionellen und direkten Gewalt der nationalsozialistischen Herrschaft vor Ort zu fragen. Dies wird im hinteren Teil der Dokumentation versucht: Schüler/Schülerinnen und Lehrer/Lehrerinnen waren die ersten Opfer der nationalsozialistischen Vertreibungspolitik. Den meisten unserer jüdischen Schüler und Schülerinnen gelang die Flucht. Sie verloren ihre Wohnungen und ihre wirtschaftlichen Lebensgrundlagen.

Alle wurden um ihre Jugend betrogen. Viele verloren ihre Familien in den nationalsozialistischen Vernichtungslagern. 121 jüdische Schülerinnen und Schüler der Radetzkyschule wurden am 27. April 1938 ausgesondert, 160 jüdische Schülerinnen und Schüler an unsere Schule verwiesen, die zu einer sogenannten „jüdischen Sammelschule" wurde. 28 Schüler und Schülerinnen und ein Lehrer der Radetzkyschule wurden ermordet. Ihr Andenken möge gesegnet sein.

Im letzten Abschnitt werden die verschiedenen Etappen der Erinnerungsarbeit an der Radetzkyschule zum Thema gemacht. Eine ganz besondere Quelle verdanken wir Frau Inge Svoboda: Sie verteilte im März 1988 handschriftlich verfasste Flugblätter vor dem Schulgebäude, um Schüler und Schülerinnen auf die Geschichte des Hauses und die Verdrängung des Wissens um die nationalsozialistischen Verbrechen aufmerksam zu machen. Ihre Initiative wurde von Lehrern und Lehrerinnen der Schule aufgegriffen. Die erste Gedenktafel wurde damals enthüllt. Die Recherchen im Schularchiv wurden mehrfach unternommen. Erinnerungslernen am RG3 wird vielfältig sichtbar. Dir. Eva Tesar verweist als Schulbuchautorin auf die besonderen Herausforderungen der Holocausterziehung. David Kral geht in seiner Fachbereichsarbeit aus Geschichte mit seinen Forschungsfragen dem „Exil in Shanghai" auf Spurensuche, ebenso wie das Wahlpflichtfach einer 7. Klasse 2008/09 die Spurensuche im Bezirk aufnimmt.

„Wenn Erinnerung selbst Geschichte ist, aus der gelernt werden kann, wird aus dem Prozess, bei dem aus der Geschichte zu lernen wäre, ein Lernprozess in der Geschichte."[2] Unsere Erinnerungsarbeit steht in der „Spannung zwischen Sichern, Bewahren, Achten des Vergangenen einerseits, und aktualisierender Tradierung, fortsetzender Tradierung und Aneignung andererseits."[3] Dies entspricht dem Verhältnis von Gedenken und Erinnern. „Das Gedenken der Opfer der Geschichte, in dem Trauer zum Ausdruck kommt und eine Form findet, ist allerdings nicht abzutrennen vom Erinnerungsdiskurs."[4]

Es liegt in der Verantwortung jeder Schulgemeinschaft dem Gedenken und Erinnern Raum zu geben und Schülerinnen und Schüler beim Prozess des Fragens und Innewerdens der Erinnerung zu begleiten und die Generationenbrüche und Kontinuitäten zu reflektieren.

Die Bereitschaft unserer ehemaligen, aus ihrer eigenen Schule vertriebenen jüdischen Schüler und Schülerinnen, uns ihre Erinnerungen mitzuteilen, ermöglichen uns eine ganz besondere Begegnung: Trauerndes Gedenken und Erinnern in der Auseinandersetzung mit ihren Lebensschicksalen.

Ihre Namen bleiben eingewurzelt im Gedächtnis der Schule.

Renate Mercsanits

> *„Jetzt, wo ich in meinem fortgeschrittenen Alter endlich über die Ereignisse von 1938 meine Erinnerungen ohne viel Qualen erzählen kann, fühle ich mich verpflichtet, der jetzigen Jugend diese hässliche Vergangenheit als Augenzeuge wieder zur Erinnerung zu bringen, um hoffentlich zu vermeiden, dass so etwas in Ihrem Land je wieder geschehen kann."*
>
> Rochelle Lambert

1 Pollak, Michael: Die Grenzen des Sagbaren. Lebensgeschichten von KZ-Überlebenden als Augenzeugenberichte und Identitätsarbeit. Frankfurt/M – NY, 1988, S. 8.

2 Messerschmidt, Astrid: Bildung als Kritik der Erinnerung. Frankfurt/M 2003 S. 228

3 Ebd., S. 236

4 Ebd., S. 236

Schülerinnen des RG3 • Adelstein Hildegard • Allmann Gertrud •
Anepach Gerhard • Anspach Susanne • Apfelbaum Blanka • Austerlitz Anna •
Bauer Fritz • Bauer Ilse • Benedikt Eva • Bermann Edith • Bettelheim Edith •
Lore • Blumschein Alice • Bondy Lise • Bondy Walter • Boxhorn Erich • Bruck
Martha • Czeczowiczka Theodor • David Yvette • Diamant Marianne • Ehrenreich Eva •
Eisner Eleonore • Ellinger Susanne • Engel Meta • Fanti Erika • Feiwel Hanni •
Lucie • Fritz Lucy • Fröhlich Susanne • Fuchs Edith • Geller Bella • Geretzer Kitty •
Ginsberg Gisa • Grünhut Helene • Haber Kurt • Habermann Rachel • Hackel Walter • Heilpern Wilhelmine
Herzog Renate • Hirsch Käthe • Hirschenhauser Rene • Hochstädt Mia • Hohenberg Eva-Marie • Juer
Marianne • Justiz Therese • Kaminker Erna • Kaminker Max • Katz Susanne • Kaufmann Peter • Klapholz
Erika • Koblitz Hans • Kohn Erika • Kolber Walter • Körner Felice • Kornfeld Hans • Kornfeld Helene
Kulka Elfriede • Landmann Wilma • Leder Ruth • Lengyel Hanna • Linczyc od. Rosenstein Isabella
Lorant Lilian • Löw Susanne • Löwy Melitta • Mandl Gertrud • Mandler Kurt • Marbach Lise • Marian
Xenia-Pia • Marmorek Lise • Meiseles Laura • Messinger Susanne • Morgenstern Ernestine • Müller
Ingeborg • Neumann Käthe • Neumann Walter • Palmai Ellen • Popper Erna • Ratz Lisbeth • Raubitschek
Elfriede • Raubitschek Gertrud • Reisz Gertrud • Rosenbaum Fritz • Rosenstrauß Fritzi • Rufana
Mordechai • Safier Tirca • Schachner Erwin • Schlanger Ilse • Schlick Adolf • Schnabel Herbert
Schnapek Gertrud • Schön Heinz • Schwadron Herbert • Schwager Arnold • Schwander Karl • Silzer
Hertha • Sohr Gertrude • Steiner Hildegard • Steiner Melanie • Steinhaus Camilla • Sternbach Artur
Streit Alfred • Trebitsch Ingeborg • Ungar Paul • Urbach Alexander • Vogel Kurt • Wachtel Harry
Wagenberg Lilly • Waldmann Susanne • Weber Kurt • Weinberg Henriette • Weiss Eduard • Weisz Hans
Weisz Hans Peter
Zugewiesene Schülerinnen • Altschüler Robert • Appenzeller Ernst • Arnstein Gert
Ascher Otto • Atlass Hans • Awin Egon • Baumgarten Peter • Bernbach Robert • Blatt Marianne
Blumenfeld Edith • Böhm Harry • Brod Hans • Czaczkes Paul • David Friedrich • Diamant Heinz
Duschnitz Susanne • Eckstein Rosa • Ehrlich Max • Eisenstein Gerhard • Erber Erich • Färber
Margarethe • Fast Heinz • Feiner Walter • Feldbauer Peter • Felder Harry • Fessler Heinrich • Fessler
Bernhard • Fischer Erika • Flehner Hedwig • Fleischer Fritz • Fuchs Hans • Fuchs Maximilian • Gartner
Hans • Geller Norbert • Geller Richard • Getreu Sophie • Gewürz Heinz • Gimplowitsch Hildegard
Glaser Kurt • Goldberg Alfred • Gottesmann Erika • Grosner Erika • Grossmann Hans • Grün Gerhard
Halle Kurt • Halpert Harry • Hammermann Heinz • Hasterlik Ignaz • Heimerling Herbert • Herz Harry
Heublum Trude • Hillmann Kurt • Himler Gerhard • Hirsch-Jesernowsky Paul • Hirschfeld Kurt
Hochmann Robert • Holzer Heinz • Huschak Kurt • Jacobi Karl • Jellinek Lore • Josefsberg Paul • Jung
Kalman Heinrich • Karpeles Walter • Kaszas Josef • Katz Alexander • Kauftheil Kurt • Kemény
Kohn Josef • Königsberger Herbert • Kramer Georg • Kraus Robert • Kulla Heinz
Kupfermann Friederike • Kurz Ruth • Laufer Peter • Lazarowicz Irene
Künstler Liesl • Kupfermann Friederike • Kurz Ruth • Laufer Peter • Lazarowicz Irene
Paul • Leider Friedrich • Lemberger Leo • Liebermann Gertrud • Liebling Harry
Matzka Hans • Matzner Fritz • May Helene • Medak Harry
Oblas Lily • Oplatek Grete
Pollak Adolf • Pollak
• Reinharz Alfred
• Rubin Georg

Grußwort von Hannah Lessing

RG3 Radetzkystraße, 1030 Wien – 13. November 2008

Sehr verehrter Herr Bundespräsident,
sehr geehrte Damen und Herren,
liebe Schülerinnen und Schüler der Radetzkyschule,
Ladies and Gentlemen!

In my function as Secretary General of the National Fund of the Republic of Austria I want to especially welcome our guests who have come from so far to attend this ceremony. It gives me great pleasure that the National Fund was able to support this outstanding project.

Als Generalsekretärin des Nationalfonds, der nun schon 13 Jahre für die Opfer des Nationalsozialismus da ist, freut es mich besonders, dass wir zu diesem Projekt beitragen konnten: Es ist dem Nationalfonds ein besonderes Anliegen, Projekte zu unterstützen, die gegen das Vergessen eintreten und dem Bewahren der Erinnerung dienen – an die, die ermordet wurden, aber auch an die, deren Stimmen immer leiser werden. Es ist die Verantwortung unserer Generation, dass die Erinnerung an die Opfer im kollektiven Gedächtnis, auch an dieser Schule, verankert wird.

Für dieses Projekt konnten wir Kontakte zu ehemaligen Schülerinnen und Schülern vermitteln, die bereit waren, den Schülerinnen und Schülern von heute von ihren Erfahrungen unter der nationalsozialistischen Herrschaft zu berichten. Das ist ein unschätzbar wertvolles Geschenk, denn es gibt nicht mehr viele Menschen, mit denen wir sprechen können, die uns ein unmittelbares und lebendiges Verständnis dieses dunklen Kapitels unserer Geschichte vermitteln. Ich möchte an dieser Stelle den ehemaligen Schülerinnen und Schülern für ihre Bereitschaft unseren besonderen Dank aussprechen – aus meiner Tätigkeit weiß ich nur zu gut, wie schwer und belastend das Erinnern sein kann.

I am glad that the National Fund has established a connection between the students of the past, who attended this school in 1938, and the students of today. I know how hard it is for the survivors to speak about their experiences, and we all want to thank you for your courage – for also having undertaken the difficult responsibility of providing a voice for those who no longer have a voice and remain forever silent.

Liebe Schülerinnen und Schüler,

Durch die Gänge dieser Schule sind vor euch schon Generationen von jungen Menschen, nicht älter als ihr, gegangen, wie ihr hatten sie Träume und Hoffnungen für ihr zukünftiges Leben. Manchen von ihnen wurde diese Zukunft geraubt – 129 Schülerinnen und Schüler wurden unter der nationalsozialistischen Herrschaft ermordet. Von den Lehrerinnen und Lehrern, die sie damals unterrichteten, verloren neun ihr Leben.

Für uns heute ist es oft schwer vorstellbar, was es bedeutet, von einem Tag auf den anderen die Sicherheit, in der wir aufwachsen und die wir für so selbstverständlich halten, zu verlieren. Es ist schwer vorstellbar, wie schmal dieser Grat zwischen

Normalität und völliger Ausgegrenztheit und Verfolgung sein kann. Diese Schülerinnen und Schüler von damals mussten das erleben.

Durch die Mitwirkung an diesem Projekt konntet ihr eine ähnliche Erfahrung machen. Die Beschäftigung mit der Geschichte, das Gespräch mit Menschen, die ihre Erfahrungen mit uns teilen, kann unsere Wahrnehmung der Vergangenheit nachhaltig verändern und sensibler machen für historische Entwicklungen und dafür, wozu Menschen fähig sind. Durch das „Mit-Fühlen“ können wir vieles erfahren, was Geschichtsbücher kaum zu vermitteln vermögen.

To us who were born into a safe society, it is impossible to imagine what you have experienced. The fates suffered by the students in 1938 may seem very distant to us today. But projects like this give us a better understanding of the past.

Ich glaube, dass es auch den ehemaligen Schülerinnen und Schülern eurer Schule, die damals Verfolgung und Vertreibung ausgesetzt waren, sehr viel bedeutet, heute hier zu sein und zu erleben, dass Österreich auch anders sein kann als sie es damals erfahren mussten, dass ihr Schicksal die Menschen heute nicht kalt lässt.

Ihr seid es, die mit eurem Einsatz den Schülerinnen und Schülern von damals das Mitgefühl und die Solidarität entgegenbringen, die sie vor 70 Jahren von ihren Mitschülerinnen und Mitschülern gebraucht hätten. Auch wenn nichts „wieder gut gemacht“ werden kann: Für diese Geste der Solidarität, für die euer Projekt und diese Gedenktafel stehen, ist es nie zu spät.

It is the students of today, who want to show – through their commitment – compassion and solidarity for YOU, the students of the past. Solidarity which you would have needed 70 years ago. This project and this memorial plaque stand for their solidarity. And even though we all know that nothing can be compensated for, nothing can be repaired, we all hope that you can accept this late gesture.

Danke.
Thank you.

Vertreter der Israelitischen Kultusgemeinde,
Vize-Präsident Oskar Deutsch und Generalsekretär Mag. Raimund Fastenbauer:
Kel Moleh Rachamim – Gebet für die Opfer der Shoah wurde
anlässlich der Enthüllung der Gedenktafel gesprochen.

Die Gedenkveranstaltung

Frau Dir. Eva Tesar und der Bundespräsident, Dr. Heinz Fischer bei der Eröffnung des Festaktes.

SchülerInnen des RG3 singen unter der Leitung von Frau Prof. Iris Karner

Im Festsaal am 13. November 2008. Von rechts nach links: 1. Reihe: Eva Aldbrook, Erika Absil, Walter Absil; 2. Reihe: Nena Peltin, Michaela König, Paul Messinger.

Musikalische Untermalung der Veranstaltung durch SchülerInnen des RG3.

Prof. Renate Mercsanits eröffnet die Gedenkveranstaltung am 13. November 2008.

Die Präsidentin des Stadtschulrates für Wien, Dr. Susanne Brandsteidl, am Rednerpult.

Hanna Lessing hielt eine beeindruckende Rede.

Viktoria Ritter, Jakob Reisinger, David Kral und Arabella Buchmann, SchülerInnen des RG3, verlesen die Namen der Opfer.

LSI Mag. Helmut Zeiler, Dr. Michael Sörös und Ari Rath im Gespräch

Mag. Michaela König und Xenia Lonergan.

Paul Gulda spielte aus „Die tote Stadt" / E. W. Korngold
Marietta's Lied – „Glück das mir verblieb".

Schulkollegen und Klassenkollegen:
Walter Absil, Charles Spencer und Chanan Kedar treffen einander nach 70 Jahren.

Empfang in der Bibliothek der Radetzkyschule.

Eine Fülle von Informationen und Daten stammen aus dem Hauptkatalog des Schuljahres 1937/38,

V.l.: Kit Klein Larsen, Jessica Klein, Georg Fischer, Melitta Löwy Garbuny mit ihrer Schwester, Chanan Kedar, Shulamit Kedar, Dir. Eva Tesar.

Podiumsdiskussion mit John Bunzl, Robert Misik, Peter Geißler, Ari Rath unter der Leitung von Dir. Eva Tesar.

Ari Rath, ehemaliger Chefredakteur der Jerusalem Post mit Susanne Trauneck, Generalsekretärin des Jewish Welcome Service.

Jože Boschitz und Petra Matulik, die Gestalter der Gedenktafel.

Vertreibungsschicksale der Radetzkyschule

Eva Benedikt/Freiberger

WalterBondy/Absil

Erika Fantl/Agoston

Katerina Fuchs

Bella Geller/Isabella Deutsch-Geller

Rachel Habermann/Rochelle Lambert

Hans Koblitz/Chanan Kedar

Felice Körner/Benisch

Bertram Kornfeld

Isabella Linczyc/Isabelle Halpen

Melitta Löwy-Garbuny

Xenia Ria Marian/Lonergan

Susan Messinger

Fritz Rosenbaum

Herbert Schnabel/Herbert Harry Spencer

Karl Schwander/Charles Spencer

Alexander Urbach/Aldbrook

Martin Vogel

Eva Benedikt *(Eva Freiberger)*

Klasse 2B – Geboren am 22.3.1926

My recollections of attending Realgymnasium in the Radetzkystraße are few. I came from a nice middle class family where the children were sheltered and so at age 12 in 1938 I was not aware of the political unrest until March 1938, when all of a sudden my best friend Inge Schmid, with whom I went to Volksschule and then to Realgymnasium, would not walk to school with me. It had been our custom to meet on the corner of Franzensbrückenstraße and from there to walk together to school. She yelled across the street that she was no longer allowed to walk with me. I could not understand what happened. I came from an upper middle class family; we had a nice apartment in Franzensbrückenstraße. We had an automobile and a small weekend house in the country. After arriving at school we were separated into Jewish and non-Jewish classrooms. I do not recollect when, but some days later there was big fight between Jewish and non-Jewish boys in the street while the girls were lined up against the wall in the hallway. The Jewish boys came back some time later, quite bloodied and beaten, and told the girls to get out and run home "as fast as you can". Which I did. I believe I attended school until some time in May, when my parents decided to keep me home. I still have all my Zeugnisse. My father had been made to scrub the Hauptallee and my mother made to wash the sidewalk. My father was made to carry a sign "Beim Juden nicht kaufen" in front of some stores.

Fortunately my father had several cousins in the USA and one was persuaded to send an affidavit that would allow us to leave Austria and enter the USA. We were not allowed to take money out of Austria. Fortunately my father could buy all necessary transportation to Chicago, where relatives met us. We arrived in August 1938 penniless in the USA. Our household belongings, which were carefully packed and crated, never arrived, and to this day we don't know what happened to all the furniture and household goods. Our relatives lived in a modest house and the only room for us was in the attic. We slept on the floor. It was a long cold winter, and no prospects for my father to establish roots. He had friends in New York who helped him buy a bus ticket. My mother went from door to door selling stockings until she had enough money to buy bus tickets for my sister, herself and myself. We arrived in New York in March of 1939. My parents struggled, but with help of friends managed to survive. My father had his first heart attack in 1939, was never a well man after. My mother took various jobs, sewing, cooking and cleaning for well-to-do families. I stayed in school until the required age of 14 and then went to work at various jobs. I never finished my education. At age 19 I met and then married Robert Freiberger of similar background. He was in the army, and the schools were empty of male students. He was assigned to a Medical School in Boston, which accepted him because the army paid his tuition. I helped him get through Medical School by working all sorts of menial jobs from baby sitting to housecleaning. He became a well known radiologist (The Austrian Radiology Society made him an honorary member). He made a name for himself in the field of radiology. We raised 2 sons and now have 5 grandchildren. He retired some 10 years ago, and we now live in a retirement home in New Jersey – an hour's drive from New York City.

I have all my school records from Vienna. I remember one teacher, Prof. Hausjell, who said to me, "Tu, was du nicht lassen kannst" when I asked his permission to take his photograph on a school outing. I still have that picture.

I remained in touch with Inge Schmid after the war and saw her on my visits to Vienna. Unfortunately she died 2 years ago just after her 80th birthday. Another classmate was Gerti Altman, who unfortunately became ill (...) and spent many years in a hospital. She eventually married, and although we corresponded regularly, we never met again. I had a letter from her a few years ago that she was very ill.

If you have further specific questions, I will try to answer them. My memory is fading. I am now 82 years old, and as the saying goes, "Much water has flowed under the bridge".

Best regards,
Eva Freiberger

Walter Bondy *(Walter Absil)*

Klasse 4A – Geboren am 26.11.1924

Folgende Erinnerungstexte stammen aus unterschiedlichen Quellen, Walter Absil hat sie uns zur Verfügung gestellt.

„Meine Eltern wurden ein Jahr vor der Befreiung Belgiens 1943 von der Gestapo verhaftet. In meiner Abwesenheit, ich kam vielleicht 10, 15 Minuten später nach Hause. Und sie wurden in das Sammellager Malin gebracht, ich habe die Bestätigung der belgischen Behörden, und wurden von dort natürlich nach Auschwitz verschleppt. Wir haben nie mehr von ihnen gehört.

Das Komische ist, dass wir dadurch, dass wir von Belgien zuerst von Österreichern Deutsche wurden, wie die Deutschen einmarschiert sind, dann haben wir den Belgiern beigebracht, dass wir nicht Deutsche sind, sondern Juden, in unserer Identitätskarte war dann eingeschrieben: Nichtfeindlicher Deutscher. Dann kam die deutsche Besatzung und wir waren nicht würdig Deutsche zu sein, so wurde unsere Nationalität wieder geändert, auf Staatenlos. Nach der Befreiung ging die ganze Geschichte wieder verkehrt. Also zuerst von Staatenlos auf Deutsch, dann wurden wir nichtfeindliche Deutsche, und dann eventuell wieder die österreichische Nationalität. Also mit meiner kanadischen Nationalität haben wir wahrscheinlich 6-mal diese Nationalität geändert. Meine Frau, die auch in Wien geboren ist, ist ganz narrisch mit Österreich, besonders mit Wien. Ich eigentlich freue mich auch, wir fahren jetzt jeden Sommer nach Österreich und meine Frau singt dann immer, „morgen bin ich wieder in Wien." Wir wissen genau, wo wir hingehen. Ich habe im 3. Bezirk gewohnt, meine Frau im 9. Wir besuchen die alten Häuser. Und jedes Jahr sind wir wieder dort. Und

Walter Bondy und Liese Bondy vor einem antisemitischen Hetzplakat, fotografiert von ihrem Vater.
(Abbildung vom Cover der DVD Micky Absils.)

meine Frau sagt dann immer, „wenn ich am Ring nicht spazieren gehen kann, dann hat der Hitler gewonnen".[1]

„Walter Absils Eltern, Otto und Margarethe Bondy führten eine Lederwaren Fabrikation in der Bechardgasse 16 im 3. Wiener Gemeindebezirk. Das Haus, in dem die Familie wohnte, gehörte einem Onkel, es steht heute noch. Walter wurde 1924 geboren, seine Schwester Liese kam 1927 zur Welt. Die Schulzeit verbrachte Walter in der Volksschule am Kolonitzplatz, später besuchte er bis zu seinem 13. Lebensahr das Realgymnasium 3 in Wien.

Walters Bar Mizwa Feier im Februar 1938 sollte das letzte Zusammentreffen der Familie Bondy sein. Kaum einen Monat später, am 13. März 1938 – am Tag des „Anschluß" Österreichs an das Deutsche Reich – befanden sich Walter und seine Schwester Liese und ihre Mutter Margarethe sowie Walters Tante mit ihren Kindern auf der Flucht. Mit dem Zug fuhren sie über Innsbruck nach Basel, in der Tasche das Visum nach Belgien. Walters Vater und Onkel sollten sie später in Brüssel treffen.

Vorerst war man sicher in Brüssel. Am 10. Mai 1940 begannen jedoch die deutschen Bombardements. Die Belgier verhafteten sofort jeden Mann der Nationalität „Allemand" der älter als 16 Jahre war, egal ob Jude oder Nichtjude. Nachdem es seit dem „Anschluss" keine Österreicher mehr gab, wurden Walters Vater und Onkel ebenso als Deutsche verhaftet und in ein Sammellager nach Saint Cyprien bei Perpignan nahe den Pyrenäen deportiert. Doch im August 1940 gelang es ihnen, einen „Laissez-passer" (Passierschein) für die Rückreise nach Brüssel zu erhalten. Im September 1943 wurden Walters Eltern von Gestapo-Beamten verhaftet. (...) und nach Auschwitz transportiert.

Seine Schwester Liese konnte durch den Eintritt in ein Kloster der Verfolgung der Nazis entgehen. Walters Großmutter überstand den Krieg unbeschadet, nachdem sie durch eine „gekaufte" Heirat die belgische Staatsbürgerschaft erhalten hatte. (...)

Nach Kriegsende lernte Walter Absil seine zukünftige Frau kennen. Man traf sich im „Österreicher-Jugend-Club" in Brüssel, machte gemeinsam Ausflüge oder spielte Tischtennis. Noch 1945 fand die Hochzeit statt. Das Ehepaar Absil blieb bis 1951 in Belgien, wo zwei ihrer drei Kinder geboren wurden.

Obwohl Walter insgesamt 13 Jahre in Belgien lebte, wurde ihm nie eine Arbeitserlaubnis erteilt. Seit 1942 hatte er, bedingt durch eine Adoption, sogar einen belgischen Namen. Aufgrund der einsetzenden Verhaftungen kam es jedoch nie soweit, dass Walter die belgische Nationalität erhielt.

Die Absils entschieden auszuwandern. In die nähere Wahl kamen die USA, Australien und Kanada. Sie ergriffen die erste Möglichkeit, Belgien zu verlassen. Im September 1951 bestiegen sie in Le Havre die „MN Fairsea", ein „Liberty-ship", in Richtung Quebec-City. Ein Zug brachte alle Passagiere des Schiffs von Quebec nach Montreal."[2]

HOW GRANDMOTHER MARRIED MY SISTER'S FIANCE.[3]

No. There is no mistake. She really did. Of course, this was long before Sis became a Carmelite nun. „Ah" you say, „this fellow, with grandma's help, broke her heart." Well, I am sorry to say, you are way off base. But this is really not fair, dear reader, and I promise to confuse you no more. I'll give it to you straight, exactly the way that it happened.

It was back in 1942 in occupied Belgium. We were refugees from Vienna having left Austria the day after the „Anschluss", just ahead of the German troops. With-

Bundespräsident Dr. Heinz Fischer, Walter Absil und Erika Absil bei der Gedenkveranstaltung.

out being proud of it, we were some special kind of Viennese Israelites, not Jews please, that had practiced assimilation for years. „Talk and behave like your gentile neighbours", we children were told. We had Christmas trees, season seats in the State Opera and were Austrians first, or so we had hoped. Well, Hitler changed all that.

Until 1942, the Germans did not bother too much with the Jews in occupied Holland, Belgium and France. After that, we had to register and wear the yellow star of David on our coats and jackets. You could easily tell. Anybody clutching a book or newspaper to his chest wore one.

Deportations started, but so as not to upset the local population, Jews with Belgian nationality were considered taboo by the Germans. There were plenty of victims to fill the weekly transports and only in September of 1943 when they ran out of refugees, did the Belgians get their turn also.

But at the time of my story, the Belgian nationality seemed to be a life saver, a piece of paper that would bring a "Pardon me" out of any Gestapo man, instead of a one-way trip to Malines, the assembly camp for deportation.

How to obtain this nationality for as many members of our family as possible became our main occupation. In heavily over-populated Belgium this was not easy. You can live there a lifetime without ever obtaining citizenship. The easiest way for a female to obtain citizenship seemed to be through marriage. Another way which we tried later and failed in, was adoption.

Unmarried females we had two, my sister, age 15 and grandmother, who at that time was a widow of about 70. My sister was declared our number one boective. Where dad dug up Monsieur Dubreux, I will never know. He was about 50, an ambulance driver for the Belgian Red Cross and in great need of money for the local bars. I believe that for a price he would have married Hitler himself. He agreed to

Hinten: unbekannt, Fessler, Kaminker, Komarek, Buchmann, Eppl, unbekannt.
Mitte: Fuchs, Anschlowitz, Back, Müller, Josef, Moschgat, Marek, Notnagel.
Vorne: Eder, Polatschek, Burkl, Bondy, Klassenvorstand, Eisinger, Koppensteiner, Brany, Unger.

marry Sis, to divorce her whenever we would want him to and to not exercise his conjugal rights, all on the installment plan. So much per week in advance.

Well, it took us about three months to find out that Sis being born in Austria, Greater Germany at that time, fell under German law and could not marry without a special authorization from Berlin, being under the age of 16. So much for that. But what do you do with a groom just about paid up? You guessed it, grandmother married him.

It was some affair, grandmother not understanding one word of French and not looking at the groom. Poor Monsieur Dubreux, a few months later he fell down a flight of stairs and died of a broken neck. After my parents were arrested by the Nazis, I managed to hide my sister in a convent and she eventually became a nun.

Grandmother went back to Vienna after the war (...)

I STOOD GUARD FOR GERMANY[4]

Not the normal thing to do for a Jewish boy. No wonder they lost the war, with help like that.

My family, including myself, had managed to flee Austria one day before German troops invaded our beautiful country. Here I was in 1943 hiding in the small town of Wasseiges in Belgium, equipped with a fake I.D. I even had a job at the local sugar mill. My parents had been taken by the Gestapo three months earlier, not knowing about the death camps, I of course expected them to return.

That's when things started to go wrong again. The Belgian resistance had cut some of the German telephone wires. Normally, for any act of sabotage the Germans would shoot ten hostages from the nearest town, but the officer in charge must have

Walter Absil und Susanne Messinger in der Bibliothek der Radetzkyschule.

been a bit more humane. He came to see the Mayor of our town and ordered that those wires were to be guarded night and day, or else. Well you guessed it. My services were volunteered. With two other fellows, I sat under those wires during many a night and because it was cold and windy, we built a wall from oblong straw bundles against the wind and made a fire. Once our straw wall caught fire and nearly burned those wires down. I still believe that had the officer been less lenient, I, a stranger in town, would possibly have been one of those hostages.

I had a few more close calls, but about a year later, while riding my bike on a forest road, I encountered a strange, topless vehicle with two soldiers who asked me in English "Are there any Germans here?" My English was just good enough to say "no".

So that jeep with its two Americans drove off. I had to sit down! Boy, oh boy, after four years of hide and seek from the Nazi's with probably my life at stake, those 30 seconds facing that jeep had turned the tables at them. Let them start hiding! I had survived!

MY SMALL VICTORY OVER INTOLERANCE[5]

Having lectured about tolerance and respect for others in cooperation with the Montreal Holocaust Memorial Centre, as one of their voluteer speakers for at least twenty years, to whomever and wherever requested me to do so, I have many memories of those encounters, ranging all the way from "You cannot sit here; it is reserved for the Jews" to my favourite question "Did you meet Hitler?"

Last week, I spoke at a school in Mississauga, Ontario. The percentage rate of Muslim students in that school is 60% .

Their ovation after my speech was not any less than normal. That is when two Muslim girls, dressed in their traditional garb, smilingly approached me and asked me shyly, "Please, can we hug you?" So we did hug.

I guess my message of tolerance sometimes hits the spot.

1 ORF Radio Österreich 1 8.Mai 2000

2 Interview mit Walter Absil, Montreal, 12.Oktober 2001, zusammengefasst von Franz Kainz und Georg Primas. www.Gedenkdienst.org

3 Walter Absil: How grandmother married my sister´s fiance. Montreal.

4 Walter Absil: How I stood guard for Germany. Montreal.

5 Walter Absil, My small victory over intolerance, Board of Directors, The Holocaust Memorial Centre.

Lieber Bondy!

Ich weiß nicht, ob Du Dich noch an mich erinnern kannst; mein Name ist Herbert Fessler, Geburtsjahrgang 1924. Wir waren bis 1938 Klassenkollegen in der R III unter der souveränen Leitung unseres Klassenvorstandes Prof. Oskar Kreisky; wer hätte sich damals gedacht, daß sein Neffe einmal österreichischer Bundeskanzler wird.

Deine Adresse habe ich vom Landstraßer-Bezirksmuseum, in dem derzeit eine Gedenkausstellung über „Die Juden im 3. Bezirk" untergebracht ist. Habe dort von Deinem und dem traurigen Schicksal Deiner Eltern erfahren. Von den anderen jüdischen Klassenkollegen, soweit mir deren Namen noch in Erinnerung sind, konnte ich keine günstigen Nachrichten erfahren, sie wurden alle deportiert, ohne Wiederkehr; lediglich Max Kaminker konnte auswandern, mehr weiß man aber auch nicht. Prof. Kreisky konnte mit seiner Gattin emigrieren und ließ sich in den 60-iger Jahren wieder in Wien nieder; wir trafen uns einige Male auf einen Kaffeeplausch; inzwisch ist auch er verstorben.

In den letzten 50 Jahren habe ich mich mehrmals gefragt, wer wohl von meinen jüdischen Klassenkollegen das „1000-jährig Reich" überlebt hat. Umsomehr habe ich mich gefreut nunmehr zu erfahren, dass zumindest einer, und zwar Du, überlebt hat. Von den arischen Klassenkollegen sind ca 50% für „Führer, Volk und Vaterland" gefallen. Der Rest kam zum Teil ohne Fuß, ohne Auge und mit anderen Verletzungen nach Hause.

Nun kurz zu mir: Mein Vater war Jude und ich daher nach Nazi-Diktion „Mischling I. Grades". Sarcastisch gesagt ging es mir besser als den Juden, weil die Nazi vorerst mit der „Endlösung" der Judenfrage beschäftigt waren und das „1000-jährige Reich" zu kurz dauerte, um die „Endlösung" der Mischlingsfrage durchzuziehen. Mir ging es aber auch besser als den „Ariern", weil ich als Mischling wehrunwürdig war und nicht zur deutschen Wehrmacht einrücken „durfte". Jedenfalls habe ich so das „1000-jährige Reich" mit sehr viel Bauchreissen und noch mehr Glück überlebt, in Wien. Ich bin ein Sonntagskind!

Mein Lebenslauf nach dem Krieg in kürze:
Eisenbahnbeamter in der Verwaltung bis
zur Pensionierung im Jahre 1983, seither
Pensionist mit schöne Pension und viel
Freizeit. Zwei geschiedene Ehen, drei
brave Söhne im Alter von 31 bis 45 Jahren
und eine liebe Enkeltochter im Alter
von 19 Jahren, sie hat vorige Woche ma-
turiert. Mein Gesundheitszustand ist
altersentsprechend gut.

Zusammenfassend kann ich festhalten, daß
die Jahre von 1938 bis 1945 wesentlich ab-
wechslungsreicher (keinesfalls aber besser!)
waren, als die Jahre von 1945 bis 1995.

Schreib mir bitte, wie es Dir derzeit geht
und wie es Dir ergangen ist. Wenn Du
Fragen hast, dann frage.

Es grüßt Dich herzlichst

Dein ehemaliger Schulkollege
Herbert Fessler

Herbert Fessler, geb. 20. Jänner 1924, war im Schuljahr 1937/38 Schüler der 4A.
Weitere Informationen konnten nicht gefunden werden.

Erika Fantl *(Erika Agoston)*

Klasse 6B – Geboren am 19.3.1922

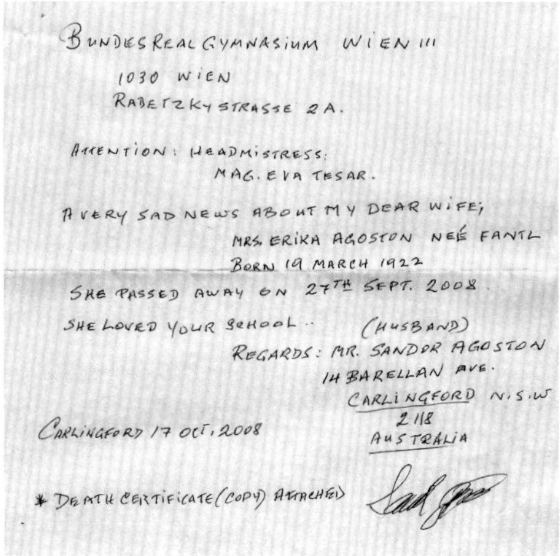
BUNDESREALGYMNASIUM WIEN III
1030 WIEN
RABETZKYSTRASSE 2A.

ATTENTION: HEADMISTRESS:
MAG. EVA TESAR.

A VERY SAD NEWS ABOUT MY DEAR WIFE;
MRS. ERIKA AGOSTON NEÉ FANTL
BORN 19 MARCH 1922
SHE PASSED AWAY ON 27TH SEPT. 2008.
SHE LOVED YOUR SCHOOL.. (HUSBAND)
REGARDS: MR. SANDOR AGOSTON
14 BARELLAN AVE.
CARLINGFORD N.S.W
2118
AUSTRALIA
CARLINGFORD 17 OCT. 2008

* DEATH CERTIFICATE (COPY) ATTACHED

Ich war zu Tränen gerührt!

Ich habe immer gewusst, die Welt ist schön! Aber Ihr Brief war doch eine Überraschung. Nein, so etwas hätt ich nie erwartet.

Mein Erlebnis ist different: Ich war zwar ziemlich streng erzogen, „It pays off". Meine Schule war für mich „die Welt". Meine Schulzeit behalte ich als eine unvergessliche Erinnerung. Ich war immer eine der Besten. Als mir meine beste Freundin ein Armband „Jude" umbinden wollte, rannte ich weinend aus der Schule zu meinen Eltern. Am Weg hält mich ein Freund auf: „Schnell, schnell! Einpacken, es ist ein Schiff Selandia (sic!) im Hafen, das heute nach Singapore abfährt, heute!" Meine armen Eltern waren wie vorm Kopf geschlagen. Mein Vater war festgenommen, als er auf der Straße ging und wurde ins Gefängnis gesperrt. Nur als er versprach das Land sofort zu verlassen ... wir verließen dieses Land immediately.

Panic stricken packten sie einen Koffer ein. Wir rannten zum boat, und ... ab nach Singapore, dann Bangkok. Eine neue Welt eröffnete sich für uns 1950 ...

Ich bin dankbar zu leben in Frieden, in Australien ... nach diesen Erlebnissen. Jetzt bin ich eine „Oma" mit wundervollem Familienleben.

Jeder neue Tag ist ein Geschenk und ich werte das mit ganzem Herzen!

Erika Agoston

Katerina Fuchs

Klasse 7A

Ihr Schreiben vom 18. Mai 2008 wurde mir durch Vermittlung des Nationalfonds der Republik Österreich zugesandt. Besten Dank. Es hat mich sehr gefreut.

Mein Sohn hat die englische Übersetzung dem Monatsblatt „The Jewish Chronicles" zukommen lassen. Ich hatte mit dem Redakteur ein Interview und am 6. Juni wurde der beiliegende Artikel veröffentlicht. Ich hoffe, dieser findet Ihre Zustimmung.

Die Gedenktafel ist willkommen.
Mit besten Grüßen,
Katerina Fuchs.

6 NEWS THEJC.COM THE JEWISH CHRONICLE 6 JUNE 2008

School recognises my plight – after 70 years

BY SIMON ROCKER

▶ SEVENTY YEARS after being forced to sit at the back of her Austrian classroom, an 87-year-old woman has finally received an acknowledgement of her suffering from the school.

Katerina Fuchs of Hendon, North-West London, was 17 when the Germans marched into Austria in 1938, in what was known as the *Anschluss*, or annexation.

She and other Jewish pupils at the Radetskyschule in Vienna were separated from other students when the Nazis took over.

So Mrs Fuchs was surprised a few days ago when, out of the blue, a letter arrived at her home acknowledging this "dark chapter" in Austria's history – and asking former pupils to get in touch to help the school pay tribute to persecuted students and teachers.

"I was not only surprised, but pleased to receive it," she said this week. "I was moved to tears.

"All the Jewish students had to sit in the last two benches at the back of the classroom. That was the beginning.

"Other students stopped speaking to us, not because they were anti-Jewish but they were afraid to be seen speaking to us.

"I remember one of my schoolmates crossing the street in order not to be seen speaking to me. Some of the girls had been in the Nazi party illegally. When the *Anschluss* came, they identified themselves because they thought it was good for them."

Her memories of the school are otherwise warm. "It was a perfect school. The teachers were so correct, we learned a lot. There was not a word of antisemitism."

Later that year, her parents sent her and her sister to live with their grandmother in southern Bohemia because "they thought Hitler was not interested in Czechs, only the Germans".

'It is time to show we are finally coming to terms with this sad and dark chapter'

Her parents and brother, who remained in Vienna, were later deported east and died in the war.

Eventually she moved to Prague, where she met her husband Honsa, and lived there until 1941 until they were deported to Theresienstadt. In 1945, she and Honsa were split up. She spent a few days in Auschwitz, was sent to a factory in Frieberg, Saxony, and ended the war in Mauthausen camp.

In Prague, her husband, who had also survived, found out that she was alive. They were reunited when they ran into each other in the street.

But their wanderings were not over. They lived under Communist rule in Czechoslovakia until the Russian invasion of 1968, when they left for Britain to make a home with their two sons, who had been born in Prague.

The letter from the school, addressed to "Dear Former Students", was forwarded to Mrs Fuchs by Austria's National Fund for Victims of National Socialism.

Headmistress Eva Tesar and project co-ordinator Renate Mercsanits wrote that the school has "repeatedly looked back into its history during the Nazi regime.

"We think that it is high time to show that we are finally trying to come to terms with this sad and dark chapter of our school in due respect and sincerity, which we owe to you who have suffered this pain and injustice of the Nazi regime.

"We want to pay tribute to the memory of our 129 students and nine teachers who were among the first victims of the Nazis' inhumanity and were persecuted and expelled."

A memorial plaque is to be unveiled in November and former pupils have been encouraged to send in their recollections for the yearbook.

Mrs Fuchs said: "I haven't answered the letter yet, but I will. Some time ago I wrote 11 pages of my story and I will make a copy of that and send them. They want the stories to teach the children what happened."

PHOTO: VICKY ALHADEFF

Katarina Fuchs with the letter from her old school in Vienna

Die Erinnerungen von Katerina Fuchs wurden im „Jewish Chronicle"/ UK veröffentlicht.

Bella Geller *(Isabella Geller-Deutsch)*

Klasse 1B – Geboren am 14.1.1927

Ich habe Ihren Brief erhalten, und ich will versuchen, Ihnen meine Geschichte von meinem Leben vor und nach der Vertreibung zu erzählen.

Die Deutsche Armee ist in Österreich einmarschiert, Freitag 11. März 1938, aber hat Wien nicht erreicht bis Sonntag 13. März 1938. Montag, als wir alle in die Schule kamen, hat eine furchtbare Verwirrung geherrscht. Viele Schülerinnen in meiner Klasse sind mit mir bereits in die Volksschule in der Löwengasse gegangen, und wir kannten uns sehr gut. Ich war befreundet mit einem christlichen Mädchen seit der ersten Klasse. Wir waren oft zusammen in ihrer Wohnung oder in unserer Wohnung. Jedoch an diesem Tag, als ich sie begrüßte, hat sie ihren Kopf weggedreht und wollte mir nicht antworten. Sie ist einige Male an mir vorbei gegangen und hat immer weggeschaut und wollte mit mir nicht sprechen. Das hat mich sehr geärgert und hat mir sehr weh getan. Ich war nur 11 Jahre alt und konnte nicht verstehen, warum sie mit mir nicht spricht wie vorher.

Vor dem „Anschluß" war es in Österreich verboten ein Mitglied der Nationalsozialistischen Partei zu sein. An diesem Montag hatte jeder Lehrer, der unsere Klasse unterrichtete, das illegale Hakenkreuz.

Wie Sie in Ihrem Brief beschrieben haben, durften die jüdischen Schülerinnen nicht mit christlichen zusammen sein. Wir wurden nach Hause geschickt und ein paar Wochen später wurde das Radetzky-Real-Gymnasium die jüdische Schule für ganz Wien bis Juni.

Das folgende Jahr gab es kein Realgymnasium für Juden. Ich musste in die Sechskrügelgasse Hauptschule gehen.

Während des Schuljahres 1938–1939 war der 10. November 1938, der Tag nach der „Kristallnacht". Jemand hat den Oberlehrer der Schule angerufen und hat ihn gewarnt, dass die Schule angegriffen wird. Die Burschen haben die Tür gesichert und die Mädchen mussten so rasch als möglich nach Hause laufen. Am Weg nach Hause ist ein SA-Junge mir nachgelaufen und wollte mich fangen. Er sagte: „Dann kann ich tun mit dem Judenmädel, was ich will." Ich lief so rasch ich konnte, bin um die Ecke gelaufen und bin in einem großen Haus auf den 4. Stock gelaufen. Eine Freundin meiner Mutter wohnte dort. Sie und ihr Mann waren nicht zu Hause, da man beide zur Polizeistation genommen hatte. Ich habe mich dort für eine Zeit versteckt und bin dann nach Hause gelaufen.

Es war eine furchtbare Zeit.

Der ältere Bruder von meinem Vater, Kommerzienrat Dr. Ignaz Geller, wurde Sonntag, 13. März 1938, verhaftet. Er hatte nichts Unrichtiges getan. Er war ein Jude, der seine Ersparnisse im Ausland angelegt hatte, und die Gestapo wollte das Geld. Er war ein zarter Mensch und ist im Gefängnis krank geworden. Er wurde im Oktober 1938 entlassen und ist im November gestorben.

Mein Bruder war 18 Jahre alt und beendete die Wiener Handelsakademie im Juni 1938. Am 10. November 1938 ist er unsere Tante, die im 9. Bezirk wohnte, besuchen gegangen. Sie und ihr Mann waren nicht zu Hause, da man beide zur Polizeistation gebracht hatte. Als er von dem Haus auf die Straße kam, hat man ihn verhaftet und er wurde ins Konzentrationslager nach Dachau geschickt. Er war nie politisch tätig. Wir wussten drei Wochen lang nicht, was mit ihm geschehen ist. Er ist einfach verschwunden. Nach vier Wochen ist er endlich nach Hause gekommen. Er hat das amerikanische Visum erhalten und ist so bald als möglich weggefahren. Er ist nie nach Wien zurückgefahren.

Damals hatten die Vereinigten Staaten ein Quoten-System für Immigranten und meine Eltern mussten warten. Ich war zu jung allein zu flüchten. Kein anderes Land wollte uns erlauben einzuwandern, da wir kein Geld mitbringen konnten. 1939 war ein furchtbares Jahr. Wir haben oft gehungert. Alles war rationiert, aber kein Kaufmann wollte unsere Rationsstempel, weil die ein großes rotes J (Jude) hatten. Die Gestapo hat überwacht, dass kein Kaufmann Juden füttert. Juden durften nach 4 Uhr Nachmittag nicht auf der Straße sein. Ich wurde ins Chajes-Gymnasium eingeschrieben, aber konnte nie gehen, da es zu weit vom dritten Bezirk war. Ich bin in keine Schule gegangen.

Endlich im Oktober 1939 haben meine Eltern die Vorladung zum amerikanischen Konsulat erhalten, und im November 1939 sind wir weggefahren. Wegen dem Krieg mussten wir nach Italien fahren und von Genua ein Schiff nach New York besteigen. Unsere amerikanischen Verwandten haben uns die Schiffskarten geschickt, sodass wir nicht warten mussten, bis die Gestapo uns die Erlaubnis gibt, von unserem Geld die Karten zu bezahlen.

Ende Oktober oder Anfang November 1939 haben wir einen Brief von der Regierung in Wien erhalten, der uns befahl, am 2. Januar 1940 uns bei der Kultusgemeinde zu melden, mit 5 Kilo Gepäck (...).

Jede jüdische Person konnte nur 5$ eigenes Geld ins Ausland mitnehmen. Mein Vater war ein Zigarettenraucher und wollte Zigaretten kaufen. Als wir in New York angekommen sind, hatte meine Mutter 4.50 $ in ihrer Handtasche. Wir waren in einem fremden Land, sehr arm und konnten kein Wort Englisch sprechen oder verstehen.

Unsere amerikanischen Verwandten waren sehr froh uns in Amerika zu sehen. Sie haben meinem Vater geholfen, eine Wohnung zu mieten in Belleville, New Jersey, und haben ihm einen Posten gegeben in ihrem Geschäft. Mein Bruder hat auch dort gearbeitet.

Am 2. Jannuar 1940 ist meine Mutter mit mir gegangen, mich in die Schule einzuschreiben. Ich kam in eine Klasse mit Schülern im selben Alter – siebtes Jahr. Das amerikanische Schulsystem ist nicht wie in Europa. Die Volksschule dauert acht Jahre und „High School“ dauert vier Jahre. „High Schools“ sind sehr groß und umfassen verschiedene Bildungspläne.

In Belleville gab es sehr wenige Juden. Jedoch die christlichen Nachbarn waren sehr freundlich zu uns und versuchten uns zu helfen, wie sie nur konnten. In der Schule waren die Studenten sehr freundlich zu mir und haben mich eingeladen und immer mitgenommen. Bis zum heutigen Tag bin ich noch immer befreundet mit christlichen Freundinnen, die mir damals geholfen haben. Nach einem Jahr konnte ich Englisch sprechen.

Im September 1941 bin ich auf die Belleville High School gekommen. Ich habe einen „commercial course“ genommen mit dem Gedanken, eine Buchhalterin oder Sekretärin zu werden. Jedoch meine Lehrerinnen hatten andere Ideen. Die wollten, ich soll studieren und soll mich akademisch vorbereiten. Das Universitätsstudium ist sehr teuer in Amerika. Meine Mutter sagte, wir könnten uns das nicht leisten. Mein Vater hat nichts gesagt. In seiner Familie würde ich nicht das erste Mädchen sein, das studierte. Ich bin im „commercial course“ geblieben, aber ich habe 4 Jahre Mathematik und Französisch gelernt. Meine Noten waren sehr gut. Im letzten Jahr habe ich eine Aufnahmeprüfung an der New York University gemacht und bin aufgenommen worden.

Seit meinem 16. Lebensjahr habe ich jeden Sommer gearbeitet. Das erste Jahr habe ich in einer Fabrik gearbeitet, dann als Buchhalterin. Ich habe mein Geld gespart und konnte für das erste Jahr bezahlen. Zu der Zeit hat mein Vater seinen Posten bei den Verwandten verlassen und ist wieder Textilkaufmann geworden. Er hat gut verdient, und meine Eltern haben meinen Lohn nicht gebraucht. Eine Lehrerin hat mich instruiert, ich soll mich für eine Ermäßigung bewerben, nachdem ich begonnen habe an der N.Y.U. zu studieren. Ich habe ihr gefolgt und habe ein Drittel Ermäßigung erhalten. Ich beendigte die N.Y.U. 1949 und habe einen guten Posten in Newark, N.J. bekommen. Ich habe immer zu Hause in Belleville gewohnt. Samstag und Sonntag habe ich meinem Vater geholfen.

Im Dezember 1949 erhielt ich eine Einladung zu einem Vortrag in Passau, N.J. Eine Freundin und ich sind hingefahren. Dort habe ich einen jungen jüdischen Amerikaner kennengelernt. Wir sind oft zusammen ausgegangen und ein Jahr später haben wir geheiratet (Februar 1951). Ich musste meinen Posten verlassen, da Passau, N.J. weit entfernt ist von Newark, N.J. Nach meiner Hochzeit war ich einige Wochen zu Hause. Dort habe ich gearbeitet bis Juni 1952. Mein Sohn wurde geboren im Juli 1952. Bald nach seiner Geburt habe ich Autofahren gelernt. Im Februar 1956 ist meine Tochter geboren. Ich war zu Hause mit meinen kleinen Kindern, aber ich wusste, dass ich nicht immer zu Hause sein will.

1960 habe ich begonnen an einer nahen Universität am Abend zu studieren.

Nach einigen Jahren hatte ich genug für ein New Jersey Mathematics Teaching Certification. In einem der letzten Gegenstände hatte ich einen Professor, der Vorstand der Mathematischen Abteilung in der Passau High School war. Er hat mir immer zugeredet, einen Posten dort zu suchen. Meine Tochter war nur 10 Jahre alt und ich war noch nicht bereit zu arbeiten. Jedoch es war in der Nähe von unserem Haus. Ich habe den Posten angenommen und habe dort 26 Jahre Mathematik gelehrt: Algebra I und II, Geometry, Trigonometry and Analytic Geometry. 1992 musste ich den Dienst verlassen, weil ich krank wurde. (...) Mein Mann ist leider vor 12 Jahren plötzlich gestorben.

Jetzt bin ich 81 Jahre alt und bin eine pensionierte Lehrerin. Ich wohne im selben Einfamilienhaus, welches wir 1960 gekauft haben. (...) Ich habe vier Enkelkinder, drei Burschen und ein Mädchen. Ich habe mein eigenes Auto, weil in New Jersey ist es sehr schwer ohne Automobil zu sein. (...)

Im Oktober 2004 war ich in Wien mit meiner Tochter. Ich bin in einem Taxi bei der Radetzkyschule vorbeigefahren. Die Radetzkystraße ist ganz verändert. Ich erinnere mich an viele kleine Geschäfte. Jetzt habe ich nur die Anker-Brot-Gesellschaft gesehen. Am Radetzkyplatz war ein offener Gemüse- und Obstmarkt. Der ist verschwunden.

Jetzt habe ich Ihnen die Geschichte von meinem Leben erzählt. Obwohl ich in Amerika ein gutes Leben hatte, ist der Schmerz von meiner Kindheit nie vergangen. Ich bin noch immer eine Wienerin, die vertrieben wurde.

Hochachtungsvoll,

Isabelle Geller-Deutsch

Isabelle Halpern *(Isabella Linczyc)*

Lyon, France, 21 juillet 2008

Chère Madame,

Votre courrier du 18 mai dernier, transmis par le Nationalfonds der Republik Österreich für Opfer des Nationalsozialismus, m'est bien parvenu, et a plus que retenu mon attention. Par là, je veux dire qu'en fait ce courrier, se référant à des faits enfouis en moi depuis soixante-dix ans exactement, m'est apparu très étonnant, et m'a laissée perplexe, ce qui d'ailleurs explique le retard avec lequel je m'apprête, aujourd'hui, à tenter d'y apporter une réponse.

Tout d'abord, je voudrais saluer l'initiative du Bundesrealgymnasium Wien III de vouloir se pencher sur son histoire sous le régime nazi: en tant que personne très directement concernée par ces événements, je suis profondément touchée par cette démarche.

En même temps, je ne puis m'empêcher de penser combien cette entreprise, soixante-dix ans après les faits, s'adressant à des personnes qui, comme moi, ont entre 85 et 90 ans d'âge, est tardive, et a peu de chances de véritablement permettre une transmission d'expérience à la génération actuelle, qui n'est pas la «next generation», mais correspond au passage de plusieurs générations... Il me semble qu'il devrait y avoir dans l'Autriche d'aujourd'hui suffisamment de données, statistiques, recueils de témoignages, analyses historiques, etc. pour répondre de manière sérieuse à l'intérêt manifesté par vos lycéens, et je suppose que c'est bien par là que l'Ecole a commencé ce travail de mémoire et d'histoire, avec l'appui, apparemment, des autorités officielles.

Vous sollicitez donc des témoignages, informations individuelles, voire une présence le 12 novembre prochain...Le mois de novembre à Vienne : je dois vous avouer que, pour moi, il continue d'évoquer, avant toute chose, la nuit de Cristal et l'arrestation, puis la déportation, de mon père pour Dachau...Je ne peux donc pas envisager un déplacement à Vienne en novembre. Quant à ma trajectoire personnelle, vous aurez compris, par le choix d'écrire cette lettre en français, combien j'ai fait mien ce pays où j'ai trouvé refuge, et où vivent mes enfants et huit petits-enfants.

Et il me plaît de terminer cette lettre par un hommage rendu aux enseignants de la Bundesrealgymnasium Wien III, pour la qualité de leur enseignement de la langue française: grâce à eux, j'ai pu m'intégrer ici, y poursuivre ma vie. Je leur en garde de la reconnaissance, et espère que cet enseignement de qualité se poursuit aujourd'hui, à l'heure de la grande circulation de tous les citoyens européens dans un espace de paix et de justice.

Je tiens aussi à préciser que si vous souhaitez publier cette lettre, je n'y vois point d'inconvénient.

Veuillez agréer, chère Madame, l'expression de ma meilleure considération.

ÜBERSETZUNG

Ihr Brief vom 18. Mai dieses Jahres, der mir durch den Nationalfonds der Republik Österreich für Opfer des Nationalsozialismus übermittelt wurde, hat mich wohl erreicht und meine Aufmerksamkeit in hohem Maße auf sich gelenkt. Hin und wieder, möchte ich sagen, ist mir dieser Brief, der sich auf Ereignisse bezieht, die in mir seit genau siebzig Jahren entschwunden sind, tatsächlich erstaunlich erschienen und hat mich ratlos gemacht, was im Übrigen auch die Verspätung erklärt, mit der ich ihn heute zu beantworten versuche.

Zunächst möchte ich gerne die Initiative des Bundesrealgymnasiums Wien III begrüßen, das sich mit seiner Geschichte unter der Naziherrschaft beschäftigen will: Als direkt Betroffene dieser Geschehnisse bin ich durch dieses Vorhaben zutiefst berührt.

Gleichzeitig werde ich den Gedanken nicht los, wie verspätet dieses Unterfangen siebzig Jahre nach den Vorkommnissen ist, das sich an Personen richtet, die, wie ich, zwischen 85 und 90 Jahre alt sind und wie wenig Chancen es hat, eine tatsächliche Weitergabe der Erfahrungen an die heutige Generation zu erlauben, die nicht die «next generation» ist, sondern die einige Generationen danach ist. ... Es scheint mir, dass man im heutigen Österreich genügend Daten, Statistiken, Zeugenberichte, historische Analysen etc. haben müsste, um auf seriöse Weise dem Interesse ihrer Schüler gerecht zu werden und ich nehme an, dass die Schule damit auch diese Erinnerungsarbeit und die Aufarbeitung der Geschichte offenbar mit Unterstützung der offiziellen Behören begonnen hat.

Sie bitten also um Zeugenaussagen, persönliche Informationen, ja sogar eine Anwesenheit am kommenden 12. November. ... Der Monat November in Wien: Ich muss Ihnen gestehen, dass er für mich vor allen Dingen nach wie vor die Reichskristallnacht in Erinnerung ruft und die Verhaftung, die anschließende Deportation meines Vaters nach Dachau. ... Ich kann also eine Reise nach Wien im November nicht in Erwägung ziehen. Was meinen persönlichen Werdegang betrifft, werden Sie verstanden haben, wie sehr ich durch die Entscheidung, diesen Brief in französischer Sprache zu schreiben, dieses Land, in dem ich Zuflucht gefunden habe, zu dem meinen gemacht habe, wo meine Kinder und meine acht Enkelkinder leben.

Und es freut mich diesen Brief mit einer Hommage an die Lehrer des Bundesrealgymnasiums Wien III zu beenden, für die Qualität ihres Französischunterrichts, dank ihrer konnte ich mich hier integrieren, mein Leben weiterführen. Ich werde ihnen immer dankbar sein und hoffe, dass der qualitätsvolle Unterricht heute seine Fortsetzung findet, in einer Zeit der großen Bewegung von allen europäischen Bürgern in einem Raum von Frieden und Gerechtigkeit.

Ich möchte auch noch hinzufügen, dass Sie diesen Brief veröffentlichen können, wenn Sie es wünschen, dagegen habe ich keine Einwände.

Mit freundlichen Grüßen

Isabelle Halpern

Rachel Habermann *(Rochelle Rachel Lambert)*

7. Klasse – Geboren am 23.12.1920

Vor einigen Tagen erhielt ich Ihren Brief (...).

Natürlich war dieses Schreiben eine vollkommene Überraschung, denn ich dachte nicht, dass ich je wieder von meiner ehemaligen Schule etwas hören würde. Da meine Erinnerungen an diese schreckliche Zeit nach dem „Anschluss“ im März 1938 nur sehr traurige sind, war ich froh, nicht an sie denken zu müssen. Als ich Wien Ende Juli verlassen konnte, fasste ich den Entschluss, nie wieder in diese Stadt (und Land) zurückzukehren und ich zählte mich glücklich, dass ich dem grausamen Schicksal, das so viele andere erwartete, entrinnen konnte.

Beiliegend finden Sie eine kurze Erklärung, warum ich doch für ein paar Tage im Oktober 1991 nach Wien zurückkehrte. Ein weiteres Mal kam ich wieder nach Wien, um meiner älteren Tochter Ruth (geb. 1946) dieselbe Gelegenheit zu bieten, wie sie ihre jüngere Schwester Adina hatte, den Geburtsort ihrer Eltern und deren Leben vor 1938 zu verstehen. Es wurde ihr klar, warum ich nicht über diese Zeit meiner Jugend in Wien sprechen wollte, die eine so schreckliche war.

Jetzt, wo ich in meinem fortgeschrittenen Alter endlich über die Ereignisse von 1938 meine Erinnerungen ohne viele Qualen erzählen kann, fühle ich mich verpflichtet, der jetzigen Jugend diese hässliche Vergangenheit als Augenzeuge wieder zur Erinnerung zu bringen, um hoffentlich zu vermeiden, dass so etwas in Ihrem Land je wieder geschehen kann.

Mit guten Wünschen,

Rochelle Rachel Lambert

Rachel Habermann hat uns nebenstehenden Artikel übermittelt, die Quelle der Veröffentlichung dieses Textes „Vienna revisited – October 1991“ ist uns leider nicht bekannt.

VIENNA REVISITED OCTOBER 1991

By **Rochelle R. Lambert**

Since the end of World War II, my husband Joe and I have returned to Vienna, our native city, only twice for brief visits, "en route" to elsewhere. Both times, we had to grapple with mixed feelings of nostalgia and aversion: Nostalgia, when retracing and recalling our childhood and our growing up in this still lovely and exquisite city; aversion, when we remembered the joyful welcome the Viennese afforded the Nazi troops of the "Anschluss" and the subsequent devastation of the Jewish community.

However, this time I simply could not resist returning to Vienna "just once more." My brother, **Rabbi Joshua O. Haberman**, received an invitation from the city to give an address in the historic and very gracious building which houses Vienna's Old Town Hall. What a unique opportunity to partake in a "call back" through my brother's prestigious assignment to the very place from which we both were forced to flee in 1938! By good fortune, we were among those lucky few who found safety as refugees in the USA.

My husband could not see himself going to Vienna as long as the now notorious Kurt Waldheim continues as Austria's President. But our younger daughter, Adina, of New Haven, Connecticut, did arrange to come with me.

We arrived in Vienna a few days prior to my brother's lecture, allowing enough time for my daughter to see not only the usual tourist sights but more importantly she saw where her parents grew up. Adina was gratified finally to be able to see for herself the city and our former homes. She was fascinated by it all, for now she could experience in reality what was for her merely "hearsay" until this trip. As for myself, it was a bitter-sweet excursion--just as I expected.

Over the decades, Vienna has changed very little. Having suffered only minor damage during the war years, the city is now, if anything, even lovelier and more elegant than before. Things are going well for the Austrians; their economy is one of the soundest in Europe, business and tourism are booming. They were eminently successful in forgetting their sordid history from 1938 to the end of the war and were equally successful in making the rest of the world forget it too.

Today, the coffee houses are as busy as ever, the Viennese continue to enjoy their beloved Kaffee mit Schlag accompanied by the best pastries in the world, and they will indulge in that leisurely tempo and life style which are part and parcel of the legendary Viennese charm. However, a visit to the former old Jewish section where the city's Central Synagogue miraculously escaped destruction, reveals that the quarter and its sights have to be protected day and night by armed guards against antisemitic vandalism. Antisemitism has in fact a long and bitter history in Austria but overt acts are considered bad for tourism and are an embarrassment for the Viennese.

After our stay in Vienna, my daughter and I took side trips to the provincial "Linz an der Donau" and to the famous Mozart city of Salzburg. This being an important "Mozart Year" (the composer died in 1791) his native city is completely steeped in "Mozartiana" and was, even that late in the season, still overrun by tourists. Salzburg is in fact a perpetual "tourist charmer" with its exquisitely quaint streets and stylish houses. However, it, too, has a darker, albeit more hidden side. Walking along one of the narrow, winding streets of the old town, we happened upon a doorway which was glaringly embellished with a large Swastika, as well as a Magan David and the word Jew painted on it in heavy black lines. When we returned the next day in order to take a picture of this sight, we found that a big effort had been made to scrub the whole thing off the wall which was only partially successful. Such incidents serve as sharp reminders that the same broad river of antisemitism, which flowed through Austria unimpeded for so many centuries, is still carrying water today.

Hans Koblitz *(Chanan Kedar)*

Klasse 4A – Geboren am 21.2.1924

Ich nahm an der Gedenkveranstaltung am 11. November 2008 in Begleitung meiner Frau Schulamit teil.

Im Juli 1938 war ich gezwungen, so wie alle anderen jüdischen Schüler, nach der 4. Klasse die Radetzkyschule zu verlassen. Seit 1941 lebe ich in Israel. So auch unsere ganze Familie.

Meine Mutter ist in Prag geboren (mit Namen Helene Bauer), wo sie bis zu ihrer Maturaprüfung lebte. Sie sprach einige Sprachen: Tschechisch, Deutsch und ein wenig Französisch – genug, um mir viele Jahre danach bei meinen Schulaufgaben behilflich zu sein, obzwar mit wenig Erfolg. So wie für die meisten jugendlichen Mädels zu den damals üblichen Schulfächern war Hausökonomie ein wichtiges Fach in der Hochschule, wo die Küche und die Nähmaschine für die jungen Frauen eine wichtige Ausbildung fürs Leben darstellte.

Mein Vater Oscar verbrachte seine Jugend in der Stadt Olmütz (Tschechien). Er studierte Handel und Ökonomie. Aber als begeisterter Österreicher und großer Verehrer des Kaisers Franz Josef sah er seine Zukunft in der k.u.k. Armee. ... So rückte er ein als Freiwilliger und laut verschiedenen Aufzeichnungen und alten Militärpapieren war er schon im Jahre 1904 beim Militär eingeschrieben. Vom Ausbruch des 1. Weltkrieges bis zum Ende der österreichischen Monarchie kämpfte er an der italienischen Kriegsfront. Als Leutnant erhielt er einige Rangerhebungen und im Laufe des Krieges auch einige Auszeichnungen für Tapferkeit, das „Karl-Truppen-Kreuz" und einige Medaillen in Gold und Silber.

Meine Eltern heirateten in Wien, wohin mein Vater seinen weiteren Wohnsitz verlegte aus Treue zum „Vaterland", trotzdem die wirtschaftliche Lage in dem besiegten Österreich gar keine rosige Zukunft versprach. Die Möglichkeit in die Tschechoslowakei zurückzukehren, wo sich ein junger Staat mit größter amerikanischer Unterstützung entwickelte, wurde von ihm einfach abgelehnt. Und dies, obwohl die meisten Mitglieder beider Familien in der Tschechoslowakei lebten.

Nach meiner Geburt (21.02.1924) hatten meine Eltern ihren Wohnsitz in Wien im dritten Bezirk, wo ich als einziger Sohn meine ersten 15 Lebensjahre bis zu meiner Flucht nach Schweden verbrachte, in einem alten Wohngebäude in der Reisnerstraße 39, zwischen den besseren Häusern der Botschaften in unserer nächsten Umgebung und einem Volksschulgebäude gleich um die Ecke, in dem ich meine ersten vier Schuljahre verbrachte.

Unsere kleine Familie lebte in sehr bescheidenen Verhältnissen. Mein Vater war Angestellter, Vertreter einer bekannten Gesellschaft für Erzeugnisse elektrischer Artikel. In den dreißiger Jahren, als die schwere ökonomische Lage dazu führte, dass eine große Anzahl der Angestellten abgebaut wurde, war auch mein Vater darunter. So war er gezwungen selbstständig in derselben Branche weiter tätig zu sein. Aber trotz seiner guten Bekanntschaft mit vielen Geschäftsleuten in ganz Wien war sein Einkommen sehr beschränkt.

Meine Mutter kam mit ihren geschickten Händen zu Hilfe. Sie nähte herrliche Hüte für einige Frauen, welche auf die letzte Mode nicht verzichten wollten.

Die berühmte tschechische Küche, welche meine Mutter beherrschte, wurde in unserem Freundeskreis hoch geschätzt. Aber was koschere Küche anbelangt, davon war gar keine Rede. Ich selbst wusste bis zum Schulalter nichts darüber. Mein Vater verschwieg sein Judentum mit extremem Eigensinn. Weihnachten und Ostern wurde für mich gefeiert so wie bei den kleinen Kindern in unserer Nachbarschaft, mit denen wir sehr befreundet waren. So war es auch mit unserer Familie in der Tschechoslowakei. Mein Großvater mit Tante lebte in Prag. Meine Großmutter ist mir als kleines Kind gut in Erinnerung geblieben. In deren Kreis verbrachte ich jeden Sommer mit größtem Vergnügen. Mein Großvater Moritz war ein begabter Geschichtenerzähler. Ob er sie wirklich erlebt hatte oder diese Märchen während der Erzählung erfunden hatte, werde ich wohl niemals mehr ausfindig machen können. Meine Tante, welche nach dem Tod meiner Großmutter mit ihm zusammen lebte, führte eine Damenschneiderei in der Wohnung. Die vielen Nähmaschinen und Schneiderpuppen habe ich gut in Erinnerung, so wie auch die Stadt Prag selbst. Schon als selbstständiger Junge, im Alter von 12 bis 13, verbrachte ich tagelang in den herrlichen Straßen der Stadt und deren Sehenswürdigkeiten. Ich nehme an, dass von da mein großes Interesse an Kunst und Architektur kam.

Weitere Verwandte lebten in der Stadt Zwittau, wo ich auch öfters meine Ferien verbrachte. Da waren zwei Kinder, darunter ein Mädel, welches heute in Haifa in Israel lebt. Auch da waren keine jüdischen Sitten merkbar und die Verbindung zum Judentum war fremd. Andererseits war großes Interesse für den Zionismus, obzwar es sich nur um Versammlungen handelte und um verhältnismäßig hohe Spenden.

Wir lebten in Wien in einem engen Bekanntenkreis. Es waren vier Paare, drei davon verwandt, und wir, das vierte, gut befreundet. Gerö und Helene waren mir sehr nahe. Er (ich nannte ihn Onkel) lehrte mich basteln und Sperrholz sägen. Und als begabter Amateurfotograf lehrte er mich alle „Geheimnisse" der Dunkelkammer. Dieses Hobby habe ich „Onkel" Gerö zu verdanken. Jeden Sonntag wurde ein Treffen an einer der Endstationen der Tram vereinbart und von da aus begann unser wöchentlicher „Spaziergang" in verschiedenste Richtungen im „Wiener Wald" oder zu anderen Ausflugszielen. Wir einzigen Kinder, Felix und ich, liefen in Begleitung eines schwarz-weißen Foxterriers, welcher der Familie Gerö gehörte, daneben, vor- und rückwärts, unermüdlich.

Meine Freundschaft mit Felix hatte ihren Beginn noch in unseren frühesten Lebensjahren. Sie basierte auf gemeinsamem Verständnis verschiedenster Themen. Seine Mutter war eine attraktive Dame mit Temperament, welche ich sehr in mein Herz geschlossen hatte. Sein lieber Vater trug eine sehr mutige und interessante Geschichte auf seinen Schultern nach seiner Flucht nach Frankreich in der Fremdenlegion und in der Schweiz. Eine interessante Geschichte für sich selbst. Klugerweise und zu unserer größten Freude besuchte er uns auch hier in Israel.

Das Gebäude meiner Volksschule steht bis heute ganz renoviert mit herrlichen

Chanan und Schulamit Kedar bei der Gedenkveranstaltung in der Radetzkyschule, 2008.

Blumenkisten unter jedem Klassenfenster. Unser Lehrer, Martin Krämer, hatte mich lieb – so fühlte ich – und ich war ein guter und braver Schüler. Der erste Schultag ist mir unvergesslich, als alle Schüler nach ihrer Religion befragt wurden, um in der Religionsstunde, einmal in der Woche, getrennt Unterricht zu erhalten. Als unser Lehrer (Martin Krämer) die verschiedenen Religionen nannte, unter „Glauben Mosches" erhob ich mich sofort. Als ich dann zuhause meine Erlebnisse an meinem ersten Schultag mit größter Erregung erzählte, wunderte sich mein Vater, woher ich wusste, dass ich dem jüdischen Glauben angehöre. In die Lehrerin der jüdischen Religionsstunde war ich gleich verliebt. Ihre herrlichen bildlich ausgeschmückten Erzählungen aus der Bibel machten auf mich größten Eindruck.

Seit diesem Tage wurden weder ein Weihnachtsbaum noch gefärbte Ostereier in unser Haus gebracht. Wir Kinder bastelten jedes Jahr selbst den Chanukkaleuchter und freuten uns mit den leuchtenden Kerzenlichtern, deren Anzahl sich täglich – so bis zu acht Kerzen – vergrößerte. Als kleines Kind hatte ich meine Freude daran, vielleicht sogar mehr als mit dem Tannenbaum, welcher ja auch brennende Kerzen mit romantischen Lichtern und weitere Schmuckbänder trug.

Ich war neun Jahre alt, als ich den Pfadfinderhut auf meinen Kopf setzte. Ich war ein begeistertes Mitglied dieser internationalen Jugendbewegung, deren humanistische Idee zur Selbsterziehung mir sehr nahe stand. Landkarten lesen und Selbstorientierung in jeder Situation lernte ich mit größtem Eifer. Schnur und Knoten verschiedenster Art gehörten dazu. Natürlich Ausflüge und im Zelt übernachten, ein Campleben war die Spitze aller Ereignisse. Ich gehörte zu einer Gruppe, deren Mitglieder meist jüdische Kindern waren. Unser Gruppenführer war ein junger Mann mit Namen „Frank", geboren in London, aber sehr familiär mit jedem von uns, was bei Engländern sehr selten ist. Er kümmerte sich um jeden so, als wäre es seine Familie. Er lebte in Wien als Junggeselle mit seinen Eltern. Sein Vater war an der Britischen Botschaft in hoher Amtstätigkeit beschäftigt. Wir erlaubten uns einige Male einen kurzen Hausbesuch, da seine Wohnung am Weg zur Schule lag. (Karl Schwander, Kurt Vogel und ich). Die Eintrittsprüfung in die Radetzky Realschule absolvierte ich ohne Problem. Schon als kleines Kind hatte ich besondere Neigung für Autos, so wie viele Kinder in meinem Alter, und an mechanischen Bausätzen. Als Geburtstagsgeschenke erhielt ich öfters interessante und lehrreiche Bücher und Schriften über das Thema der Automobile und deren Entwicklung. Es ist mir ganz unvergesslich, dass ich für eine Redeübung vor unserer Klasse mit dem Thema „Die Geschichte des Autos", begleitet mit Erklärungen des Mechanismus durch Zeichnungen an der Tafel, in der Radetzkyschule ein „Sehr Gut" erhielt. Das war das einzige Mal, dass Prof. Kreisky mir so eine hohe Bewertung verlieh. Mein so enormes Interesse an technischen Themen, einschließlich zeichnen, bauen, schrauben, basteln und besonders allem, was sich so von selbst drehte und bewegte, füllte mich so mit Begeisterung, dass scheinbar für die humanistischen Themen in meinem Kopf kein Platz übrig geblieben ist.

Bis heute bewahrte ich mein Zeichenbüchlein mit Skizzen und Abstrakten, wie von meinem Zeichenlehrer in der Radetzkyschule, dessen Namen mir leider in Vergessenheit geraten ist, auf. Er rühmte meine Arbeiten und versuchte meine Eltern zu überzeugen, dass die Kunstakademie in Wien mein Ziel sein sollte. Wäre sehr schön gewesen, aber meine Eltern hätten sich so eine große Auslage nicht leisten können, auch in dem Fall, dass die weitere politische Lage sich anders entwickelt hätte.

Größten Einfluss auf mein weiteres Leben hatten zwei Ereignisse. Das erste, besonders aufregende, welches in dieser Schule stattfand, war eine Provokation einiger Lausbuben, Mitschüler, welche uns mit deren antisemitischen Ansichten bekannt waren. Es begann am Morgen nach dem so schicksalhaften Tag des „Anschlusses". Wir, Karl Schwander, Kurt Vogel und ich, betraten, so wie tagtäglich, nicht ganz ahnungslos den Haupteingang der Schule, welcher damals aus einem verhältnismäßig bescheidenen Tor bestand. Der Zugang war von der Radetzkystraße selbst. Gleich nach unseren ersten Schritten in der Eingangshalle nahmen wir die Hass verkündenden Blicke einiger Mitschüler wahr. Die Stiege hinauf dauerte eine Ewigkeit. In der Klasse erwarteten uns zwei (oder mehr) uns sehr bekannte, feindlich gesinnte Mitschüler. Wir wurden mit großen Schildern behängt mit dem Wort „JUD", sowohl am Rücken als auch auf der Brust. Wir waren gezwungen bis zur Pause damit in den schmalen Schulbänken zu sitzen.

Die Unterrichtstunden gingen vorbei. Im Hof sollten wir dann eine weitere „Überraschung" erleben. Zu unserem Glück hat der sehr vernünftige Direktor, dessen Name mir leider entfallen ist, beschlossen, die Schule sofort zu schließen und alle Schüler nach Hause zu schicken. Mit größter Hast befreiten wir uns von den dummen Schildern und flohen auf und davon. Das war meine erste Begegnung mit dem Naziregime und dessen antisemitischen Tätigkeiten, welche meine Zukunftspläne mit einem Mal in Frage stellten.

Das zweite sehr eindrucksvolle Ereignis war mit Frank, unserem beliebten Gruppenführer bei den „Pfadfindern". Er organisierte eine Abschiedsfeier in seiner Wohnung. Laut staatlicher Verordnung nach dem „Anschluss" wurden alle Jugendvereinigungen außer der Hitlerjugend verboten. Unsere Versammlungen in unserem Heim

Chanan und Schulamit Kedar beim Treffen der ehemaligen Schülerinnen und Schüler anlässlich der Gedenkveranstaltung zu der sie aus Israel anreisten.

waren nicht mehr möglich, denn alle internationalen Pfadfinderheime in Österreich wurden geschlossen. Frank hielt eine feierliche Abschiedsrede. Er schätzte sehr den Sinn und den Erziehungswert der internationalen Jugendbewegung der „Pfadfinder". Um für unsere Zukunft zu sorgen betonte er seine Meinung, dass unsere Zukunft als jüdische Kinder in einem Jüdischen Staat in Palästina sein sollte. Es gab ein Palästinaamt in der Marc-Aurelstraße und auch ein Jugendheim der Maccabi-Bewegung, von der Zionistenorganisation gefördert. Wenn ich mich nicht irre, hat Frank selbst für die Adressen und für die Verbindung gesorgt.

Es sei erwähnt, wie stark so eine Verbindung zwischen Jugendlichen im Alter von 14 Jahren und einem jungen Anführer sein kann, dessen Autorität größeren Einfluss als die Eltern hatte. Mit einem Mal hatte ich größtes Interesse am Zionismus. Ich las Bücher und Zeitungsberichte über Palästina. Ich kam zu dem Entschluss, dass Franks Anregungen zu meiner Zukunft passten. Das jüdische Volk hätte das Recht, so wie alle Völker auf der Welt, in seinem eigenen Land sein Leben zu führen. Kurz danach war ich im Heim der Maccabims tätig. Ich befasste mich mit Zeichnungen und Fotomontagen, welche die Wände schmückten, wobei ich selbst studierte und die Aktualitäten kennen lernen konnte. Ich selbst bekam nach kürzester Zeit den Rang eines Gruppenführers und hielt Vorträge über die zionistische Bewegung, welche ich selbst kurz davor kennengelernt hatte. Das war am Abend.

Unter Tag war ich freiwillig am Palästinaamt in der Marc-Aurelstraße um Hilfsdienst zu leisten. Wir befanden uns in einem Raum in der Nähe des bekannten Leiters dieses Büros der Zionistischen Bewegung. Wir waren da immer in Bereitschaft evakuierten Familien behilflich zu sein, wichtige Briefe persönlich zu übergeben oder sonstige Aufgaben zu übernehmen. Er war eine unvergessliche Persönlichkeit: Ahron

Menczer. Das war der Mann, der sich besonders bemühte, auf verschiedensten Wegen so viele jüdische Kinder wie möglich nach Palästina zu befördern. Legal oder illegal, den Engländern zum Trotz. Er verschaffte auch zeitweiligen Aufenthalt für die Jüngsten in anderen Ländern. Er selbst konnte leider sein Leben nicht retten.

So kam auch ich im Mai 1939 mit einem Jugendtransport nach Schweden. Für meine Auswanderung musste man Formulare beschaffen. Die deutschen Behörden machten da natürlich Schwierigkeiten. Erst mussten wir, meine Mutter und ich, so wie alle anderen Auswanderer in der Straße der Behörden Schlange stehen, ungefähr um vier Uhr morgens, um dann ca. mittags einen Zettel von einer gewissen Farbe zu erhalten. Mit diesem Zettel musste man am nächsten Tag das Theater nochmals mitmachen um einen neuen Zettel von anderer Farbe zu erhalten. Dann stellte es sich heraus, dass ohne der Unterschrift meines Vaters mein Formular nicht gültig wäre. Das heißt, er konnte sich die Schikanen der Behörden mit Schlange stehen nicht ersparen. Mein Vater empörte sich dagegen. Er, als ehemaliger Offizier mit vier Tapferkeitsmedaillen, war nicht bereit so eine Schande mitzumachen. Er plante es anders und mit größtem Selbstbewusstsein. Bekleidet in einem Wintermantel kam er direkt von der Straße mit sicheren Schritten bei dem Wächter am Eingangstor der Behörden an. Sein Aussehen ähnelte dem eines Geheimagenten. Mit einer Hand stülpte er den Mantelkragen hoch, wo Miniaturkopien seiner Kriegsmedaillen sichtbar wurden. Der Wächter – ein Soldat – salutierte ihm und mein Vater salutierte ebenfalls. So betrat er die Büroräume, als wäre gar nichts Besonderes geschehen. Er unterschrieb die Formulare und verließ das Büro. So, das war typisches Betragen meines Vaters. Er verspottete die Bürokratie und er verspottete die Nazis. Er war sicher, sie würden nicht lange regieren. Einerseits, dieses Selbstbewusstsein habe ich leider nicht geerbt. Andererseits verzögerte er dadurch seine Suche nach Auswandermöglichkeiten. Und dann war es leider zu spät.

Meine Mutter sorgte sich sehr um meine weitere Schulausbildung. Im Rahmen einer Beratungsstelle für Jugendliche, zu der ich meine Zeichenarbeiten aus der Schule mitbrachte, wurde mir Architektur als passende Tätigkeit geraten, wohl in der Zukunft. Aber mit der zionistischen Idee konnte ich mir damals keine Verbindung vorstellen. Meine Eltern waren mit meiner so selbstständigen Tätigkeit gar nicht einverstanden. Auch die Ideen für meine Zukunft waren für meinen Vater eine große Enttäuschung. Er hatte gar kein Vertrauen in einen zukünftigen jüdischen Staat und den Zionismus im Allgemeinen. Wahrscheinlich durch meine Initiative begann auch mein Papa sich für Auswanderung zu interessieren. Bis dahin war er sicher, dass das Hitlerregime nicht lange bestehen würde. Er hoffte immer noch, dass sich für ihn etwas zum Guten ändern würde. Mama nahm sich meine Abfahrt sehr zu Herzen. Sie ahnte das kommende Unglück. Ich versprach, um beide zu beruhigen, dass nach der Flucht meiner Eltern ins Ausland – die Hoffnung war nach Amerika – ich mich wieder mit ihnen vereinigen würde. Ich selbst fühlte eine gewisse Neugier, welche Zukunft, besonders in Schweden und in Palästina, mir bevorstand. Im Unterbewusstsein fühlte ich mich befreit von der kritischen Aufsicht meiner Eltern, Gefühle, welche man einem Jungen im Alter von 15 Jahren gar nicht absprechen kann. Ich ahnte überhaupt nicht, dass ich Mama und Papa nie wieder sehen würde. Der Abschied von meinen Eltern und besonders von Mama, der es nicht gelang ihre Tränen zu ersticken, und die sich zu verstecken versuchte hinter einem der schlanken Stahlpfeiler des Wiener Nordbahnhofs, war für mich ein bitteres Geschehnis, dessen Folgen im

Schulamit Kedar, Patrick Koger, 7B, Alexandra Tsiotras, 8A und Charles Spencer in der Schulbibliothek.

Laufe der Zeit, erst viele Jahre später, mein Gewissen mehr und mehr bedrückten, eigentlich bis zum heutigen Tag. Die Situation ist mir unvergesslich, wie ich im Wagenfenster stehend winkte und sich die versteckte Gestalt Mamas langsam entfernte, bis sie nicht mehr zu erkennen war. Die Vorstellung, dass Eltern ihren einzigen Sohn zum Bahnhof begleiten, um ihn ins Ungewisse zu befördern, ist unglaublich. Mamas und Papas Zustimmung zu meiner Tätigkeit haben mein Leben gerettet und ich habe sie dabei ihrem unglücklichen Schicksal überlassen.

In Schweden kamen wir in ein kleines Jugendheim in Tjörnarp, einem Dorf ca. 40 km entfernt von der Hafenstadt Malmö. Das Heim, „Gunnarpshemmet", war ursprünglich ein Wohnhaus einer aristokratischen Familie, gelegen in einer ländlichen Umgebung. Es wurde von der jüdischen orthodoxen Gemeinde in Malmö unterhalten. Ich muss betonen, dass die jüdische Gemeinde mit größter Mühe und Aufmerksamkeit sich um alle unsere Bedürfnisse sorgte, einschließlich der Schulausbildung. Zu diesem Zweck gab es Lehrer mit akademischer Bildung. Es war meine erste Bekanntschaft mit jüdischen Sitten. Einige Jungen kamen aus orthodoxen Familien aus Deutschland und einige aus Wien aus Familien mit profaner Weltanschauung. Die Mädels, die mit unserem Transport aus Wien mitkamen, wurden bei schwedischen jüdischen Familien untergebracht. So wurden wir für mehr als zwei Jahre eine Art Zwangsgesellschaft von nahezu 25 Jungen, so ganz willkürlich zusammengewürfelt, um unser Zusammenleben zu beginnen. Der Aufenthalt war ursprünglich für nur zwei bis drei Monate gedacht, bis zum Erhalt des Visums für Palästina, aber die politischen Umwälzungen wollten es anders.

Der Ausbruch des Weltkrieges im September 1939 führte zur völligen Änderung unserer Pläne, und eigentlich hatten wir großes Glück. Der jüdischen Gemeinde gebührt größter Dank, dass wir alle im Laufe von zwei Jahren die Möglichkeit hatten, unsere geistige so wie technische Bildung fortzusetzen.

Die landwirtschaftliche Umgebung unseres Heimes ermöglichte eine Ausbildung für Palästina. Ich schaffte mir einige Lehrbücher an, um Landwirtschaft selbst zu erlernen. Wir arbeiteten halbtäglich auf den Farmen der Bauern und nachmittags erhielten wir weitere Schulausbildung, um unsere verlorene Mittelschulausbildung zu ergänzen.

Es gab Studien im kleinen Kreis so wie „Psychologie für die Jugend“ (Künkel) mit einem unserer sehr begabten Lehrer: Dr. Pam Schreiber. Er war der Sohn eines konservativen Rabbiners aus Berlin. Er beherrschte das Erziehungsthema mit viel Vernunft und Gelehrsamkeit. Wir haben ihm vieles zu danken. Diese Studien hatten für mich selbst größten Einfluss auf meine weiteren Entschlüsse in der nahen und weiteren Zukunft. Wir durften auch Hobbys und Werkstattarbeiten ausüben. Ich setzte mein altes Hobby von zu Hause fort, es waren da Fotoarbeiten. Das verhältnismäßig hohe Trinkgeld, welches wir von den Bauern erhielten, ermöglichte uns kleine Anschaffungen. So konnten wir uns gebrauchte Fahrräder leisten, deren Reparaturen meist durch meine Hände gingen.

Es war April 1941. Einer kleinen Gruppe von neun Jungen – und ich dabei – wurde es ermöglicht, mit noch einigen Gruppen von Jungen und Mädels in Schweden am großen Transport über Stockholm, Helsinki, Leningrad, Odessa, Konstantinopel und Beirut bis nach Haifa teilzunehmen, einer unvergesslichen „Touristenfahrt“. Die Fremdenführer der russischen „Intourist“ bemühten sich uns zu bedienen. Es war uns klar, dass sie dabei auf Propaganda für den Kommunismus großen Wert legten. Auch einige Fremdenführerinnen, deren jüdische Herkunft uns ganz klar war, obwohl sie versuchten es zu verstecken, bemühten sich sehr um uns, besonders in Leningrad (heute wieder St. Petersburg). Drei Tage im Hotel „Astoria“, Führungen in den berühmtesten Schlössern der alten russischen Aristokratie und abends eine herrliche Opernaufführung: „Aida“, ein unvergessliches kulturelles Erlebnis. Die Schauspieler, die Tänzer und das Publikum selbst standen im krassen Gegensatz zu dem traurigen Eindruck, welchen wir vom Touristenbus aus von den verödeten Straßen der Stadt gewannen. Es war alles so geheimnisvoll, und jeder Versuch mit jüdischer Bevölkerung ein Gespräch aufzunehmen, wurde von Geheimpolzisten in Zivil sofort unterbrochen.

Andererseits war es für uns ganz unglaublich, wie unser kleiner Transport in der jüdischen Bevölkerung bekannt wurde. In einigen Bahnstationen zwischen unserem ersten Aufenthalt in Helsinki bis zum Ende der unendlichen Bahnlinie in Odessa erwarteten uns begeisterte Menschen, um uns zu unserer Fahrt nach Palästina zu beglückwünschen. Wir wurden überschüttet mit kleinen Geschenken, Süßigkeiten und Luft-Küssen. Ich erhielt eine Thermosflasche, welche mir für lange Zeit in Israel sehr nützlich war.

Alle Zugänge zu unserem Waggon wurden strengstens plombiert und in jeder Bahnstation – von Leningrad bis Odessa – durch die Geheimpolizei bewacht. Aber, komischerweise gelang es einigen Militär-Offizieren unseren Waggon zu besuchen. Das eifrige und interessante Gespräch in jiddischer Sprache wurde durch ältere Kameraden übersetzt. Für unsere Ohren klang das ganz fremd. Die Gedanken an die furchterregende Zukunft waren allen bewusst. Es war vier Monate bevor die Russen in den Weltkrieg eintraten. Weitere Transporte auf diesem Weg wurden damit wieder unmöglich.

Die weitere Fahrt mit sehr viel weniger Bequemlichkeiten mit der türkischen Bahn in von beiden Seiten offenen Waggons und Blumenpflücken am Weg führte bis Aleppo und Beirut. Das Blumenpflücken hatte auch seine Geschichte. Der ganze Zug

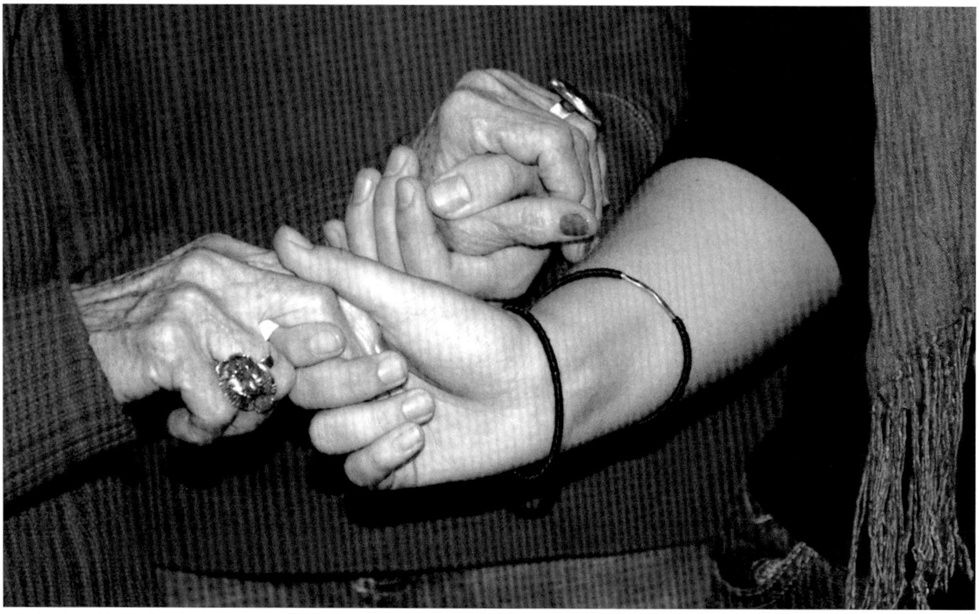

Schulamit Kedar, Alexandra Tziotras und Patrick Koger.

war öfter gezwungen, inmitten der ländlichen Umgebung anzuhalten, aus dem einfachen Grund, dass die Bahngeleise von weidendem Vieh besetzt waren. Der Lokomotivführer selbst musste austeigen um die Kühe und Ziegen mittels Drohungen und schreienden Beschimpfungen zu vertreiben.

Hier in Palästina führte uns unser erster Weg, nach kurzem Aufenthalt in einem britischen Quarantänelager, als Anfang eines neuen Lebens in einen Kibbuz „Mischmar Hascharon", gelegen an der Landstraße am halben Weg nach Tel-Aviv. Und damit kamen die ersten großen Enttäuschungen. Erstens, der Kibbuz: eine Oase mitten in der Wüste.

Die zweite Enttäuschung: Die moderne schwedische Landwirtschaft, so wie die europäische, war damals in Palästina noch gar nicht bekannt. Nicht nur des Klimas wegen. Das Denken hiesiger Bauern war noch sehr veraltet, was sich in kürzester Zeit verbesserte. Vielleicht durch den Einfluss der neuen Einwanderer.

Nach kurzer Zeit gab ich die Idee mit der Landwirtschaft auf und kehrte zurück zu meiner „alten Liebe" und Begabung für Kunst, dem Zeichnen und meiner Neigung zum Schöpferischen. Der Kibbuz konnte mir keine Studiermöglichkeiten für Architektur finanzieren und ich selbst hatte keine Verwandten zur Unterstützung. Ich war da in Palästina ganz alleine und von meiner Eltern Schicksal wusste ich in diesen Jahren noch gar nichts. Im Kibbuz befreundete ich mich mit einem der älteren Mitglieder. Jakob Stein hatte vielfache Begabungen. Erstens Musik, er spielte Geige und dirigierte den Chor der Kibbuz. Er war ein begeisterter Amateur-Fotograf, so wie ich. Eine provisorische Dunkelkammer mit selbst gebastelter Ausstattung ermöglichte uns Fotos und auch Vergrößerungen zu produzieren. Es war Kriegszeit. Filmmaterial so wie Kopierpapier waren Seltenheiten.

Jakob war er ein begabter Zeichner, was ihn komischerweise zum Handwerk der Maler und Anstreicher brachte. Da der Kibbuz in seinen ersten Jahren nur aus provisorischen Holzbaracken bestand, mussten damals neue Wohnhäuser errichtet werden. Da Jakob selbst die große Aufgabe des Anstrichs auf sich zu nehmen hatte, nahm er mich als Lehrling auf. Mit Vergnügen und Emsigkeit „studierte" ich das für mich neue Handwerk. Wände, Türen und Fenster bekamen sorgfältige und meist auch künstlerische Behandlung. Unsere Spitzenleistung waren Wandmalereien in den Kindergärten. In dem verhältnismäßig jungen Kibbuz gab es viele Kleinkinder. Die Illustrationen der bekanntesten Kindermärchen fanden Platz auf den Wänden.

Nach zweieinhalb Jahren verließ unsere Jugendaliyagruppe den Kibbuz „Mischmar Hascharon" und zog in eine neue Kibbuzsiedlung, deren Namen zum Andenken an den heroischen Wächter „Alexander Sajit" genannt wurde.

Auf Grund meiner „Erfahrung" im Bauwesen erhielt ich die Leitung aller neuen Bauarbeiten. Die erste Etappe waren Gebäude für das Vieh. Für den Bau der Ställe für Pferde und Kühe wurden große Steine vom Feld gesammelt und dazu wurde ein bekannter Baumeister angestellt, der auch mich lehrte mit großen Natursteinen Mauern zu errichten. Dann übernahm der Mann einen großen Bauauftrag in der Stadt Haifa und überließ mir die weiteren Bauarbeiten. So war ich sehr beschäftigt mit verschiedenen Bauanlagen, auch Wohnhäuser mit rotgefärbtem Beton und Ziegeldächern auf Holzkonstruktion, bis ich mein Interesse daran verlor und meine Neigung zur akademischen Ausbildung mich nicht los ließ. Gleich nachdem ich das bequeme „Kibbuzleben" hinter mir ließ, begann ich meine Studien in Architektur an einer Britischen Technischen Hochschule, und dies aus ökonomischen Gründen. Ich finanzierte meine Existenz als Bauarbeiter, das hieß am Tag am Bau zu arbeiten und bei Nacht zu studieren.

Der Weltkrieg nahm schließlich sein Ende, aber die unverständlichen Berichte erfüllten uns mit Schrecken. Meine Eltern überlebten es leider nicht. Erst viele Jahre danach konnte ich Berichte über ihr furchtbares Schicksal erfahren. Im Jahre 1942 wurden sie mit dem Transport A... in das Lager in Minsk deportiert, wo sie gleich beim Ausstieg aus den Viehwaggons auf brutale Weise ihren Tod fanden.

Unser Befreiungskrieg hier in Palästina verpflichtete mich zum Militärdienst. Da war ich gezwungen alle meine Zukunftspläne für zwei Jahre zu verdrängen. Danach kehrte ich zuerst zu meiner Bauarbeit zurück, aber trotz bestem Willen fiel es mir schwer, die Studien bei Nacht mit Bauarbeit bei Tag zu verbinden.

Einer meiner guten Freunde aus dem Kibbuz, ein Diplommechaniker, kam mir da ganz groß zu Hilfe. Meir Rensburg und seine Frau Jehudit, welche selbst dem Kibbuz den Rücken kehrten, um sich ein privates Leben aufzubauen, erhielt die Leitung einer neuen Traktorenwerkstatt. Die Einladung meines Freundes, mich in dieser Werkstatt als Mechaniker anzustellen, trotz meiner etwaigen Beschränktheit, konnte ich nicht ablehnen. Es erleichterte mir beträchtlich meine nächtlichen Studien. Es war nicht zu vergleichen mit der schweren Bauarbeit in der heißen Sonne. In kürzester Zeit war ich vollkommen vertraut mit den damals neuesten Traktormotoren von GMC, sodass ich als Spezialmechaniker bekannt wurde. Keiner meiner Kollegen in dieser verhältnismäßig großen Garage ahnte, dass ich niemals Mechanik gelernt habe.

1952 fand unsere schlichte Hochzeit statt, den schweren Nachkriegszeiten entsprechend, nachdem Schulamit und ich schon zur Zeit des Befreiungskrieges und einige Jahre davor gut befreundet waren.

Schulamit war zuerst als Jugendliche freiwillig eingerückt in einer sehr bekannten Einheit, der Palmach, welche noch vor der Gründung des israelischen Staates wichtige Aufgaben auf sich nahm. Als Soldatin war sie bei der Betreuung der Soldaten und später auch der neuen Einwanderer tätig, besonders derjenigen, welche in enormen Massen aus den feindlichen arabischen Ländern flüchten mussten und unter gefährlichen Lebensverhältnissen den schweren Weg nach Israel zu bewältigen hatten. Schulas tägliche Besuche in den Zeltlagern waren eine der Sonderaufgaben der Soldatinnen der „Israelischen Verteidigungsarmee“ in einer schweren Epoche des jungen Staates.

Vor allem aber hatten wir unsere Studien zu beenden, Schulamit als Lehrerin und ich als Architekt. Noch bevor ich meine Diplomprüfungen beendete, fand ich eine Stellung (1952) in einem kleinen Architektenbüro, welches sich mit Wohnhäusern und mit landwirtschaftlichen Gebäuden befasste. Dieses Thema lag mir wohl nahe, da mir das vom Kibbuzleben bekannt war.

Wir wohnten in einer Gartenstadt (Tivon) ca. 30 km von Haifa entfernt. Der Ort entwickelte sich seit 1944 schnell und wurde bekannt als bevorzugter Kurort für Sommertouristen. Als junger Architekt hatte ich so Gelegenheit mit Bauplänen für kleine Hotelbauten bekannt zu werden.

Der große Bauboom in dem jungen Staat brachte mich (1960) in eine große Baugesellschaft („Rasco“), welche sich mit dem Bau von Wohnhäusern beschäftigte, unter anderem auch für die enormen Massen der neuen Einwanderer. Die Baugesellschaft führte ein eigenes Architektenbüro.

Unsere Familie, welche mit den Jahren um drei Kinder angewachsen ist, übersiedelte nach Tel Aviv (1965), wo ich ein Architekten-Büro ausfindig machte, welches sich mit interessanten Projekten beschäftigte (Jeremitzky, Margalit, Marco). Unter anderem wurden da einige Hotels geplant, besonders für die neuen Staaten in Afrika. Im Rahmen dieses Büros wurde ich beauftragt, ausführliche Entwürfe- und Baupläne für zwei Dschungelhotels (Game Lodges) in Tansania und ein modernes Bürogebäude in Daresalam anzufertigen. Diese Baustellen ermöglichten mir auch den Besuch dieses interessanten „schwarzen“ Erdteils.

Zurück in Israel, das Jahr ist 1968, befand ich mich auf Basis meiner Erfahrung mit Zuschauer- und Kinoräumen in einem Architektenbüro (Idelson – Zippor Architects in Tel Aviv), welches sich mit der Neuplanung der Universität am Skopus Berg in Jerusalem befasste. Es war kurz nach dem „Sechstagekrieg“ und der Befreiung Jerusalems und der Altstadt. Es war dringend Zeit den vielen halbzerstörten Bauten eine neue Zukunft zu versprechen. Mein Anteil waren die Pläne für ein Gebäude mit vier Auditorien (Hörsäle), jedes in Form einer hexagonalen Muschel, und ein zweites Gebäude inmitten des Campus der Universität, einem Wasserturm, welcher nicht nur zwecks Lösung hydraulischer Probleme geplant wurde. Eine Terrasse bot den Blick auf die Stadt Jerusalem.

1972 wurde ich Mitarbeiter in einer Plangruppe für die Hafenstadt „Bandar Buscher“ in einem Architektenbüro, welches sich mit den großen Plänen für den Schah von Persien beschäftigte (D. Etan, J. Faust, Architects). Der Auftrag enthielt Entwürfe für zwei strategisch bevorzugte neue Hafenstädte für die Kriegsflotte im Persischen Golf.

1981, wieder im Architekten Büro Idelson-Zippor Architects in Tel Aviv, war ein neues Gebäude für die „Bezallel“ Akademie der Kunst im Rahmen der Universität am Scopusberg in Jerusalem mein nächstes Projekt. Ein stufenartig geplantes Gebäude mit Terrassen, welche unter freiem Himmel Ausstellungen der künstlerischen

Werke ermöglichen sollte, mit Blick auf das Tote Meer und die Moavberge in Jordanien als malerischem Hintergrund.

1991 wieder im Architektenbüro D. Eitan - E. Goschen: Bürohochhäuser in Tel Aviv, Austellungsräume für verschiedene Autofirmen und sogar Garagen für die Autofilialen. BMW, MERCEDES, MITSUBISHI, DAIHATSU. Und damit schließt sich ein Kreis. Am Anfang war mein enormes Interesse für Autos. (Siehe meine erste Redeübung bei Prof. Kreisky in der Radetzkyschule 1938.) Und in letzter Zeit wurde ich auch Experte für die schicken Ausstellungsräume und Garagen einiger Autofilialen.

Wir leben heute in einer modernen Stadt: MODIIN. Diese verhältnismäßig neue Stadt liegt an der Autobahn zwischen Jerusalem und Tel Aviv. Ich beschäftige mich mit meinen Hobbies. Unsere Familie besteht aus zwei Töchtern, einem Sohn und fünf Enkelkindern. Der kleinste feierte gerade ein Jahr und der größte ist Korbballtrainer. Alle streben akademische Studien wie ihre Eltern an. Unser Schwiegerson, Dr. Haim Kedar-Levi, wirkt an der Beer Sheva Ben-Gurion University als Lecturer für Financial Economy. Unsere Tochter Naama hat zwei MA, in Kommunikation und Theaterwissenschaften. Sie leitet die Bibliothek eines Lehrinstitutes für Schullehrer in Jerusalem. Unsere ältere Tochter Elona ist in einer großen Computerfirma mit Programmieren beschäftigt. Sie hat ein BA in Ökonomie and Management. Unser Sohn Assa studierte Geschichte und Philosophy und ist Lecturer am Institut „Schächter für Jewish Thoughts“ in Jerusalem und Candidate for MA in Jewish Philosophy.

Damit beende ich meine Erinnerungen an die wiederholten Umwälzungen in meinem Leben, eine Geschichte mit unerwarteten neuen Entscheidungen. Mit unendlichem Willen und der Suche nach etwas anderem, aber immer in Verbindung mit der Kunst und Sensibilität für den äußeren Eindruck und mit Gefühl für die inneren Werte.

Ich beschäftige mich mit Erinnerungen. Zuerst mit der lange vergangenen, mit Sehnsucht und Liebe an die schöne Vergangenheit mit der von mir so geliebten Familie, Freunden und Bekannten. Und mit einem Mal, mit der furchtbaren, so hässlichen Erinnerung, wie uns mit größter Bosheit und Unmenschlichkeit alle unsere Familienmitglieder vernichtet wurden.

Die Schilderung meines Lebenslaufes bis heute kommt zu Ende, verflochten mit dem Schicksal meiner Familie und meines Volkes. Zu meines Vaters Unglück entwickelte er den Glauben, er wäre Mitglied des österreichischen Volkes, zu der Zeit, als ich, sein junger Sohn, zur Einsicht kam, dass ich nicht dazu gehöre. Die Loyalität meines Vaters und sein strikter Glauben waren sinnlos und halfen ihm nicht, dem Holocaust zu entkommen, was er wohl nicht ahnen konnte.

Meine Lebensgeschichte ist noch nicht zu Ende. Alles ereignet sich auf einem historischen Weg, welcher mit dem anderer Völker auf der weiten Welt unmöglich zu vergleichen ist. Ich schließe mit der Hoffnung für eine bessere Zukunft unserer nächsten Generationen.

Chanan Kedar

Felice Körner *(Felice Benisch)*

Klasse 2B – Geboren am 13.12.1925

Forgive me for writing to you in English, but after all these years I find it easier. Also let me assure you that I appreciate and admire the effort put into this project. Unfortunately, I shall not be able to attend the commemoration ceremony, as both my husband and I are past the age (82+85) where travelling is desireable. However, I wish you every success in this venture and assure you, after all that has happened, we still love the beautiful country of our birth and feel no bitterness.

Yours sincerely,
Felice Benisch

Bertram H. Kornfeld

Klasse 3A – Geboren am 5.2.1925

Vielen Dank für Ihren Brief vom 18. Mai 2008 und die Einladung zu der Gedenkveranstaltung. Leider können wird diese große Reise jetzt nicht machen, aber wir werden in Gedanken bei Ihnen sein. Sie fragen nach Lebenserinnerungen, die ich mit großer Freude hier präsentiere. Deutsch zu sprechen und schreiben geht noch immer ziemlich gut, nicht weil ich so viel Übung habe zu sprechen, aber weil ich immer Schubert und Schumannlieder singe. Auch habe ich die Opern von Wagner meist ganz im Kopf.

1935 war ein schlechtes Jahr, in dem mein Vater nach langer Krankheit starb und meine Mutter zur Arbeit als Sekretärin zu einem Advokaten gehen musste, sodass wir unsere Wohnung behalten konnten. 1936, als ich elf Jahre alt war, nahm mich meine Mutter zum ersten Mal mit in die Oper, und von da an ging ich viele Male, bis zum 12. Februar 1938; immer am Stehplatz vierte Galerie. Ich habe noch die Eintrittskarte für den 3. April 1938, die ich nicht brauchen konnte, weil die Gefahr zu groß war.

Ich erinnere mich auch in das Stadion zu gehen, um mein geliebtes Team Austria zu sehen. Der Mittelstürmer hat Sindelar geheißen. Und mit heutigen Maßstäben war er ein großer Star.

Meine Erinnerungen an die Radetzky-Realschule sind schwach. Ich erinnere mich an zwei Lehrer: Professor Verosta, der das beiliegende Zeugnis unterschrieben hat, und Professor Joseph Danninger, der Mathematik und Musik unterrichtete. Eines verstehe ich nicht. Wie Sie sehen, war das Zeugnis 2. Juli 1938 datiert. Ich konnte nicht zur Oper gehen oder Fußball spielen, weil die Gefahr zu groß war, aber ich glaube, dass ich das Schuljahr beendet habe.

In Amerika habe ich die Hochschule beendet und nach dem Krieg ein Bachelors- und Masters-Degree bekommen. Ich war Lehrer und später auch Schuldirektor. 1989 ging ich in Pension. Ich habe glücklicherweise wenig Zeit, da ich Tennis spiele, dreimal in der Woche gehe ich schwimmen; ich spiele Klavier und muss auch singen üben.

1953 habe ich geheiratet und wir haben drei Kinder und sechs Enkelkinder. Die Älteste hat soeben ihr erstes Jahr an der Universität beendet.

Mit freundlichsten Grüßen,

Bertram H. Kornfeld

Melitta Löwy *(Melitta Garbuny)*

Klasse 5B – Geboren am 13.11.1923

ABSCHIEDE, DIE NIE ZU ENDE GEHN.

Melitta Löwy Garbuny hielt am 13. November 2008, an ihrem 85. Geburtstag, die Festrede bei der Gedenkveranstaltung.

Meine Lehrer von damals, vor langer Zeit, wären sicher sehr verwundert mich heute hier als Sprecherin für die Schüler des Radetzky-Realgymnasiums zu sehen. Ich war eine gute Schülerin, aber keine brave, ein Klassenkasperl eher; genau wie meine Freundinnen Magda Dorn und Blanka Apfelbaum. Eines Tages haben Magda und ich zum Beispiel beschlossen, dass uns die Kleidungsvorschriften der Schule nicht passten. Wir wollten schöne, modische junge Damen sein, keine kleinen Kinder. Also zogen wir unsere schicksten Kleider und Seidenstümpfe an und bemalten uns die Lippen. Unsere Freundinnen waren sehr beeindruckt, der Direktor nicht. Seidenstrümpfe und Lippenstift waren streng verboten. Er schickte uns heim. Wir sollten erst wiederkommen, wenn wir anständig angezogen wären.

Blankas Vater hatte ein Geschäft, eine Art Spielzeugladen, und zu den Sachen, die er verkaufte, gehörten Spritzpistolen. Blanka schenkte mir eine. In Französisch saß Blanka in der ersten Reihe und ich direkt hinter ihr. Während der Professor etwas an die Tafel schrieb, empfand ich plötzlich das Bedürfnis, Blanka anzuspritzen. Damals schrieben wir mit Füllfedern, die man immer wieder nachfüllen musste, und jede von uns hatte eine Tintenflasche auf ihrer Bank stehen. Also habe ich die Spritzpistole mit Tinte gefüllt und auf Blankas Hinterkopf gezielt. Blöderweise hat sich Blanka genau in dem Augenblick vorgebeugt, um irgendwas vom Boden aufzuheben und statt meiner Freundin habe ich den Französischprofessor getroffen.

Mein Vater wurde in die Schule bestellt. Er musste mich mit nach Haus nehmen. Ich sollte nie wieder kommen. Damals hab ich schreckliche Angst gehabt. Die Schule war mein Leben. Was sollte ich machen, wenn ich rausgeworfen wurde?

Mein Vater, Dr. Moritz Löwy, war ein bekannter und geachteter Kinderarzt im 2. Bezirk, und er war außerordentlich charmant. Er überredete den Direktor, mir noch eine Chance zu geben, und nach ein paar Tagen Suspendierung durfte ich zurückkommen. Meine Freundinnen waren auch sehr froh, dass ich wieder da war.

Wenn man heute die Photos von meinen Schulfreundinnen und mir betrachtet, sieht man uns schwarzweiß, reglos, eingefroren in der Zeit. Nicht nur Farbe, Bewegung und Stimmen fehlen uns, wir sind auch so altmodisch angezogen und frisiert. Aber wir sind bunt gewesen, laut und voller Leben. Wir haben Träume, Hoffnungen und Sehnsüchte gehabt, genau wie die Schüler, die heute in dem Klassenzimmer sitzen, in dem wir damals gesessen sind. Wir waren so voller Möglichkeiten.

Mit dem ‚Anschluss' ist alles anders geworden. Ich war vierzehn, als im März 1938 die Nazis Österreich besetzten und in Wien einmarschierten. Ich stand am Gehsteig und beobachtete den Aufmarsch. Ich habe die Nazisoldaten mit ihrem Stechschritt gesehen, die Panzerwagen und die Militärflugzeuge, die über uns hinwegbrausten. Alles war voller riesiger Hakenkreuzembleme und Hakenkreuzfahnen. Ich wusste, dass nichts jemals wieder sein würde wie früher. Aber ich hatte keine Vorstellung, wie furchtbar das Leben für die österreichischen Juden werden würde.

Ich habe selten mit meiner Familie über diese Zeit gesprochen. Als eine meiner Töchter eine Familiengeschichte schreiben wollte, wurde ich sehr zornig. Ich hatte Angst, dass sie mich als Opfer darstellen würde. Ich wollte mich selbst nicht als Opfer sehen. Ich hatte ja zu den wenigen Glücklichen gehört. Ich hatte die Chance bekommen, in Amerika neu anzufangen.

Ich wollte mich abgrenzen, separieren von den Schrecken des Holocaust. Darum habe ich meinen Töchtern erzählt, die Aus-

Bilder vom Schikurs der 5B, Jänner 1938 in Annaberg.

wanderung sei für mich nicht so schlimm gewesen. Ein Abenteuer. Die Geschichte meiner Vertreibung mit der Geschichte des Holocaust zu vermengen sei, meinte ich, eine Herabwürdigung der Naziopfer.
In Wahrheit habe ich mich schuldig gefühlt, weil ich überlebt habe. Ich wollte nicht einmal mir selber gegenüber eingestehen, dass ich unter den Nazis gelitten hatte. Ich hatte das Gefühl, jeder Schmerz, den ich zugab, verkleinerte irgendwie das Leid, das andere erfahren hatten.
Die Verhaftungen prominenter Juden begannen direkt nach dem 'Anschluss'. Meinen Eltern war klar, dass es nur eine Frage der Zeit war, bis die Nazis in unserer Wohnung in der Taborstraße und am Karmelitermarkt auftauchen würden. Sie flohen aus der Wohnung und versteckten sich.
Kurz nachdem sie fort waren, wurde wütend gegen die Tür gehämmert. Schläger in Braunhemden mit Hakenkreuzbinden forderten mich auf, einen Eimer Wasser und eine Bürste zu holen. Ich kann euch nicht beschreiben, wie demütigend es war, mit 14 Jahren gezwungen zu werden, das Trottoir sauber zu bürsten. Ich kann mich nicht erinnern, was dann genau passiert ist. Es hat zu weh getan.

Bestimmt haben Nachbarn aus unserem Haus und aus der Straße zugeschaut. Vielleicht haben sie gejohlt und mich als Saujüdin beschimpft. Ich weiß nicht, ob ich getreten oder angespuckt worden bin. Ich weiß nur, dass mir niemand geholfen hat. Es ist schrecklich, ein kleiner, schwacher Teenager zu sein. Die Polizisten, die mich eigentlich beschützen hätten müssen, waren genau die, die meine Erniedrigung befehligten.

Noch schrecklicher ist es, die Eltern und alle erwachsenen Verwandten so machtlos im Angesicht der Tyrannei zu sehen. Der Terror in Wien nahm mit jedem Tag zu. Kein Jude war irgendwo sicher – weder daheim noch auf der Straße. Während jeder Straßenbahnfahrt konnte man verschleppt werden. Banden von Braunhemden zogen durch die Straßen. Überall wurden Juden schikaniert, drangsaliert.

Mein Mutter, mein Vater, meine Großmutter, meine Tanten und Onkel, die Freunde meiner Eltern, die Eltern meiner Freundinnen, alle Erwachsenen in meinem Leben hatten Angst. Jedes Mal, wenn sie auf die Straße gingen, fürchteten sie in eine Razzia zu geraten und festgenommen zu werden. Und wenn sie zu Hause blieben, fürchteten sie verhaftet und in ein Konzentrationslager verschleppt zu werden. Die Erwachsenen konnten sich selbst nicht schützen. Wie sollten sie da ihren Kindern, die alt genug waren zu sehen, was vorging, Sicherheit geben?

Der feste Boden unter meinen Füßen hatte sich in Treibsand verwandelt. Das Gefühl von Sicherheit wurde mir geraubt und bis heute habe ich es nicht wieder erlangt. Das Gefühl, dass ich alles, was mir wertvoll, kostbar ist, in einem Augenblick verlieren kann, ist immer noch da.

Das Radetzky-Realgymnasium hatte sich verändert - wie alles in Wien. Nazifahnen überall. Die Schule war zu zirka 60 Prozent jüdisch gewesen. Schon im Mai 1938 war sie zu einer rein jüdischen Schule erklärt worden und die nicht-jüdischen Schüler

Melitta Löwy Garbuny mit Ihrer Schwester beim Schülerinnentreffen anlässlich der Gedenkveranstaltung im Hotel Stephanie.

hatte man in judenfreie Schulen verlegt. Meine überlebenden Klassenkameraden, die heute hier sind, werden euch morgen bei Besuchen in den Klassenzimmern und in einer Forumsdiskussion von ihren Erfahrungen in der Schule nach dem 'Anschluss'.

Meine jüdischen Freundinnen und ich konnten die Intensität des Hasses, der uns da entgegenschlug nicht verstehen. Wir tauschten Geschichten über Nachbarn und Bekannte aus, die sich gegen uns wandten, auch Geschichten von guten Freunden und Nachbarn, die versuchten zu helfen, so gut sie konnten.

Am meisten haben uns aber die Reaktionen vieler früherer Freunde und Bekannter verletzt: Diese Leute wandten die Augen ab, wenn sie uns auf der Straße begegneten. Vor dem 'Anschluss' hätten sie uns freundlich gegrüßt. Jetzt taten sie, als wären wir unsichtbar. Wir hatten diese Leute für gute Menschen gehalten. Wie konnten sie so tun, als gäbe es uns nicht? Warum hatten sie sich entschlossen, mitzumachen bei dem Übel, das unser Land überrollt / erfasst hatte?

Ein paar von meinen Schulfreundinnen hatten vom Auftauchen von SA und SS an ihren Türen zu berichten. Die Nazis durchwühlten die Wohnungen nach Geld, Juwelen, wichtigen Papieren. Die Väter wurden festgenommen. Meine Freundin Magda Dorn war völlig verzweifelt, weil ihr Vater in ein Konzentrationslager transportiert worden war. Sie wusste nicht, ob sie ihn je wiedersehen würde.

Die Nazis beraubten jüdische Familien systematisch ihrer Besitztümer und froren ihre Bankkonten ein. Panik griff um sich. Woher soll das Geld für Essen und Miete kommen? Was soll in der Zukunft aus den Kindern werden? Wir alle wussten, dass wir das Land, unser Land, verlassen mussten.

Mein Onkel lebte in Paris, also beschlossen meine Eltern nach Frankreich zu gehen. Ich war für die Beschaffung der nötigen Dokumente zuständig. Stundenlang stand ich vor der Französischen Botschaft an, um unsere Visa abzuholen, und vor der Wiener Polizeidirektion / dem Passamt der Wiener Polizeidirektion in der Wehrgasse, um die nötigen Stempel für die Ausreise, die Auswanderungspapiere und die Ausreisebewilligung zu bekommen. Die Visa waren das Versprechen eines neuen Lebens in einem fernen Land. Im Juli 1938 gingen wir erst nach Frankreich, dann nach England, und 1939 ließen wir uns schließlich in den USA nieder.

Vor Kriegsbeginn konnten wir noch Informationen über das Schicksal von einigen Verwandten bekommen. Eine Cousine meines Vaters, Yella, und ihr Mann Siegfried hatten ein Zuckerlgeschäft in Wien. Sie hatten eine Tochter, Gina, die in meinem Alter war. Yella und Gina bekamen Visa für England. Siegfried bekam keines. Er wurde so niedergeschlagen, dass er sich das Leben nahm. Gina konnte sich nie in dem neuen Leben in England zurechtfinden und nahm sich zehn Jahre nach ihrem Vater ebenfalls das Leben.

Ein Cousin meines Vaters, Adolf Kohn, war Fleischhauer in Bad Vöslau. Adolf war mit einer Nicht-Jüdin verheiratet und sehr aktiv in der Stadtgemeinde, vor allem bei der Freiwilligen Feuerwehr. Als die Nazis die anti-jüdischen Gesetze in Kraft setzten und Adolf an diesen Aktivitäten nicht mehr teilnehmen durfte, weder bei der Feuerwehr noch sonstwo mehr mitwirken durfte, erhängte er sich. Obwohl die Nazis es verboten hatten, nahm die gesamte Freiwillige Feuerwehr von Bad Vöslau an seiner Beerdigung teil.

Die beiden Brüder meines Vaters schafften es, nach Palästina zu kommen und eine seiner Schwestern kam nach New York. Aber seine jüngere Schwester Frieda und seine Mutter saßen in Wien fest - in der Falle. Von ihrem Schicksal haben wir erst nach Kriegsende erfahren. Frieda und ihr Mann waren nach Italien geflohen und haben überlebt. Meine Großmutter war ins Konzentrationslager Theresienstadt (in Tschechien) transportiert worden. Dort wurde ihr Körper vom Hunger so geschwächt, dass sie dem Typhus erlegen ist.

Mein Vater stammte aus einer großen Familie, die seit über 600 Jahren im Burgenland und in Niederösterreich ansässig gewesen ist. Während des Holocaust wurden viele Familienangehörige ermordet. Die Überlebenden hatten in aller Welt Zuflucht gefunden – in England, Australien, Palästina, Schweden, der Schweiz, Argentinien, sogar im chinesischen Shanghai. Unsere Familie sollte nie mehr wiedervereint werden.

Ich habe es geschafft, mit ein paar Schulfreundinnen, die aus Österreich geflüchtet waren, in Kontakt zu bleiben. Meine Freundin Blanka Apfelbaum – sie hatte die Spritzpistole in die Schule mitgebracht – entkam mit einem Kindertransport nach England. Eine andere Freundin, Susi Messinger, landete in Chicago. Susi ist heute hier.

Sobald der Krieg zu Ende war, haben wir versucht herauszufinden, was mit dem Rest unserer Klassenkameradinnen geschehen ist. Eine meiner lieben Freundinnen aus dieser Schule war ein wunderschönes Mädchen, das in Europa festsaß. Eines Tages war sie unterwegs, wahrscheinlich um Essen für ihre Familie zu besorgen, als sie auf der Straße geschnappt wurde. Die Nazis beschlossen, sie zu einer Hure für Militärangehörige zu machen.

Tag um Tag, Woche um Woche, stundenlang jeden Tag war sie gezwungen, die Lust der Soldaten des Dritten Reichs zu befriedigen. Schließlich, als die Nazis keine Verwendung mehr für sie hatten – vielleicht war sie schwanger geworden –, schickten sie ihre Kerkermeister in die Gaskammer. Ich kann mich nicht überwinden, ihren Namen zu nennen. Ich weiß ja nicht, ob sie sich ihres Schicksals so sehr schämen würde, dass sie es auf ewig geheim halten würde wollen, oder ob sie so zornig über die Ungerechtigkeit wäre, dass sie es laut in die Welt schreien würde.

Als meine jüngste Tochter 1979 auf der Universität war, fiel ihrer Zimmergenossin mein Wiener Akzent auf. Sie hatte das Gefühl, ihre Mutter sollte mit mir sprechen. Also drängte sie sie, mich anzurufen. Als wir miteinander sprachen, sagte die Mutter: „Höre ich da einen Wiener Akzent? Eine meiner besten Freundinnen stammt aus Wien. Sie heißt Gerda Dorn."

Einen Moment lang war ich sprachlos. Meine beste Freundin in Wien war Magda Dorn gewesen; sie war es, die zusammen mit mir nach Hause geschickt worden war, wegen der Seidenstrümpfe und des Lippenstifts. Gerda Dorn war Magdas kleine Schwester, acht Jahre jünger als wir.

Es dauerte keine zwei Wochen, bis sich die Mutter der Zimmergenossin, Gerda und ein paar von unseren Töchtern in meiner Wohnung trafen. Gerda und Magda waren während des Kriegs getrennt worden. Gerda und ihre Eltern wurden von einem tschechischen Bauern versteckt und haben überlebt. Aber Magda ist ums Leben gekommen. Die Familie Dorn hatte während des Kriegs ihre gesamte Habe verloren. Kein einziges Foto von Magda war erhalten geblieben.

Gerda war beim 'Anschluss' erst sechs gewesen und hatte nur schemenhafte Erinnerungen an ihre Schwester.

Ich suchte mein Wiener Fotoalbum heraus, und da fanden sich mehrere Fotos von Magda. Jedes hatte eine Widmung für mich, also konnte Gerda nicht nur sehen, wie ihre Schwester ausgeschaut hatte, sondern auch ihre Handschrift. Ich schenkte ihre alle Fotos. Die Tränen begannen zu fließen und die Geschichten. Ich hatte so viel Zeit bei den Dorns verbracht, dass ich ihr die Wohnung und das Leben der Dorns in normalen Zeiten genau beschreiben konnte.

Diese Begegnung hat mir bewusst gemacht, dass die eigene Geschichte nie vorbei, zu Ende ist. Deine Erfahrungen folgen dir, verfolgen dich den Rest deines Lebens, du kannst ihnen nicht entkommen.

Nach Österreich zurückzukommen ist immer schwierig für mich. Nicht nur sind die meisten Juden weg, auch die Erinnerung an sie ist oft ausgelöscht worden. Zum Beispiel in Gloggnitz, dem Ort, wo mein Vater zur Welt gekommen ist: dort gibt es eine Kirche in der Ortsmitte mit einer Tafel, auf der die Namen aller gefallenen oder verschollenen Soldaten des Ersten und Zweiten Weltkriegs stehen. Keine solche Tafel erinnert irgendwo an die Juden aus Gloggnitz, die ermordet wurden oder flüchten mussten.

Deshalb schätze ich die Bemühungen des Radetzkygymnasiums, Zeugnis abzulegen von dem Leid, das meine Klassenkameradinnen und ich erfahren haben. Ihr habt keine Vorstellung, was (uns) dieses Zeugnis nach 70 Jahren bedeutet.

Übersetzung ins Deutsche von Ingrid Rencher

Das Stammbuch von Xenia Lonergan mit den Einträgen ihrer Mitschülerinnen und Prof. Hermann Wiesflecker.

Xenia Ria Marian *(Xenia Ria Lonergan)*

Klasse 1B – Geboren am 3.4.1927

I am happy to give you a brief resume of my history for your project, which I could give you in more detail if you want.

I was born in Vienna in April 1927 and spent my first schoolyears at the primary school in Kolonitz Platz/Löwengasse.

I am still in touch with three of the girls from that school. One of them, Vera Zellnik, may have been with me at the Radetzky school, but I am not sure. She is mixed race. Her Catholic mother remained in Vienna, her father died in Shanghai and she was fostered by an English family in Devon. If she is on your list, I am sure she will give you further details. She now lives in Coventry.

One girl who did join me in the Radetzky Gymnasium was Susi Katz. She went to Israel, married, had 2 children and died of cancer many years ago.

I was one of the lucky ones who had family in England, who were able to obtain visas for us. I left Vienna in October 1938 and went to London with my mother. My father, grandmother, greatgrandfather and 6 other members of my family joined us in 1939. I was really fortunate, only one person in my family, my father's aunt, perished in the holocaust.

War broke out in September 1939 and I was evacuated with my school to the country, as were a large number of London children. I did not see my parents for three years, and I was the only refugee. This made me twice displaced.

I went back to London in 1943 and was promptly bombed out, our flat destroyed.

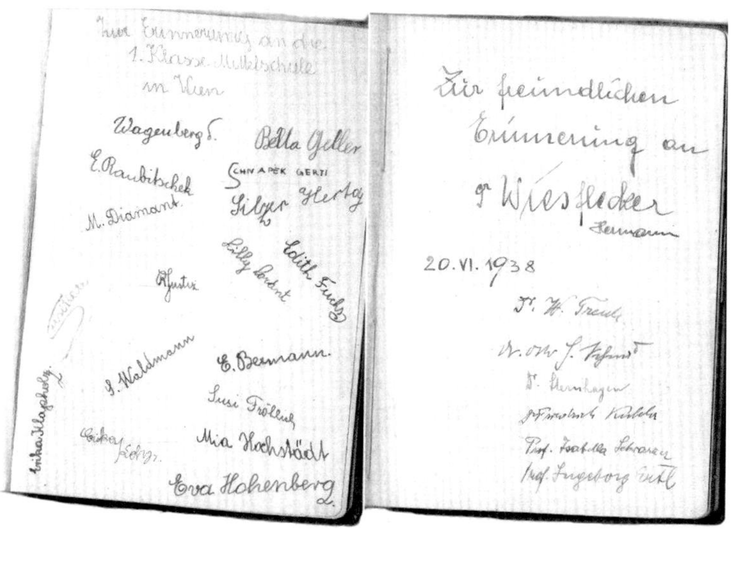

After the war I studied architecture and worked in a large architectural practice for 13 years, and later had various similar jobs with brief interruptions whilst I had 2 children, one from each of my two marriages.

I retired at the age of 65. I would say I had a successful life, if not financially, at least from the point

Mag. Michaela König, Mag. Peter Waschulin und Xenia Lonergan im Konferenzzimmer der Schule.

of view of life satisfaction. I have travelled, sailed, danced, and now have six grandchildren all living within walking distance.

Last summer I went to Vienna with my daughter, daughter-in-law and all the grandchildren to show them the town I grew up in and which I have never ceased to love in spite of the terrible things that happened there in 1938/9.

If it would interest you, I could send you a photocopy of 2 pages in my autograph book, signed by some of my teachers and some of the pupils in my class, in June 1938.

Please let me know if there is anything else I can do. I would also very much like to know of anyone else who has been in touch with you.

Best regards,

Xenia Ria Lonergan

Ein Erinnerungsstück aus der Volksschule.

Susan Messinger

Klasse 5B – Geboren am 13.5.1923

I was born in Vienna in the Rudolfsanatorium and several days later was brought to a three-bedroom apartment on the third floor of Kegelgasse 32, Wien III, where we lived until we left Vienna on August 13, 1938. The other apartment on that floor was occupied by a judge and above us lived a physician.

My father, Emil O. Messinger, was then a patent attorney. He shared a suite of offices on the Weihburggasse with his brother, who was an attorney, and with other lawyers. My mother, Rosl Bauer Messinger, had graduated from a Lyzeum which Dr. Sigmund Freud's daughter also attended. Later when my brother and I had started going to school she studied social work intending to become a social worker to help people and to even out social injustices. At the time of my birth my brother Heinrich Peter was 22 months old. Also living with us was our beloved housekeeper Maria Buchschacher, who stayed with us for ten years before she got married.

My paternal grandfather, Adolf Heinrich Messinger, graduated from the Technical University of Vienna with a degree in mechanical engineering. After he graduated he founded a factory which made heavy machinery, diesel motors, steam engines and farm equipment machinery. His father-in-law, Adolf Schwarz, also earned a degree there and I am told that both men became well-to-do. My paternal grandfather's father, an Austrian citizen, drowned in the flooding Danube attempting to save another Viennese from drowning. Adolf Heinrich Messinger married my grandmother Ernestine Schwarz and they had three children: my father and his younger brother and sister. My grandmother came to Vienna as a young girl with her father and sister from a nearby town, where her grandfather had been a manufacturer.

My father became a patent attorney, his brother an attorney and his sister and husband moved to Paris shortly after they were married and founded an export company.

My maternal grandfather, Richard Bauer, was the youngest of five children. He had intended to study the classics, Latin and Greek and the Greek philosophers. Unfortunately, his father died when Richard was only 17 years old. He finished Gymnasium and then entered my great grandfather's firm Ing. Osners. That firm was a plumbing contractor business which furnished kitchens and bathrooms and sold lead pipes and related products.

There he met Ignaz Osners' younger daughter Helene and they were married in their early twenties. They had two children, Hans and Rosl, my mother. They lived on the Ringstraße at the corner of Weihburggasse near the Johann Strauss Memorial. Later Richard bought a factory that made heavy machinery. My mother married Emil Messinger and Hans married a sculptress, whose father was a jeweler. Among

Paul und Susan Messinger mit Frau Direktor Eva Tesar.

other clients he sold his jewelry to Empress Elisabeth. They had a beautiful villa in Döbling which was bombed during the World War II. Hans earned a doctorate in chemistry from the University of Vienna and upon graduation accepted a research position in a German firm. Unfortunately, he died a week before his 30th birthday of a misdiagnosed melanoma leaving a 25-year old widow and a one-year old girl. Later my aunt left Vienna to study architecture in Germany in order to be able to support herself and her little girl. Upon graduation she moved to Prag where she opened her own studio and did quite well.

One of my mother's cousins earned a doctorate in economics and political science and became a journalist. He married the daughter of a pediatrician. His brother became an engineer and married an art historian. My journalist uncle was expelled from Nazi Germany because he held a position as editor of a liberal political paper and returned to Vienna. They had two children: a son and a daughter. The son was drafted into the U.S. Army and was killed during the last days of World War II. His daughter became a librarian and after several years with the New York Public Library founded the library of the U.S. Holocaust Memorial Museum.

The family participated successfully in Viennese civilian life. My paternal grandfather was appointed Kaiserlicher Rat by Emperor Franz Josef, my maternal grandfather became a Kommerzialrat and my great uncle became a Hofrat during the monarchy.

They were also ready to defend what was their homeland then. My father joined the Ulanen as lieutenant and was promoted to first lieutenant, my mother's brother and cousins and my father's brother were also officers in the Imperial Army. My paternal grandfather and my grandfather's brother-in-law were captains. My father's brother was badly wounded and my mother took care of him as a nurse's aid and that is how my parents met.

My familiy never denied that they were Jewish and with one exception had no intention of changing their religion. In their thinking, however, they were more like Unitarians or Humanists and were respectful of all other religions.

We owned a summer cottage in Dornbach and my father cherished it greatly. We spent many weekends there. Earlier my parents had wanted to join a "settlement of intellectuals" but were not accepted because they were Jewish. Then my father tried to buy a lot and build in Hietzing, but the owner would not sell it to him because he was Jewish. We had wonderful vacations during summers either in the Alps or on the shore of the Mediterranean Sea. One summer my mother rented a cabin on an Austrian farm in the foothills of the Alps so that my brother and I would learn about farming. One day a family moved in next door. They had a little girl my age but her mother would not let her play with me because I was Jewish. It was my first encounter with anti-Semitism, but I figured it out pretty intelligently.

In winter we went skiing and skating.

When I was six years old I began attending the Bundeserziehungsanstalt, Hegelgasse 12, Wien I. Professor Grabo taught us from grade one to grade four. My memories of that school are very pleasant. I got all "ones" except sometimes in conduct I got a two because I was occasionally late.

I was also a member of the Eislaufverein where I had skated since age three. Upon graduation from the Hegelgasse Volksschule my brother entered Akademisches Gymnasium. My mother had wanted to enroll me there as well but since it was a boys' school I was not permitted to attend classes there inspite of my mother's considerable efforts. After I passed the Aufnahmsprüfung I became a freshman at RG3.

My memory of my first year there is that my Zeugnis was very poor. I could not understand why because I had had such good grades earlier. Perhaps they had higher standards, I thought. I no longer believe that. The Zeugnis showed that I was "mosaisch" and my Klassenvorstand turned out to have questionable political opinions. Also I remember that we had Religionsstunde twice a week. The priest came in and taught the Catholic students history, that the Jews were no good and had killed Christ. The Jewish students went to the basement, learned history, how to defend yourself against such absurd accusations and how to survive as a Jew.

In the second grade Professor Arthur Modry became Klassenvorstand and my grades improved. At the end of the fourth grade I had the highest grade average in my class. Professor Korn, der Klassenvorstand, told a friend of mine whose family were personal friends of his that I had been brought up the way a girl should be brought up.

The first half of the fifth grade (5B) was all right. The following were then my teachers: Arthur Korn taught Deutsch, Modry Naturgeschichte, Bergner Mathematik, Danninger Physik, Sternhagen Chemie, Pfisterer Sport and Jelinek Religion. Walter Trenk taught Geschichte and Geographie. Hausjell, the former German teacher, was no longer in the picture.

Professor Arthur Korn, the Klassenvorstand, repeated the roll call daily, so that I can still remember it: Apfelbaum, Böss, Brezina, Broch, Chizola, David, Doller, Dorn, Engels, Feuchtbaum, Goldschmidt, Hahnmeier, Hegel, Herlinger, Herzog, Hochstein, Jünger, Kabatnik, Lazar, Leder, Lowy, Messinger, Neumann, Paller, Palmai, Polachek, Raubicheck, Rosenberg, Segal, Taussig, Ungar, Witmann. David came to us as a refugee from the Spanish Civil War and I was told that Martha Witmann's father was a minister of a liberal church and that he had fled Nazi Germany.

In January 1938 we went on a ski outing. I went every year but was reluctant to go because I had been very lonely during my first one because of anti-Semitism.

Susan Messinger, Georg Fischer und Melitta Löwy Garbuny.

Toward the end of that January outing we heard that Chancellor Schuschnigg had been called to Berchtesgaden by Adolf Hitler. When I returned to Vienna, my family was very glum. Hitler had demanded that the Nazi party in Austria be legalized, Nazi prisoners released and that prominent Nazis be installed in the Austrian government. If Schuschnigg refused to do this, Hitler would take over Austria altogether. At that time my parents considered leaving Vienna and move to Brünn, where a branch of the family firm was located, but they did not.

Schuschnigg followed Hitler's orders but went on a speaking tour trying to keep Austria independent of Germany. He scheduled a plebiscite for April 10, in which he hoped to get support for these efforts. All this activity was not lost on Hitler and on March 11, 1938 German troops began crossing Austria's borders.

I first learned these news from a newspaperman who was running up and down the street announcing the headlines. Then I turned on the radio and heard Chancellor Schuschnigg advise us not to resist because it would be useless bloodshed. He concluded with "Gott schütze Österreich". Then the Nazi broadcasters took over. They announced that the Jewish communists and capitalists had been defeated and that Barcelona had been liberated by the Franco forces. They ridiculed an American housewife who supposedly claimed that she had installed a kitchen in the back of her car and planted flowers along the windows. The broadcast concluded with the Beethoven Manfred overture.

I was afraid that people might believe these "news" and at that time they probably did not, but when people heard these broadcasts over the years without being permitted to listen to foreign radios they probably began to believe at least some of it.

On Saturday March 12, 1938 all the buildings on our street were covered with Nazi flags which hung from the roofs to the street. Personnel carriers were driving up and down.

Our "Aryan" former housekeeper, now married, came to visit us, chalkwhite with reddish tearful eyes. My mother tried to persuade her to wear a swastika for her own protection, but she absolutely refused and never did.

People with whom I had been friendly over the years turned out to be Nazis. A boy with whom we had played ping pong for years eventually joined the SA. Some of my schoolmates, notably Gerti Raubitscheck gave me their photograph and dedicated it to me, "meiner lieben Susi".

A group of "Aryan" schoolmates of my brother came to the house and dragged my brother downstairs to make him wash sidewalks. He was then only 16 years old.

My father was arrested and made to wash the dirty dishes of the soldiers in occupation barracks.

I later heard that the physician who had lived in the apartment above us was arrested and spent the war in a concentration camp. I hope that the judge who lived next to us got out in time. We never saw him again.

People were stopped on the street and instructed to do knee bends. Some of the older people died of a heart attack because of it.

My familiy's cars were immediately confiscated. We heard of arrests and wives calling friends for help, but people were afraid to speak on the telephone and of getting involved.

Then came the time for the plebiscite on April 10. The Nazis were triumphant, claiming that almost 100 percent of the voters had approved of the Anschluss. Those figures were fictitious. Besides, Jewish people had lost their citizenship and were not permitted to vote.

Many opponents were in jail and many did not bother to vote. Our former housekeeper and friend voted "no" but told us that she had been handed a ballot and told to fill it out on an open school bench while the police, lined up around the walls, was watching. (An "Aryan" professor friend had taken the last open train out of Austria placing a large picture of the Führer in his suitcase for protection.)

By the end of April the Nazis had extended the Nuremberg laws to Austria. My father lost his license as patent attorney. My uncle lost his license to practice law. Law had been his life and he seriously considered committing suicide. The firm which my great grandfather had founded, my grandfather and my father had expanded, was ordered to be liquidated. Instead, my grandfather gave the firm to the most trusted "Aryan" employee. However, Vlcek was a known Social Democrat and therefore could not have it. Another employee of more questionable political persuasion became a partner. After the war my father attempted to get the firm back and did, but they claimed that my grandfather had given it to them. He had had no choice. My grandparents, who had falsely hoped that they would be able to survive this period in Vienna, were later deported to Theresienstadt where my grandmother died of exposure and my grandfather was shipped to Auschwitz. A young uncle was walking along the street minding his own business. He was arrested and never heard from again, except that his parents received a preprinted postcard saying that he was healthy and being treated well. His parents committed suicide by hanging themselves. Later, when Paris was occupied by the German army, his older brother, who had moved to Paris years earlier, was also arrested and perished.

I heard years later that a former Volksschule schoolmate and his family were shipped to Theresienstadt, where his mother and his nine-year-old brother perished. Our delicatessen store downstairs had been spraypainted with JUDE.

Years later I heard that my cousin's future father-in-law was arrested and that his wife received a box containing his ashes two weeks later. There were suicides. A friend of my grandmother committed suicide. Later a friend of my mother committed suicide in London. My journalist uncle who had been expelled from a Berlin newspa-

1936/37 4B oder 1937/38 5B – Susi Messinger and her classmates

per and from Germany altogheter because the paper was too liberal and therefore "obscene", returned to Vienna with his family. He left for Paris where he published a newspaper. His daughter met her future husband there. Both men were interned because they were not French citizens. My uncle was released after two years but his future son-in-law was shipped to Auschwitz. Miraculously he survived five years there. Upon his liberation he walked back to his hometown Brünn where he found out that his mother had been murdered, his grandparents deported and that his father had been shipped to a labor camp where he died shortly before the Russian army liberated the camp.

Soon after April 10 the tax collectors started coming, claiming that my parents had not paid all of their taxes, which was not true. Nevertheless they had to pay because they needed a Sittenzeugnis to be able to immigrate to another country.

RG3 continued as before for a few weeks. I continued skating at the Eislaufverein, taking private gymnastics lessons at the Dianabad and piano lessons at the Musikkonservatorium.

Then at the end of April I went to gymnastics class on a Wednesday afternoon all excited about the new professional gym shoes I had bought and about my new T-shirt and shorts. I really thought I looked like a young girl. The dressing room looked different from usual and I heard the girls play ball in the gym. Ingeborg Pfisterer came out and sat at her desk. "Ist heute keine Turnschule?", I asked. "Ich weiß nicht", she said, "in der letzten Klasse haben sie alle Juden hinausgeschmissen. Ich weiß nicht, was sie in dieser Klasse tun werden." I felt the tears coming into my eyes. "You have always known I am Jewish", I wanted to say but then I realized that it was the Nazi regime and I did not want her to see me cry. I turned around, got dressed as quickly as possible and left the room. Outside I stamped my foot until I was composed telling myself that I would not cry about such stupidity. Then I turned to the right and went home. Everything on my Schulweg of five years had become my enemy, even the very ground on which I walked was now part of Nazi Austria, the three chestnut trees with which I had grown up, the pigeons, the toothless pensioners feeding them and the little church which our housekeeper attended regularly.

I was not going to tell my mother why I would not go to that school anymore, but I did not have a chance to say anything because she had just gotten off the phone and told me that my gym teacher from the Dianabad had called to say that I should pick up my gear from my locker. A minute later the Eislaufverein called to tell me the same thing. However, my piano teacher invited me to her home and kindly asked me if I knew where we were going to go yet. My brother was also expelled from Akademisches Gymnasium.

Dieses Photo ist die einzige Erinnerung an ihre Freundlin Getrud Raubitschek, die am am 16.5.1944 nach Auschwitz deportiert und ermordet wurde.

Around that time I had my first date. As we crossed the Aspernbrücke we saw a large newsstand which displayed lapel pins, flags and newspapers. The "Stürmer", the official paper of the NSDAP, showed a headline in simulated Hebrew letters but in German: "WER WILL SIE HABEN?", responding to the Evian conference, which had been called by the United States to help people like us but which accomplished little or nothing.

My friend told me that one of his classmates had been arrested and was taken to the editorial office of the Stürmer, told to strip naked and photographed. The Nazis then retouched the photograph and published it to show how deformed genitalia Jews had. At 16 years of age that experience was so traumatic that he never really settled down in his life. He became an engineer and married a girl without being able to tell her ahead of time that he was Jewish.

After we left Vienna this young man who had been my first date was secretly notified that he would be arrested the next day. He left home without telling anyone where he was going and after many, many detours arrived in Haifa where he wrote me a letter. Later he came to the United States and earned a doctorate in chemistry from the University of Chicago and after several positions in industry became a patent attorney and a professor of chemistry.

My mother had to dismiss our "Aryan" maid because the law said that it was beneath a gentile's dignity to work for Jews. She also had to dismiss my private French tutor for the same reason. That lady invited me to her furnished room where she had a bed, a hot plate and a cat. Since many of her students had to leave Vienna, she must have become quite impoverished.

Some of my friends were beginning to leave Vienna. Palmai went to Australia, Doller to Yugoslavia, another one to Uruguay. I hope that the Neumanns got out in time.

Two days later the RG3 was reopened, this time as a Jewish school. Profesor

Susan Messinger mit Ihrer Nichte Nena Peltin.

Korn, Modry and Jelinek had been fired because they were Jewish. There were strong rumors that Professor Korn had committed suicide. His job, his international summer camp which he had organized and bought with his meager teacher salary had been taken away from him. His gentile wife and step-daughter left him. I heard later that Professor Arthur Modry was arrested and that he spent the war in a concentration camp. Trenk, the former history and geography professor, Hausjell, the former German teacher had been transferred to another school. Professor Sternhagen, who stayed on, looked at his new overcrowded classroom, leaned against the lab table and said: "Ich weiß, dass ich mich auf euch Mädeln verlassen kann, dass was ich jetzt sagen werde, nicht weiter als dieses Zimmer geht, aber ich finde, dass das, was da gemacht wurde, nur Dummheit ist." And then he went on teaching us chemistry. He became one of my life's role models.

I returned to my desk which I had occupied for five years. Someone had written in chalk: "Dieses Pult ist entehrt, weil eine Jüdin hier gesessen ist." Then our new German teacher Dörfler came in. She mounted the step and gave the Nazi salute and then patronizingly said "Entschuldigen" and proceeded to teach us absolutely nothing for the next few weeks before the school year ended. I was very much surprised that my Zeugnis was not significantly worse. Nor did anyone else. Our math professor Bergner stayed, was puzzled by what was going on but did nothing to resist it. Verosta, our French teacher, tried to be helpful by being determined to teach us as much French as he could. Danninger, a very unwordly bachelor physics teacher now taught us math and music.

In July of 1938 my parents realized that they could not longer stay and in August of 1938 we left Vienna for Prag. They took a small furnished room with kitchen privileges. From then on they spent their days visiting foreign consulates and embassies to find a country to immigrate to. Under consideration were Hong Kong, Australia, Brazil, Columbia and Kenya. We were very fortunate to have an American sponsor, a musician whom my father had met in Vienna when both of them had been students. The American visum came through in late November. Earlier my brother left for Palestine where he enrolled in the Haifa Technion.

Before we left Prag, another family – parents with eight children – moved into a tiny bedroom next to our room. They had fled the Sudetenland after it was ceded to Germany through the infamous Munich Treaty. What household goods my mother had been able to send to my aunt in Prag from Vienna was examined by the Nazis in transit and a good deal of it was stolen.

We left for Zurich and then Paris, where my father's sister and her husband lived. Then after a short visit we continued on to Le Havre and boarded the Cunard Line's Champlain. That ship was later sunk by a German submarine. In New York, as required by law, an immigration official asked my parents if they were anarchists. I was relieved to hear that they were not. I was too young to be of interest.

Within two days my attorney father and my social worker mother had found a posititon as butler and cook. I was expected to help them. They enrolled me in Lawrence High School in an undefined grade. Because of my good background and hard work I finished this four year course in a year and one half with honors, too. When I entered that school I knew very little English. So I registered in junior and senior German in order to learn English in reverse. I was sent to a statewide compeition and won a scholastic award. Later I received a scholarship to the University of Illinois and was the only one in my sorority to be initiated into the freshman academic honor society.

During my entire adolescence, from the time that we left Vienna in 1938 until I received my American citizenship after I had graduated from the University of Chicago, I was statcless. After a German submarine landed in Long Island during the war releasing a group of German spies who were later arrested and executed, I and many others were declared enemy aliens of the United States because we were not yet citizens of the U.S. and presumably former citizens of an enemy country. During my last year in high school I lived with a lawyer and his family. They were Republicans, because understandably they did not want their military age son to go to war. Unfortunately, that son was eventually drafted and killed.

When I returned to Trenton, where my father had a position as mechanical engineer, I worked full time in a mental hospital and a social work agency and attended the Temple University in Philadelphia, Pennsylvania, at night, taking four courses.

We then moved to Chicago where I enrolled in the University of Chicago and earned a degree in social work administration. I had a labor union consulting job in Chicago and New York, where I attended the New School for Social Research. I returned to Chicago to work for a master's degree in anthropology and participated in two archaeological expeditions. Since my mother died when I was a graduate student I did not continue on to a Ph. D. in anthropology but took a position as assistent to the director of a Chicago redevelopment agency and as city planner have been involved with city planning for the city of Chicago – later in the Department of Planning and Development – until I retired in 1998 at the age of 75. I ended up in the Landmarks Preservation Division which was one of the most interesting phases of my work.

Peter Messinger, Schüler des Akademischen Gymnasiums.

I am retired now from the Department of Planning of the City of Chicago. I am still active volunteering with groups which hopefully will make it a more liveable world. I live in an apartment building which is adjacent to Lake Michigan and all my windows look out on the Lake. There are many sailboats and at night when there is a full moon the lake is particularly beautiful.

I have a niece and nephew each of whom has one daughter. My nephew is a tenured professor of economics and marketing. He was president of the student government, graduated from the Harvard School of Business and was an outstanding teaching assistant of the University of California. His wife is principal of a pre-school. My niece earned a bachelor's and master's degree in psychology and became a social worker and writes historical articles about Seattle, where she lives with her lawyer husband.

Around the time I retired. "Who's who in the world, who's who in finance and industy, who's who in science and engineering" considered me eligible for inclusion in their listings. In 1997 I was included in the "Who's who in the midwest" as well.

My brother, who had been expelled from Akademisches Gymnasium, became a tenured professor of Eletrical Engineering and was initiated into the science honor society Sigma Xi and a mathematics honor society. My cousin became a teacher and eventually her husband retired as principal scientist from a research position in an electrical engineering firm. My other cousin founded and organized the library of the United States Holocaust Memorial Museum. Her husband spent his entire carreer in the U.S. foreign service and retired as principal negotiator. My uncle emigrated to Buenos Aires where he did quite well. His sister and her husband left Paris when the German army occupied Paris and hid in a silver mine in South France during the war and then bought a house.

As I said above, my grandparents died in different concentration camps because they realized too late that they could not stay in Vienna. My father could never really deal with what Austria had done with him. He died at a relatively young age of heart trouble. My mother became a beloved seamstress, who had many interesting customers from the University of Chicago and the surrounding area. She would have been happier as a social worker. She died of cancer at age 51.

In 1959 I visited my father in Vienna. I stayed with our former housekeeper who had stayed loyal to the family during the war and had helped my grandparents before they were deported. She had remained as good a person as she had always been.

Fritz Rosenbaum

Klasse 1A – Geboren am 30.6.1926

Thank you for your letter of May 18th indicating that the school will honour the students who were released from your facility during Hitler's term in Austria.

Obviously, as a past student I remember the incident, unfortunately, very well. The enclosed story titled "One Child's Lonely Passage to Freedom" refers to the most meaningful experience of my life. Also I am enclosing a copy of my biographical information so that you can see what happened with my life and what I have been able to produce and give in my new country. On my previous visits to Vienna about five years ago, I stopped by the school and met the principal and found the school to be a little different than the days when I attended as a student.

„ONE CHILD´S LONELY PASSAGE TO FREEDOM"

From time to time, when things look dark and life presents problems of an apparently insurmountable dimension, I reach into my desk drawer and pull out a German passport, which was issued to me in 1938. On the cover of this document, prominently displayed, is a German eagle with a swastika in its claws. When you open the passport, a rubber-stamped "J" in red ink is the first thing that you see to indicate that I am Jewish. The passport was issued to Fritz Rosenbaum, which was my name before I became a citizen of the United States.

Standing in line outside a German/Austrian government agency, my mother had risked her life to obtain this passport which made it possible for me to leave that country and probably saved my life. As people would assemble at night, standing in line for hours to obtain these precious passports, truckloads of storm troopers would descend upon those waiting in line. They subjected those individuals to degrading actions, and, worse yet, shipped them to concentration camps.

Austria had been occupied by Germany in March 1938. Within hours of that occupation, referred to as the "Anschluss" (Annexation), anti-Semitism, as never before experienced in Germany, spead through Vienna and Austria, putting all Jews in great jeopardy. Life became impossible for people of the Jewish faith under Hitler's Nazi domination. Autria had a long history of anti-Semitism both in private as well as in the government sector. Students had an impossible time to enter universities, to run for public office, to practice law, even to conduct business. After reading the books which have come out lately dealing with that question, one has a difficult time understanding why parents of the Jewish faith, or for that matter, grandparents, remained in Austria long before Hitler invaded that country.

On November 9, 1938, the infamous "Kristallnacht" took place. It was a so-called "pay-back" for the fact that a German Embassy employee in France was assassinated by a refugee Jew from Poland. As a result of that activity, thousands of Jews were incarcerated in concentration camps, Jewish businesses smashed, robbed and vandalized, Jews on the street harassed, and life truly became unbearable.

As I approached my school in Vienna on that November 9, 1938, I was made aware of storm troopers with rifles standing in front of the main entrance. Not thinking past my twelve years on this earth, I walked into the school to my "homeroom" with my other classmates. The usual start of the day with a pledge to Hitler, standing up and raising your right hand, yelling "Heil Hitler!", started the day. After about a half-hour in the classroom, students dressed in Hitler youth uniforms asked all Jewish students to leave the classroom and stay in the hall. We exited the room (there were about six or eight of us) and were pushed into a basement room with all the other Jewish students in the school. The Hitler youth ran between these students with belts and whips and assaulted the students left and right. Luckily, I was standing to the back of the room and noticed three or four small windows close to the top of the wall leading to the street. I jumped up to the window, pushed it open, and three of us escaped the room before the Hitler youth could catch us. I ran non-stop the two miles to my home, trying to find safety. My parents, having been made aware of what was happening all over the city of Vienna, for that matter all of Austria, took a cab for all three of us and went to a sanitarium "safe house" on the edge of Vienna. We spent the night there, hoping that during our absence things might quiet down. Well, perhaps it did come down to a degree of calmness, if that is the proper definition. Thousands of Jews were put into concentration camps, stores robbed, smashed, demolished, synagogues burned, and life as a Jew became even more unbearable than it ever had before.

Shortly after "Kristallnacht", my father left for England to obtain releases for my mother and me to come to Great Britain and eventually immigrate to the United States. He left Vienna with a diplomatic passport, which was in his possession as a representative of Austria prior (to) the "Anschluss" as he was a trade representative for years, helping Russian industrialists create a men´s war industry. However, England would not let him enter the country with this expired passport. The British government would not recognize the passport, subsequently he attempted to enter Switzerland, and was placed in a detention camp for a considerable period.

Following the infamous "Kristallnacht" on November 9, 1938, the British government voted to allow up to 10,000 unaccompanied Jewish children from Germany, Austria, and Czechoslovakia to immigrate to Great Britain. "Operation Kindertransport" saved the lives of these children, among whom I, of course, was included. Otherwise, we all would have suffered the horrors of concentration camps, and even possible extermination. Children from the ages of 3 months to 17 years were permitted to enter England under a program supported by Jews, Christians, Quakers, Jehova's Witnesses, Methodists, and Anglicans, as well as other individual sponsors.

At age 12, I was indeed lucky to be one of the first children to be selected as one of the 10,000 young people permitted to go to England. The day of my departure came all too quickly. I am not quite certain of the date, but it must have been late November or early December 1938. My mother packed my suitcase (small as it was), and I made my last visit to my grandparents, who were destined to stay in Vienna and subsequently be killed in one of Hitler's concentration camps. I remember so clearly my grandfather placing his hands on my head and giving me his last blessing and saying, "Fritz, the dear Lord will take care of you". My mother took me to the railroad station where all the children were assembled and checked off the roster. A cardboard tag was tied around my neck with my name, birthdate, destination, and the name of the family who was going to pick me up at the railroad station in London.

What a sad, frightening and lonely sendoff as parents said goodbye to their children, not knowing if they would ever see them again. Eighty percent of the evacuated children never saw their parents again. I kissed my mother goodbye, tears streaming down both our faces, neither of us knowing if this kiss would be our last.

I entered the train with the other children. We were seated, and the journey began. We were scared, not knowing what would be ahead of us. SS troops entered the train, searching for watches, jewelry, and money. The very presence of these SS men created great concern and fear amongst us all. We knew enough about the system to expect a change of route of the train and our possible deliverance to a concentration camp as was the case on subsequent occasions. They inspected our passports, took anything of value from us, and left the train. Our fears fortunately were unfounded as the train continued to the German-Dutch border. As we crossed that particular border into Holland, ladies with cartoons of milk, cakes, cookies and sandwiches entered the train to feed us. We all gave a long sigh of relief and expressed our appreciation with tears in our eyes for their graciousness and hospitality.

We continued through Holland to a port of embarkation, crossed the English Channel, and moved on to another train that took us to the railroad station in London. When we arrived at the station in London, we were assembled to meet with our various sponsors – hostels, churches, synagogues, and others who individually sponsored the arriving young immigrants. Finally, I was the only child left on the platform of the railroad station. No one had arrived to take care of me. One of the staff people in charge of the transport took me home with her for the night. It was a most uncomfortable situation as I spoke hardly any English, with the exception of hello, good-bye, and thank you. My clothing was different from that worn by school children my age in London. I was extremely lonely, scared and totally confused. By the next morning, the family that was supposed to pick me up at the railroad station arrived by taxi, most apologetic. They had set the wrong day on the calendar. They picked me up and took me to their home at the east of London in a lower middle-class area just a block from Edgware Road and Cricklewood Broadway. They gave me a small bedroom where I hung up my few clothes, sat on the bed, and cried in that absolute loneliness only a child can know who has been separated from everyone and everything he loved, not knowing what the future would bring. Eventually, the family came in to comfort me and we sat down to our first meal together. They spoke only a little German, and I was immediately immersed in the challenge of learning English as quickly as possible.

The next morning I was escorted to "West Hampstead Day School", which was a Jewish school for children between the ages of 6 and 14. The headmaster, who spoke German, interviewed me. He thought it best that I return to the first grade, on the strange assumption that the English spoken in the first grade was much easier to learn and understand for someone who didn't speak English than be immersed in the grade which corresponded to my age. There I was, 12 years old, in a classroom of six year-old boys and girls, trying to make the best of my life.

Fortunately, after a week or two of this frustating and humiliating situation, some sensitivity set into the thinking of the headmaster, and I was assigned to a classroom of boys and girls of my own age. It was difficult. I did not know the language or sport activities, and my appearance (because of my Austrian clothing) was different from that of the regimented "English schoolboy", which consisted of grey short trousers, school blazers and cricket hats, shirts and ties. None of that attire was available to me, nor was it ever made available to me.

Every day I would walk alone a considerable distance to the school. I was never included in school parties or other social gatherings. I was not invited to join any of the school clubs – not soccer, cricket, swimming or any of the other activities in which a child that age would like to participate. Interestingly, I was not even included in the religious functions which the school offered!

Suddenly, I was informed by my sponsoring family that I could no longer use the small bedroom originally assigned to me. I was told that from then on I would have to share a small room with the grandfather of the family, which included my sharing his bed at night. I was confronted with a total lack of privacy, at home, in school and in the strange city; my loneliness and depression and my desperate need of my parents, who were I knew not where, became almost unbearable. Fortunately the committee which acted as an "oversight body" came to visit me and realized that my room had been taken away and that I was sharing a bed with a very elderly gentleman. I was immediately removed from that domicile and became a "ward" of the Anglican Church of England. I again spent the night in a private home of an English family while the Church made arrangements for me to be moved elsewhere. Within a day or two, I was introduced to the Collier family, Albert and Elsie. Albert was a schoolteacher in the outskirts of London and Elsie taught piano in her home. Mr. Collier picked me up at the home of the family who had kept me for the last day or two, and we proceeded on our journey to Thayden Bois, a small town in Essex, not too far from London. Austrian clothing on my back, small suitcase in my hand, I went once more into the unknown. We arrived at the railroad station in Thayden Bois and walked to Mr. Collier's home located at 9 Duke Street, a half-mile from the railroad station. I remember that day as if it just happened. On that walk to my new home my mind was filled with thoughts of how I might escape and had questions about what to do if these people mistreated me, where my parents were now and what was going to happen from this point forward. Nine Duke Street was my new home, a nice duplex with a huge backyard. The Collier's were an extremely caring family with no children of their own. Later, I learned that the whole village of Thayden Bois had taken up financial collections to take care of me. (…)

My parents had just been reunited in London and were receiving welfare from government and religious societies. They lived in a one-room flat and, as my mother would often relate to me, lived on tea and toast alone for long periods of time. During this period, I was sometimes able to talk with them, and we had a few short visits. It is interesting to note that in spite of their hardships, my father was able to establish a "shelter" for other individuals coming from Europe to London. The shelter, located on Westbourne Terrace, contained a laundry, a shoe repair shop, a small restaurant, and a counseling and referral center. I don´t know where my father obtained the funds to run the center; nevertheless it was there for the benefit of all refugees who found themselves in London.

We received good news from the American Embassy in London, which provided "Affidavits" for my parents and me to immigrate to the United States. My father and mother took care of all the details and I was, because of my location away from them, sort of "kept out of the loop". Nevertheless, we had a joyous weeklong reunion in London and were finally togther as a family once again. It felt strange to be reunited, and it was somewhat difficult to readjust. We packed our meager belongings and took the train to Liverpool in preparation for our long journey to the United States. We were to travel on a British freighter to the United States. Because England was already at war with Germany, it was a difficult and somewhat threatening route to come to America. Nonetheless, we could not wait one day to reach out to what was to be our new home and haven. A new life was awaiting us. For all the rest of our lives, my family and I rejoiced at having been so lucky as to have the opportunity to rebuild our lives in America.

Sometimes, as I watch my grandchildren, David and Sara, I think back on those times. I look at them and thank God that they do not have to experience what I did at their age. I think of those desperate times and wonder how so many of us survived our separation from our parents, loved ones and homeland. Yet I know that other children faced far worse situations.

I recently had the opportunity to participate in research relating to the "Kindertransport" and came across the following quote from a publication called "I Came Alone". The most reverend Lord Archbishop of Caterbury stated:

[The year] 1939 was a bleak year in Europe. There are not many good stories to tell about international cooperation then. There is one major exception – the story of "Kindertransport". It is heartening to remember that in those dark days of division in Europe, the Christian churches cooperated with Jewish groups in giving these young Jewish children new homes and fresh hope. Lives were saved as a result of "Kindertransport". Let us continue to cherish and extend that spirit of affection and cooperation today.

As I review these few pages of personal history and survival, other words from the Archbishop of Canterbury remain in my mind: "Christian churches and Jewish organizations operating jointly in a common cause in a spirit of affection and cooperation to the joint benefit for all mankind." I hope learning of such religious cooperation will help lead the people of this world toward that fellowship of all humankind we so urgently need.

Sincerely,

Fred M. Rosenbaum, Brigadier General (Ret.)

Herbert Schnabel *(Herbert Harry Spencer)*

Klasse 1A – Geboren am 2.1.1928

Written in October 2008 for the Radetzky Realgymnasium in Wien

[WAS DEM KLEINEN BUBEN ALLES WEGEN HITLER PASSIERT IST]

I was born eighty years ago in Wien on January 2, 1928. At that time my name was Herbert Schnabel, and among proofs of my Viennese heritage I own not only a nude baby photograph by a Viennese photographer but also a picture showing my grandmother and me in the Liliputbahn in the Prater.

My father, Ing. Oskar Schnabel, also born in Vienna, studied at the Radetzky Realschule, and often quoted to me from his Maturazeitung the mischief he had written about the Schuldiener. Naturally my childhood aim was also to study there. My father then graduated Dipl. Ing. from the Technik just before WW1, just in time to become a K&K officer and lead a Czech regiment to the Eastern Front and (hence) to spend six years as a prisoner-of-war in Siberia. He was a very patriotic Austrian, who (during the 1920's Depression) gave up an engineer's job on railways in Yugoslavia when they asked him to take Yugoslav nationality. He then practiced as a "beh. aut. & beeid. Zivilgeometer" in Tulln and in Mattersburg. In Yugoslavia he met my mother, Bronia Schnabel, who came from the K&K eastern provinces.

My father's father, my grandfather Eduard Schnabel, and my grandmother Klara Schnabel, lived lifelong close to the Radetzkyschule, on the Obere Viaduktgasse. I'm told that "der alte Schnabel" was well known for being a Stammgast at the Café Radetzky (now a bank, I think) and at the Radetzky-Platzerl, as well as for never failing to cross the street to pay his compliments to a pretty lady. At their golden wedding (about 1936 or 1937) the Wiener Bürgermeister came personally to present the city's commemorative plaque; and, when I visited my grandparents, it was my job to bring the beer and wine from the Gasthaus. My grandfather was a pensioner from the K&K Printing Office. He must have been secretly a very dangerous person, for (about 1940) the nazis insisted on evicting this eighty-year old couple from their "luxury flat" with its view of the Verbindungsbahn. After my grandmother died, they sent him to Theresienstadt but, I'm told, he never got there having somehow been pushed off the train into the snow.

After my baby years in a flat in the Sechshauserstraße, my parents and I moved to a modern Regierungswohnung at Ziehrerplatz 8, opposite the Arenbergpark. In September 1933 I began attending the Strohgasse/Reisnerstraße Volksschule under four years of instruction by Lehrer Tegel. (He taught me a lot, for example that a $1m^2$ square has 100 dm^2 squares, not 40, and gave me a "1" in everything except Religion but, when a lady came to class interviewing for the Wiener Sängerknaben and showed an interest in my voice, he whispered to her the to-me new word "mosaisch".) I belonged to the Arenbergpark Pfadfinder, in the summer went swimming in the pool that was there before the bomb shelter, and in the winter went iceskating nearby, avidly read as many Karl May books as possible from the library, and knew nothing about the political upheaval around me other than that the Dollfußmarke was expensive. In the summer of 1937 I visited Yugoslavia, learnt swimming and diving under my uncle's houseboat there, and assisted in building his folding boat, which in my mind I termed a Faltboot.

And thus I described the summer vacation and his marvelous Faltboot in the entrance exam that got me into Radetzky Realschule.

Oh, what a wonderful place it was ! There was a morning "Pause" during which "Heiße Würstl" were sold!!! And, if I walked a few times from Ziehrerplatz to school instead of spending the money on children's tramway fare, I could actually afford to buy Würstl occasionally. All kinds of interesting material was taught in the classes: My Klassenvorstand was Prof. Ginzel (who taught French, was a thorough teacher, and during that first year covered every irregular French verb in existence.) Mathematics was taught by Prof. Frauen "something" (whom I impressed after a lesson about pyramids by asking about triangular bases.) Music (or rather Gesang) was taught by a strange old bird who switched quite glibly overnight from saluting Österreich to saluting Heil Hitler at the beginning of class, and who covered more musical scales than I know now; for years I thought that he must have been a Nazi, but maybe he was just trying to cover his career. There were drawing lessons by a WW1 cavalry officer who never tired of telling explicit horse stories. And then there were those zoology lessons in which we learnt the classification of all animals and then, with the help of a displayed cat skeleton, we had to learn the name of every bone in a cat's body; but when I learned that the cats' classification was "Säugetiere" and concluded to my father that therefore, based on the "säuge" part and on the German word "Säugling", that classification includes humans, my father warned me that I was never ever to mention that in class ...

But one day the Nazis took over. We had been visiting my grandparents, and my father and grandfather had been discussing the announced Austrian elections. My parents and I walked home, along the Landstraßer Hauptstraße, where long red-white-red flags flew from every house, and many banners reading "rot-weiß-rot bis in den Tod". Suddenly there were motorcycles with riders shouting nazi slogans. And by the morning all those red-white-red flags mysteriously had turned into swastika flags, and the banners had turned into "Ein Volk, ein Reich, ein Führer". There were lots of changes: I tried to see what had happened to our Pfadfinderheim on the opposite side of the Arenbergpark but found it smashed up. We were due to go swimming at the Dianabad that week with our class at school but nobody besides me turned up. Another problem that concerned me greatly was the announcement that traffic would stop keeping to the left and would start keeping to the right; first of all my grandmother found this totally incomprehensible, and resented my attempts to explain it to her; but, more importantly, I worried about the tramways driving on the left that used an automatic switch activation, in particular the tramway that went around the Radetzky Realschule to terminate the tram's run. (Yes, it took a long time to rewire the tramway overhead wires for driving on the right, and the drivers had to get out and switch manually during that time.)

Until the Nazi "Anschluss" there had not been much religious discussion in our Radetzky class. To my surprise it turned out to be the Jews who stayed to the end of the 1937/38 academic year but, during the short period where both Jewish and Ayrian students attended, life was made as unpleasant as possible for the former. It was during this period that I began to realize my Jewish heritage, began to read modern Jewish history, starting with the Dreyfuss Affair, and took notice of the changes that were taking place in my parents. My father, that proud Austrian, could not believe what he saw in his wartime "Blutsbrüder" officer friends; he brooded about it. My mother was a woman who had been brought up in a small country community, and was used to fighting; when four young SA-men tried to push her and me off the pavement yelling "Raus, Saujud!", she put her hands up on her hips and yelled "Jüdin bin ich, aber welcher von uns ein ärgeres Schwein ist, bleibt 'ne andere Frage!" I shall never forget it.

We had to give up our Regierungswohnung on Ziehrerplatz. My father died soon after Kristallnacht (just after the Jewish to-be-buried on the Jüdische Friedhof were mistreated.) On the basis of the Vorzug I got at Radetzky, I was admitted to some school where they tried to teach me Latin, but my brain had other interests.

In January or February 1939 I was sent by Kindertransport to Antwerp in Belgium, where I learned Flemish and met friends from Vienna.

In the meanwhile my mother got a visa to go to England as a domestic servant. She found a sponsor for me, and about January or February 1940 I got to England, where I was brought up "most properly" in an English boarding school. In spite of the "blitz" on London I joined my mother there, and took an early Cambridge University school certificate with London University Matriculation (= Matura equiv.) in 1943.

I wanted to become a civil engineer like my father, so I worked for the UK construction firm Geo. Wimpey & Co. and for the consultant engineers G. B. Kershaw & Kaufman, all the time attending university lectures part-time.

In 1948 I got my B. Sc. (Engr.) degree from London University.

At the end of WW2 I discovered what had happened in Europe during the Nazi period, so in 1950 I moved to Israel to do my bit. I worked on geological water exploration in Galilea, and then on a kibbutz for some time. It became clear to me that what I needed for the needs of both Arabs and Jews was higher knowledge in hydraulic engineering, so after a couple of years I went back to England and started working for the civil engineering specialists Rendel, Palmer & Tritton, mainly on hydraulic structures, hoping to save enough money to attend the famous Dutch hydraulic universities.

In 1953 I became aware that U.S. universities were in the habit of paying salaries to graduate students. I received a few offers, and accepted one from the Polytechnic Institute of Brooklyn. When I got there I was made to feel very welcome, but I felt that hydraulic engineering was perhaps not their best field;

I decided to concentrate on Structures and Applied Mathematics. These have remained my life interests.

AMERICA HAS BEEN VERY KIND TO ME

In 1955 I got my Master of Civil Engineering degree, Brooklyn Polytechnic Inst.
Thesis: R. C. Cylindrical Shell Radome Towers.

In 1959 I got my professional Civil Engineer degree, Columbia University, NY.

In 1976 I got my Ph. D., Structural Stability Res.Gp., Univ. College London
Thesis: Nonlinear Buckling Of Plates.

I have taught engineering and mathematics and been on the faculties of Yale University, Columbia University, Univ. So. Calif, Rutgers University.

And I have been Visiting Professor at Univ. Pittsburgh, Technion, Rutgers University. I am still associated with Rutgers University (which is local to me in New Jersey), but my research interests lately have been in Cosmology.

Karl Schwander *(Charles Spencer)*

Klasse 4A – Geboren am 3.7.1924

Charles Spencer übermittelte uns seine Erinnerungen im Oktober 2008 anlässlich unserer Gedenkveranstaltung an der er gemeinsam mit seiner Gattin Germaine Spencer teilnahm. Dieses unveröffentlichte Skriptum schrieb Charles Spencer anlässlich seines 70. Geburtstages für seine Familie. Im Vorwort schrieb er:

OVERTURE

"Last week I was having lunch at the Gay Husar (where else?) with Germaine and Diana and during our conversation we spoke of things that had happened to me in the past and Diana said that she felt I should write down the story of my life up to then. Her exact words were 'Dad, if you fall under a bus today, none will ever know anything of the history of your family. Write it down because, if no one else, certainly your children would like to know something about it.'

So I have decided to put pen to paper or rather finger to typewriter and to try to remember, best as I can, what has occurred to me and those around me up to now and also to recall as much as possible about the family I left behind in Vienna."

Einige Auszüge aus diesen Erinnerungen seien hier wiedergegeben.

VIENNA

According to a copy of my birth certificate, which I was sent after I arrived in England, I was born on the 3rd July 1924 in Vienna at 27 Marxergasse in the 3rd district.

My mother was Ernestine (Erna) Schwander nee Mittelmann and my father Otto Schwander recte Blich – whether the address of my birth was a hospital or maternity ward or our home, I have no idea. My only memories as far as home is concerned are from Rechte Bahn Gasse also in the 3rd district of Vienna.

Earliest recollections are by now – nearly 69 years later – somewhat blurred but for example I can remember that we had an Eisschrank or Fridge, but not in the modern sense oft he word, with electric current but just one cupboard with one part of it for the food whilst another part was for blocks of ice to be put in to keep the food fresh. This ice was delivered daily by the iceman who used to bring it up to our second floor flat. Most important for me was the "Schokoladecreme", Mutti, as I used to call my mother, used to make about once a week.

I left elementary school at the age of ten and was enrolled in the Radetzky Schule which was a Real-Schule as opposed to a Realgymnasium. They used to teach Latin and/or Greek whereas in the Real-Schule they tought French.

Radetzky-Schule was not too far away from our home and I was given every day a small amount of money to buy a glass of milk to have at school during the break. This regularly went on either a quarter of a kilo of fresh Sauerkraut or one or two "Russen" with lots of onions. This was a kind of "Rollmops" which I used to buy at the grocer round the corner from our home.

I suppose it would be about the time when I was 11 or 12 that I first became

Charles und Germaine Spencer und Frau Elisabeth Mariotti vom Jewish Welcome Service.

aware of anti-Semitism mainly in school and, severely enough, mainly also from the big boys on the "Esels Bank" who had failed their exams in the previous year. Shouts of "Saujud" and "Judenkind" were not uncommon and were, certainly to my knowledge, never stopped by our teachers. But it was not something that bothered me very much – there were only two or three Jewish children in the class – and generally speaking I was not too unhappy.

I can't recall exactly when it was that Papa was taken very ill. (...) Papa had his operation in early March 1938 and a day or two after that the Nazis marched into Austria and were welcomed with open arms by the great majority of the population of Vienna.

I was told later that as soon as the Nazis had established themselves, they went to the Hospital and looked at the beds which had the religion of the patients mentioned on the medicine sheet – placed at the foot of the bed. In my father's case that would have said "Mosaisch" (Jewish). Without further ado the bed was wheeled out of the hospital into the street – with my father in it – whilst the temperature in Vienna at that time was still well below freezing. Some kind soul, who saw what happened, phoned my mother who, somehow, arranged for some kind of transport and brought my father home where he was nursed by her.

One of my clearest recollections is of me sitting beside my father, a day or two afterwards, and asking him what it meant now that the Nazis were in power – my father had been a long-standing member of the Sozial-Demokratische Partei, which equates in some way to the ex SDP, and which was, of course, diametrically opposed to the Nazi Party – I remember his exact answer, with a grandiose sweep of his arm he said: "Das heisst, dass das Blut wird so hoch rinnen" (Blood will flow).

These were anxious days for all Jews in Vienna, of which there were many thousands. I did not go to school for a few days but I remember that one day Mutti said I have to go and face it. Sure enough when I walked into the classroom, the bullies who had been sitting on the Dunces bench and one or two other of my so-called school mates, were ready to give me a taste of what was to come.

They were already in the uniform of the HJ (Hitler Youth), and some of the teachers also were already sporting either full blown uniforms of the SA (Sturm Abteilung), or at the very least, armbands with the Hakenkreuz (Swastika), or little button emblems with the same Swastika on. The two or three Jewish pupils were pushed and shoved outside the school, put on some kind of handcart and then, with placards proclaiming "Saujud" around the neck, were paraded through the streets for a while.

I remember someone hitting me, with something like a knuckle duster, on top of my eye – and I still have the scar to remind me.

I also remember that then when I had my Bar Mitzvah, in the main Temple, in the Seitenstettengasse in Vienna, some kind soul gave me a voucher for a "light-set for a bicycle, in case someone gives you one" – I think my mother must have bought me the cycle – since that also was taken from me on the day I went back to school.

Another memory after the Nazis came in is of seeing Jewish men and women having to scrub the pavements. (...) I am not sure now whether my mother was made to do this in front of our house – but it may have been.

For adults it must have been hell, but, in all honesty, for me the greatest effect was that I was no longer "allowed" to go to school and, in order to keep me out of harm's way, I was allowed to go to see films – more or less as much as I liked. How I loved Lillian Harvey and, of course, Bette Davis.

Not long afterwards I heard my parents talking about how "Die Kinder müssen weg" (the children will have to get away). I was asked by Mutti to go to the American Embassy, to look through all the phone books there, and see if I could find any "Schwander's" in America. I came home with a few addresses and all these were written to, as far as I can recall, explaining the situation and pointing out that, as they must be some distant relatives, could they not possibly send some affidavits for Judith and me to go to America. As I recall, we had no answer to any of those letters.

Rumours were beginning to spread about Jews being taken away – one knew not where – but the name Dachau and Buchenwald was mentioned quite often.

Finally someone, I think Mutti, hit on the idea that I should go to work in the "Israelitische Kultusgemeinde". (...) I got a temporary job as a kind of internal messenger there and, a few days after I started, I locked myself in the loo at the end of the day, and then crept out and went into the office, where the lists were kept for the various "Kinder Transporte" to Holland, Palestine and England. As best as I could I added my name to each one of the lists plus one or two fictitious names, so that it wouldn't be so obvious. The following day, I made some excuses and left my "employment".

This must have been sometime in the late spring or early summer of 1938. Then it was just a question of waiting to see what came up, and sure enough, sometime in the late autumn of that year, my mother was told that I was to leave on a Kindertransport for England, in December – great excitement all around – naturally. For me as a youngster, nothing more than an adventure par excellence. Lausbub that I was, there were at that time no great tragic thoughts in my head about leaving my parents and my home or what might become of me.

10th of December was the great day – packing my suitcase took days on end – I was kitted out in my best "Knickerbockers" (plus fours), given lots of advice and taken to say goodbye to Omama Mittelmann – I think Opapa must have died by then as well as my father's parents.

The 10th December came along and I went with Mutti to the suburban railway station called Hütteldorf-Hacking which, I suppose, is more or less the equivalent of Clapham Junction – the reason for this was that there was no way the "Herrenvolk" (Master of race) of the Nazi "Aryans" would allow the main Westbahnhof in Vienna to be contaminated by hundreds of Juden-Kinder. So off we went, and when we got there, found ourselves a seat in a carriage – then came the command from the SS and SA "Eine Minute für Abschied nehmen" (one minute to say goodbye). I think I cried ... but I know Mutti did, and I cry now, for it has only struck me forcibly, during the last few years, what it must mean for a mother to say goodbye and send a 14 year old child to an unknown destiny and destination, with a slim chance of ever seeing that child again.

AN UNKNOWN DESTINY

Of the first stop in Holland I have one of my clearest memories – hundreds of people standing on the platform, in the middle of a freezing night, with hot cocoa, banana sandwiches and chocolate. We were all starving and very grateful for this kindness. Then there was a ship and a journey across the Channel and the landing in England.

I wrote regularly to Mutti and remember her sending me prepaid cards, for which no stamps were necessary. It was then that I heard that she and Papa had to move into a Ghetto, in the first district of Vienna. Our neighbours in Vienna were a Christian family called Sternick, and I was told later that my mother had sold all the furniture and chattels in our flat to our maid, and that a few days after she moved out our neighbours broke down the wall between the two flats and appropriated all its contents. With friends like these one doesn't need enemies.

Papa never recovered properly from the operation and from the nicotine poisoning which had caused his illness – he must have died some time after that. I have been back once to see his grave, sad and overgrown, in the Jewish section of the Zentralfriedhof.

Judith came over to England in early 1939 and I think she first went to stay with the family of a naval gentleman near Yeovil, South of England. We might have phoned or written to each other, I can't recall which.

I was still not very interested in politics or what was happening in the world, but I do remember sitting on the staircase, at Station Road Westcliff and hearing Neville Chamberlain speaking about the invasion of Poland and the declaration of war to Germany. It must have struck me, at that moment, that the chances of seeing my mother again were getting slimmer. (...)

I sat in front of some very serious looking ladies and gentlemen, who asked me what type of school I had been to in Vienna, and what type of education I wanted now that I was in the U.K. I well remember telling them that I had no wish to go to any type of school whatsoever, and when that had been duly taken in, I was asked what I thought I might like to do. I told them, with all the chutzpah in the world, that my ambition was to work with horses! Glorious memories of Molnar – my friend

Molnar the "Kutscher" (or coachman) who used to let me take the reins of a lovely horse – were then in my mind. Consternation among the elders. ..."Wait outside," they said, "and we will decide where to send you". So, wait outside I did, but only for about five minutes, after which I made one of the most important decisions in my life, and duly took off with my suitcase. I walked down Oxford Street, Marble Arch, Bayswater Road, and found myself on the road out of London, in the direction of Guildford. I was young, happy, carefree, and was going to find some horses. I slept in ditches for a night or two, pinched loaves of bread from outside shops and crept by side doors into cinemas when people came out and left the door open ... I ended up in West Horsley. (...)

As I sit here now and write about my teenage years, it strikes me that the existence I led was, of course, somewhat out of the ordinary. No parents, no friends, no-one really to look after me or tell me what to do, except for the people I was working for. But at the time, I can't recall that I felt anything strange about my life and, truth to tell, those were some of the happiest times of my early years. I was doing, more or less, what I had always wanted to do, and I don't recall having any thoughts about what the future might bring. (...)

AT THE ROYAL ARMOURED CORPS

I found myself once more in Bloomsbury House to offer myself as a volunteer in the army. Up to a little while ago the only regiment Enemy Aliens could join had been the Pioneer Corps digging roads in the outer Hebrides, so when I was asked what regiment I wanted to join, (...) I opted for the Royal Armoured Corps, to train to become a driver-mechanic. (...) I stood my ground and on the 8th of August, 1943, Karl Georg Daniel Israel Schwander recte Blich presented himself at Northampton to start his infantry training and general square bashing. (...)

I suppose that all in all army life suited me. It was the very first time since I left Vienna that I was together with a lot of youngsters of my own age, and although at first I didn't make any particular friends, I was content with my life. (...) As far as I can recall, after doing the usual compulsory infantry training, which of course included such delights as route marches and long runs with the backpack, we were posted to our various chosen regiments, which in my case was the Royal Armoured Corps. I got a travel warrant and made my way to Bovington Camp in Dorset, which was the southern base for the "Tankies". Once there we were issued with the insignia of the regiment, which in this case was a flash of a tank on the sleeves of the battledress jacket and, of course, the famous black beret with the silver badge on it. (...)

Now an entirely new life began, not only the disciplinarian side of army life but also the technical part which, I must say, I enjoyed enormously. We were instructed on American Sherman Tanks, monsters of about 35 tons, and before we were even allowed to get into the driver's seat, had to be taught how to look after the aircraft-type whirlwind engines, which were the power packs for the tanks. (...) We loaded on the day before D-Day at Gosport.

- 6th of June 1944 off the coast of France at Arromanche – D-Day.
- Heavily wounded – taken to hospital back to the UK.
- New destination: Port Said, Egypt.

RED CROSS TELEGRAM

It was about that time that I received a Red Cross telegram which informed me that Mutti was dead. I found out afterwards, through Tante Olty, that she had been killed by a German sniper whilst helping a wounded Russian soldier in the street outside her flat in Budapest. From what I could gather, at the time of the withdrawal of the German army, she had run in the street to help. (...) I was devastated by the news and it was only Germaine who helped me during those dark days of grief. The pain of her loss has never really left me and to this day I only have to look at her picture or listen to Isolde's "Liebestod" and I literally dissolve in tears.

GERMAINE

Cairo, in those days, was a very cosmopolitan city with a large European population of Greeks, Armenians, French, Italians, Germans and a Jewish community. We had arrived in early spring and the temperature was not yet too bad and I spent a lot of my off duty time going round Cairo. I saw the famous Museum, went swimming and also found a very agreeable place to visit called "Music for All", which was in the centre of Cairo and run by the army personnel. They played mostly records of classical music and had a snack bar as well.

Before I go any further I have just remembered that it was actually at "Groppi's" that I met Ray the first time and that he had his sister, Germaine, with him. I recall seeing him dance with her a few times and then when I asked for a dance was told in no uncertain manner. "All my dances have been booked." Wherever I met Ray, I remember making an arrangement with him to go swimming at the Ghezira Sports Club the following weekend, and he asked me to come and meet him at his home, in Antikhanna Street, just down the road from "Groppis's". At the appointed time I duly turned up, rung the bell and when the door opened was confronted by a glorious vision in a dressing gown. "Schicksal, Fate, Maktoub" had intervened. I HAD MET GERMAINE.

- 8th of May 1947: wedding ceremony in Ismailia
- 1947 we left for the UK
- 1950 Germaine gave birth to our daughter Diana
- 1953 Germaine gave birth to our son Robert
- 1954 founding our own business: C. B. Spencer, limited company, selling ladies belts
- 1963 joining the Philharmonia Chorus, "working" under Klemperer and other impressing conductors

SINCE 1964 CHAIRMAN OF THE NEW PHILHARMONIA CHORUS FOR SEVENTEEN YEARS

Music was becoming more important to me, we used to go to quite a lot of concerts but that was a passive way of enjoying music! One day it was suggested to me that I should join a chorus, thus taking part in music making myself. (...) I wrote to the Manager of the Philharmonia Chorus, asking for an audition. (...) I presented myself for an audition with Herr Wilhelm Pitz, the world famous Chorus Master of the Philharmonia Chorus and the Bayreuth Wagner Festival. At the piano was Martin Penny, and here I was, trying to get into what was then and still is today a very fine amateur chorus. (...) It was a new beginning both for the orchestra and the chorus and for me it was also the start of spending a lot of my time with this new "hobby" and less time in my office – and looking back on it now, this was really as it should be. (...)

LUCKY ...

I am writing these lines sitting in the comfort of my home, in London, in the winter of 1993. Looking back at my earlier life when I was in the army and even after learning of the death of Mutti, I did not have a feeling of hatred towards the Germans as such. But now, having put down on paper some of my experiences, it has been a cathartic experience and I feel a tremendous rage against those who robbed me not only of my teenage years but also of all the members of my family who did not survive the war and the holocaust. This is the reason why I cannot ever envisage going back either to Germany or especially Austria. ...

I have written about my life, about our family and the things Germaine and I have done together and it is time to draw this story to a close but not before I put a few things down about myself and how I feel about the life I have lived up to now.

Up to now I have had a fantastic life and enjoyed every minute of it. (...)

First of all I think I have been incredibly lucky. Lucky to get out of Vienna alive, lucky to escape with my life after being wounded three times in France and gloriously lucky to have met Germaine when I did. (...) I have been fortunate with any work which I undertook – I love selling and even now get a buzz when I can arrange a concert for the chorus.

I know that I am very money conscious, and I don't apologise for that! Like most refugees who came to this country, I had for a long time a feeling of insecurity and this got worse when I started a family and was afraid not to be able to give them the sort of home I wanted them to have. (...)

There is a marvellous word in German: "Kinderstube", which means your upbringing during your formative years and it also means character building. I am grateful to my parents for what they taught me during the few years I was lucky enough to be with them.

Alexander Urbach *(Alexander Aldbrook)*

Klasse 3A – Geboren am 7.2.1925

KINDHEIT, VERTREIBUNG

The Vienna of 1925 was a city still seeking to overcome the loss of an empire and the end of the Habsburg dynasty. It was into this era that I was born on 7 February at the Allgemeines Krankenhaus, a son for Ernst and Grete Urbach.

The end of the summer of 1929 coincided with the start of the Wall Street collapse. It was not long before the effects reached Vienna. The bank in which my father worked was declared insolvent, and he was out of work.

My father found a position as the representative of a flour miller selling to Viennese bakers. At the same time he did his best to continue his training and practising as a singer.

Life became harder still when we could no longer afford to live in Grinzing. In

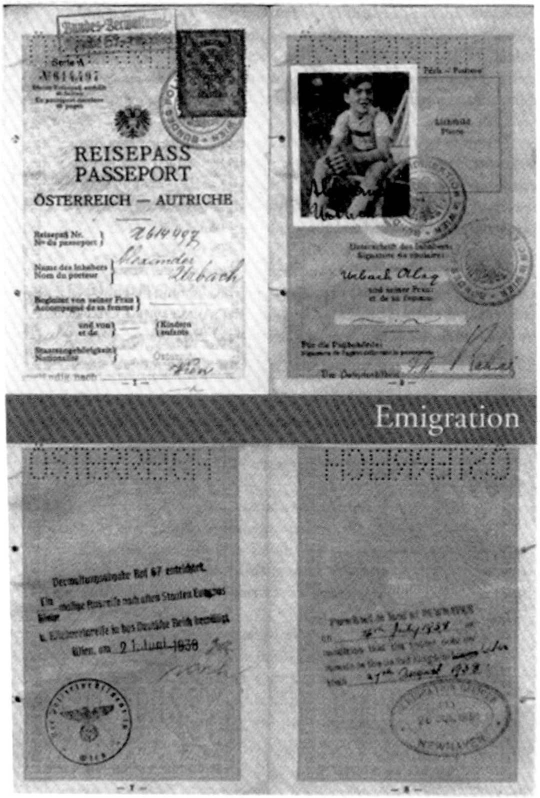

1932 we moved again, this time to a cheaper part of Vienna, the Heiligenstädterstraße, where we lived almost opposite a large block of workers' flats. This proved to be an unfortunate location. In 1934, at the time of the murder of Chancellor Dollfuß in July of that year, gun batteries were positioned on the hills behind our house. From there they started to bombard the blocks of flats, so that for some days shells were whistling overhead at regular intervals.

Once again the time came for a move, this time to the outskirts of Vienna and up into the hills. In the summer of 1936 I was invited to spend some time with my aunt Renée and her three sons, Stefan, Peter and Tommy. They lived in Budapest and had taken a house for the summer on the shore of Lake Balaton.

The days passed quickly, and soon I was on my way back to Vienna. Too quickly as it turned out, because it was the only time that I met my Hungarian cousins; soon afterwards they all left for America.

Also in 1936 I joined a Boy Scout group who met every week in the Palace of Schönbrunn. Ours was famous in Vienna, because our leader Hayek was incredibly adventurous and managed to take us on journeys others could only dream about.

Our house in the Erzbischofgasse was a great improvement, but financially my parents were in unending difficulties. By the beginning of 1937 they were forced to conclude that drastic steps were required and decided on emigration to England. The only way to achieve this goal was for my mother to obtain a visa and work permit as a so-called cook general. Applications were made, a position in a large country house near Marlborough was found, and by August all was ready.

But before that it was decided that I should have my Bar Mitzvah (Jewish coming of age), even though this can normally not be done before one's 13th birthday. However, these were hard times and permission was granted by the rabbinical authority. The fact that my father sang as a cantor in the local synagogue may have played a part.

The decision underlined a change of heart that my parents had undergone. Because my mother (unbeknown to me) had converted to Christianity on marrying her first husband and my father was entirely non-religious, we had always described ourselves as atheists. Consequently, I was never enrolled in religious teaching at school and knew neither Hebrew nor anything of Jewish history. Now my parents saw things differently. With anti-Semitism on the increase in Austria and news of the

Alexander and Eva Aldbrook

Two Lives Together

Eva und Alexander Aldbrook leben heute mit ihren Kindern und Enkelkindern in Großbritannien.

persecution of the Jews in Germany, they decided it was right that they should declare their faith: stand up and be counted, so to speak.

Early in August of 1937 my mother left us for England to take up her position. She never spoke about it, so I imagine that it must have been a hard time for her. But in December of that year she moved to London and took up another, similar position. By January of 1938 she was able to arrange for my father to join her.

When my father left, I went to stay with Olga Urbach, my grandmother, who had an apartment near the centre of Vienna where nothing had been changed since she first arrived 30 years earlier from Brno. It was on one side of the river Wien. On the opposite shore lived my aunt Ada, my father's sister, with her husband and two sons, Frank and Gustav.

After months of threats, Hitler sent a Panzer regiment to "annex" Austria on 12 March 1938. Within hours any resistance was at an end and the Austrian Chancellor, Kurt Schuschnigg, was forced to resign. Huge banners proclaimed "Ein Volk, ein Reich, ein Führer". For the Jews of Vienna the nightmare had begun.

The first and most urgent problem concerned my grandmother. Ada and her family wanted to flee to Czechoslovakia and take her with them, but I could not be left alone, waiting and hoping to join my parents in England. In desperation, I spoke to my Scout leader, putting their escape plans at risk. He immediately offered to have me stay with him until I too could leave. They went the same night, crossing the border under the cover of darkness. Very sadly, my grandmother, together with Ada and her husband, all perished in a concentration camp. Amazingly, after the camp was liberated, their son Gustav was found there close to death by Anne, an English voluntary worker. Once he was able to get about, she brought him to England where they were married soon after – a fairy tale ending.

Two incidents in particular remain in my mind. One was seeing brown-shirted Nazi SS with their swastika armbands forcing elderly Jews to scrub the pavements of a bridge across the river. The other was the arrival of Hitler in Vienna, where he appeared on a balcony of the Imperial Hotel to address a large crowd of enthusiasts. I passed there by chance and, so as not to attract attention, pretended not to be able to see him to avoid giving the Hitler salute with the outstretched right arm.

Weeks and eventually months passed during which I spent much of my time trying to obtain permission to leave the country. Long queues formed outside police headquarters where the office handing out the exit application forms was located, but only a small number were processed each day. As the lost-and-found office was on the same floor, I hit on the idea of pretending that I had found a wallet and wanted to hand it in. This did get me into the building but failed when it turned out that there was another guard posted upstairs.

Finally I was able to lodge this application and waited for a response. Nothing happened. As I had stopped going to school, time hung heavy on my hands, but this was as nothing compared to the agonies suffered by my parents, desperate for me to be able to join them.

One day, I received a postcard from a solicitor asking me to contact him. Puzzled, I went there. He explained that he had received money from England to arrange my exit visa. I brought him my passport and, to utter astonishment, received it back within two weeks, all stamped and ready for me to make good my escape.

But not yet. It was the moment King George VI had chosen to make a state visit to France. No transit visas until this was over. Another week went by, and then, at last, the time came to leave by the night train to Paris. In my pocket was one Maria Theresien-Taler (five Austrian shillings) which was all that one was allowed to take.

The compartment was crowded with people ostentatiously sporting swastikas in their buttonholes. No one spoke to me. Early the next morning we crossed into Switzerland. And no sooner had we left the border post behind us, when out of the window went the swastika pins, people relaxed and started conversations; it was a difficult transformation for me to understand at the moment.

My father had a wealthy distant cousin living in Paris, where I was to spend the night. Arriving near midnight at the Gare de l'Est, I waited for someone who looked as if he might be looking for me. A chauffeur in a black uniform approached. "Monsieur Urbach?“ he asked. When I said yes, he took my case, ushered me into an elegant limousine and set off. We passed through the Bois de Boulogne and picked up a strange variety of people in the headlight. "What are those people doing there?" I asked in all innocence, but could not understand his reply, uttered in rapid French.

When we arrived at the house of my relatives, I found that they were away on holiday, so we never met. But a sumptuous bed had been prepared, and I slept free of anxieties until it was time for breakfast and the boat train to England.

The train was packed and I found it difficult to cope with my case and find my seat. An American lady, travelling with her daughter and a heap of luggage, saw my predicament. "Put your case with ours, the porter will take it", she told me. In my schoolboy French I explained that I could not speak English, but the problem was soon resolved. They took care of me on my train, on the boat and again on the train in England until I was embraced by my parents in London. It was 26 July 1938.

Martin Vogel

1936/37 Klasse 4A – Geboren am ***6.11.1922***
1937/38 Schule Rosensteingasse

Dr. Martin Vogel sprach zu Oberstufenschülern im Schuljahr 2001/02. Teile des Zeitzeugengesprächs wurden festgehalten und mit den Aufzeichnungen aus dem Dokumentationsarchiv[1] abgeglichen. Martin Vogel war von 1932 bis 1937 Schüler der Realschule Radetzkystraße. Er lebt mit seiner Familie in Wien.

„Ich bin 1922 in Wien geboren worden. Meine Eltern waren geborene Österreicher. Meine Mutter war Nichtjüdin und von Beruf Modistin. Der Vater war Jude und von Beruf Handelsangestellter, wurde später arbeitslos und zum Schluss ausgesteuert. (...)

Wir haben im 3. Bezirk, in der Posthorngasse, gewohnt. Nach der Volksschule bin ich in die Mittelschule gegangen. Im Jahr 1938 bin ich aus dem geordneten Schulbetrieb hinausgeworfen worden. In der ersten Zeit habe ich verschiedene Umschulungskurse besucht, weil ich natürlich an eine Emigration gedacht habe. (...) Ich bin in einer sehr toleranten, liberalen Familie aufgewachsen. Wir haben sowohl die jüdischen als auch die christlichen Feiertage miteinander gefeiert. Ich bin dazu erzogen worden, Respekt vor dem Glauben des anderen zu haben. (...)

Direktor Eva Tesar und Dr. Martin Vogel

Ich bin mosaischen Glaubens und bin in den Religionsunterricht gegangen. (...) In der Volksschule war es überhaupt vollkommen uninteressant, wer Jude oder Katholik war, wir waren damals einfach Kinder. In der Mittelschule, in der Radetzkyschule, waren in der Klasse, wo ich war, ziemlich viele Juden. Da hat es eigentlich, soweit mir erinnerlich ist, keine Differenzierungen gegeben. Ich erinnere mich sehr gerne an meinen nicht-jüdischen Freund Zagorsky, der mir zu meiner Bar Mizwa seinen Anzug geborgt hat. Wir waren sehr gut miteinander.

Allerdings muss ich sagen, in den späten 30er Jahren war es schon irgendwie erkennbar, dass der eine oder der andere Sohn von einem Nazi war. Wir haben das damals alle gar nicht sonderlich ernst genommen. Ich weiß nicht einmal, wie weit die Eltern das damals ernst nahmen, obwohl zu der Zeit ja schon Juden aus Deutschland nach Österreich gekommen sind und natürlich erzählt haben, was los ist. (...)

Mein Vater ist dem Zionismus absolut ablehnend gegenübergestanden, weil er

1 Jüdische Schicksale. Berichte von Verfolgten. Wien 1992.

überzeugter Österreicher gewesen ist. Im Ersten Weltkrieg ist er hochdekoriert und schwer verletzt worden. Er war ein bewusster österreichischer Jude, noch dazu Sozialist. (...) Man hat Antisemitismus vor 1938 gespürt, auch von der damaligen Christlich-Sozialen Partei ist ja ununterbrochen Antisemitismus ausgegangen. Aber irgendwie wusste man, dass das nicht das Extremste war. (...) Für uns war Religion kein Glaubensbekenntnis, sondern ich würde eher sagen, ein aus der Familie herüberreichendes Zugehörigkeitsgefühl. (...)

An den „Anschluss" kann ich mich kaum erinnern, wir wurden nicht behelligt, aber an die „Kristallnacht". (...) Im 3. Bezirk haben früher sehr viele Juden gewohnt. Am 10. November 1938 war eine lähmende Stille. Damals war ich aus irgendeinem Grund auf der Straße, ich habe gelegentlich Menschenansammlungen gesehen, und immer wenn ich eine Menschenansammlung sah, bin ich in die nächste Seitengasse gerannt. Meine Eltern waren nicht zu Hause. Es war eine uralte Wohnung mit einer Tür, die ganz filigran war, nur mit Riegeln zu verschließen. Ich bin in die Wohnung und habe auf die Eltern gewartet. Unter uns hat eine alte Frau mit ihrer ältlichen Tochter gewohnt, die hat mich gesehen, als ich nach Hause kam. Auf einmal sind Männer gekommen, ich hab' sie mit schweren Schritten hinaufgehen gehört, sie haben an unsere Tür getrommelt und mit den Füßen dagegen getreten. Ich bin verängstigt dahinter gestanden. Da hörte ich, wie die alte Frau rief: „Do is niemand daham, do is niemand daham." Darauf sind sie wieder abgezogen. Dann ist meine Mutter nach Hause gekommen, und wir haben zusammen auf den Vater gewartet.

Wir haben kein Licht aufgedreht und saßen in der Dunkelheit. Es ist dann später am Abend gewesen, als der Vater nach Hause gekommen ist, er ist von zwei nichtjüdischen Bekannten begleitet worden, die ihn beschützt haben. Das waren die Besitzer der Werkstatt und deren Sohn, bei denen der Vater manchmal Gelegenheitsarbeiten verrichtet hat, er war ja ausgesteuert. Sie haben ihn den ganzen Tag über (10. November) in der Werkstatt versteckt und am Abend nach Hause begleitet. (...) Ich sage immer wieder, meine Mutter hat mich zweimal zur Welt gebracht. Das eine Mal, als sie mich geboren hat, und das zweite Mal, als sie bei uns geblieben ist. Wenn sie weggegangen wäre, sich hätte scheiden lassen, wären mein Vater und ich wahrscheinlich dort gelandet, wo so viele andere geendet haben. (...)

Sofort nach dem „Anschluss" bin ich aus der Schule geworfen worden, dann habe ich noch versucht, als Lehrling unterzukommen. Mein Vater war früher in der Metallbranche tätig, er wollte, dass ich Metalldreher werde. Ich bin dann auch kurzfristig in einer Firma gewesen, die hat mich aber natürlich rausgeschmissen. Ich versuchte dann, so rasch wie möglich in irgendeine Jugendbewegung zu kommen, damit meine Zeit sinnvoll ausgefüllt ist. (...)

Dann kam ich in die Jugendalija und bin einer linken Gruppe beigetreten. Das war der Hashomer Hazair. (...) Es gab verschiedene Jugendgruppen aller Schattierungen, religiöse, rechte und linke. Da war auch der große Aaron Menczer. Aaron Menczer war ja nicht viel älter als wir, er dürfte Anfang zwanzig gewesen sein. Aber der Mann war von einer ungeheuren Wärme, er war jemand, um den man sich freiwillig geschart hat. Er war selbst, glaube ich, bei der Gordonia, das ist eine eher religiöse Gruppierung mit linken Tendenzen gewesen. Das hat Aaron nie hervorgekehrt. Er war ein Mensch, dem es unendlich darum zu tun war, den Kindern, die dorthin gekommen sind, etwas zu geben, was sie von der Realität abgelenkt und ihnen das Gefühl vermittelt hat, dass sie Kinder sind und es sein dürfen. Ich bin bis heute darüber nicht hinweggekommen, dass dieser prachtvolle Mensch – wie ich nach dem Krieg erfuhr – freiwillig mit 400 Kindern nach Auschwitz gegangen ist und in den Gaskammern sein Ende fand, obwohl er die Möglichkeit gehabt hätte, nach Palästina zu gehen. (...) Im Jahr 1941 ist die Jugendalija aufgelöst worden. Wir haben uns nach einer Arbeit umgesehen. Damals hieß es, wenn man bei der Deutschen Wehrmacht eine Beschäftigung findet, ist man vielleicht geschützt. Da gab es die Leergutsammelstelle, sie war im 2. Bezirk, parallel zum Messegelände. (...) Mein Vater und ich haben uns dort gemeldet, haben dort auch zu arbeiten begonnen und wurden später zwangsverpflichtet. Die erste Zeit war ganz fürchterlich. Jeden Tag sind mehr und mehr Juden zur Arbeit gekommen, von der Überlegung ausgehend, dass sie dort einen gewissen Schutz haben. Es sind immer wieder neue Leute gekommen, denn am nächsten Tag waren die, die am Vortag gekommen sind, schon wieder deportiert.

Das ging so eine Zeitlang, bis dann das Gros der Deportationen abgeschlossen war. Es blieben dann nur mehr die Partner aus „Mischehen" bzw. die Kinder aus „Mischehen" über. Auch wir verblieben dort, wie erwähnt, zwangsverpflichtet. (...)

Das ist immer die Frage, wann ich das erste Mal wirklich gewusst habe, was mit uns Juden geschieht. Man hat ja immer irgendetwas gewusst. Wir, mein Freund Schindler und ich, haben in der ersten Zeit der Transporte für die Deportierten immer gesammelt, damals hat man doch getrocknete Suppen und Tee markenfrei bekommen, das haben wir nach Polen geschickt. Wir haben vorgedruckte Karten erhalten, mit denen der Empfang bestätigt wurde. Eines Tages haben diese Karten aufgehört. Auf meine Fragen bei der Kultusgemeinde wurde mir zu verstehen gegeben, nicht weiter nachzuforschen. Wir verstanden damals bereits, was das bedeutete. Eine Zeitlang hatte man nämlich auch bei uns gesagt: "Na, fahren wir halt nach Polen, gehen wir dorthin arbeiten." Man hat sich wirklich zunächst vorgestellt, dass die Propaganda stimmt. (...) Das volle, tatsächliche Ausmaß des Geschehens habe ich erst im Nachhinein erfahren. (...)

Jetzt will ich noch das Allerletzte erzählen, das ist das, was ich als das einzige „Wunder", das ich bis jetzt in meinem Leben erlebte, bezeichne. Ich habe erzählt, dass unser Haus ein Durchhaus war. Als der Kampf um Wien begonnen hat, waren wir auf der drüberen Seite des Donaukanals, im 3. Bezirk und auf der Seite des 2. Bezirks war die Verteidigungslinie, die überwiegend von der Waffen-SS gehalten wurde. (...) Auf einmal kam ein Riesenlackl von der SS, von oben bis unten mit Waffen behängt. Er sagte, er möcht' was zum Trinken haben, (...) Meine Mutter gibt ihm was zu trinken, und er geht weg. Darauf sagte mein Vater: „Bua, jetzt müssen wir weg!" (...) Mein Freund Schatz ist in einer Kampfpause mit seinem Vater Wasser holen gegangen, das war auch im 2. Bezirk. Irgendwelche Leute haben der SS gesagt, dass das Juden sind, und sie sind erschossen worden. Ich kann bis heute nicht begreifen, dass uns nichts geschehen ist, dass wir nicht an Ort und Stelle umgebracht worden sind."

Die Schicksale der „Zugeschulten“

Eric Erber
Maximilian Fuchs/Mark Fox
Richard Geller
Hildegard Gimplowitsch/Kletecka
Heinrich Kalman/Zwi H. Kalman
Otto Klein
Ruth Kurz/Klein
Herbert Leder
Paul Lederer
Georg Mandler
Hans Matzka
Josef Panzer/Nizav
Georg Rubin/Fischer
Anny Ulmer/Lehrmann
Fritz Wegner
Hertha Zeisel/Yael Shimron
Lily Zimentstark/Gershon
Grete Lendvay

Eric Erber

Klasse 4A – Geboren am 6.4.1924

„zugeschult" von 2R2 Josef-Gall-Gasse

Your letter of 18th May came as a pleasant surprise.

As a former student at 2R2 and the Radetzkyschule, I shall be glad to write a summary of my experiences and background for your memorial collection. I hope that you will not mind my writing this letter and the summary in English, I find it easier, although my spoken German is still adequate.

I attended the Radetzkyschule only from the end of April to July 1938. Due to the situation at that time and the short period of my stay, I have no recollection of the names of any of my fellow students nor of the professors. I am pleased to add also that I experienced no unpleasantness in or near the school at that time.

My parents also lived and worked in England during the war years. In 1947, because of my father's political background, my parents were asked to return to Vienna by (Social Democratic) party associates. They lived for most of the rest of their lives in Böcklinstraße, quite near my former school in Josef-Gall-Gasse.

My wife, family and I have been on visits to see them and other relatives quite often.

Thank you for your kind thoughts and best wishes, yours sincerely,

Eric Erber

Maximilian Fuchs *(Mark Fox)*

Klasse 2A – Geboren am 18.3.1926

„zugeschult" von R4 Ressel-Realschule Waltergasse

E-mail vom 6. Juni 2008

Mit aller Aufrichtigkeit erlaube ich mir Ihnen mitzuteilen, dass nach so vielen Jahrzehnten die Öffnung alter Wunden einen Widerspruch hervorruft, so dass ich unentschieden bin, einen Entschluss in dieser Angelegenheit zu erzielen. Als ein Schriftsteller unzähliger Epigramme (Sinngedichte), erörtern die folgenden drei Beispiele meine Lage in dieser Beziehung.

1. Zeiten sind weder gut noch bösartig oder belanglos, jedoch eine bewegende Treibfläche, auf welcher Menschen sich der Illusion der Wirklichkeit ergeben.

2. Eintritt und Ausgang sind inhaltsverwandt und unverlässlich in ihrer Bedeutung. Was man von jenen macht, ist unser Entschluss.

3. Innerhalb des Bereiches der menschlichen Erfahrung das Recht – die Justiz – ist unzulänglich.

(Übersetzt aus dem Englischen M. F.)

Hochachtungsvoll

Mark Fox

Richard Geller

Klasse 1A – Geboren am 25.4.1927

„zugeschult" vom R12 Realschule Schönbrunnerstraße

Mit tiefem Interesse las ich Ihren Brief vom vorigen 18. Mai. Mein Mann starb gerade vor einem Jahr, und ich denke, er hat einen solchen Brief sein Leben lang erwartet.

Es ist ja tatsächlich von dringender Not, diese Arbeit des Gedächtnisses und des Gedenkens zu unternehmen, welche schon von der der NS-Zeit folgenden Generation hätte unternommen werden sollen. Es gibt nun sicher sehr wenige Opfer, um Zeugnis zu geben. Seit langer Zeit wurde diese Arbeit in Deutschland bereits unternommen, und in Österreich soll sie noch gemacht werden. Ich kann nicht an der Stelle meines Mannes schreiben und werde Ihnen also nur die Grundlinien des Dramas angeben, das er während jener finsteren Jahre erlebt hat.

1938, nach dem „Anschluß", musste sein Vater, Sigmund Geller, aus Österreich nach Belgien auswandern, wo er in Antwerpen Verwandte hatte. Er hoffte, dort eine Arbeit zu finden, um seine in Wien zurückgebliebene Frau und zwei Söhne zu sich kommen zu lassen. Da es ihm aber nicht gelang, fuhr er weiter nach Paris, wo seine Schwägerin wohnte. Seine Flucht endete 1942, als er in Frankreich verhaftet und dann mit den ersten Transporten als Jude und Ausländer deportiert wurde.

Mein Mann, Richard Geller, war 12 oder 13 (?) Jahre alt, als er seine Mutter und seinen Bruder zum letzten Mal sah. Das war in Wien auf dem Bahnsteig des Bahnhofs, da er selber noch zum Vater nach Belgien hatte fahren können. Er besuchte ein wenig die Schule, lernte Französisch und fuhr dann nach Paris (das Datum ist ungewiss), wo er dann zwar zur Schule ging, aber unregelmäßig. Im Juli 1942 wurde er in der „Rafle du Velodrome d'Hiver" („Massenverhaftung des Velodrome d'Hiver") zusammen mit 8000 Juden verhaftet. Mit einem gleichaltrigen Jungen gelang es ihm zu entfliehen und dann die zu jener Zeit von den Deutschen noch nicht besetzte Südzone von Frankreich zu erreichen.

Eine Zeitlang wurde er nebenbei Moissac von den E. I. F. (Eclaireurs Israelites de France) – einer jüdischen Pfadfinderbewegung – in Obhut genommen und acht Monate lang in einem Bauernhof untergebracht. Er hütete das Vieh. Diese Bauern von Ladeveze waren sehr freundlich zu ihm und erwiesen viel Verständnis. Wir sind immer in Verbindung mit ihnen und ihren Nachkommen geblieben. Mein Mann hatte es auch erreicht, dass sie als „Justes" – Gerechte – anerkannt wurden, und das war die letzte Freude, die er noch miterleben konnte. Da er aber der Massenverhaftung des Vel'd Hiv' entflohen war, fahndete die französische Polizei nach ihm, und so musste er diese Bauernfamilie verlassen, um den Kontakt herzustellen mit entfernten Verwandten, die sich in Villefranche de Rouergue befanden. Da konnte er eine Zeitlang im Internat des Gymnasiums studieren, nachdem er vier Klassen übersprungen hatte! Der Philosophielehrer nahm ihn und die wenigen anderen jüdischen Gymnasiasten in seine Obhut, und durch ihn fanden sie den Kontakt zur Widerstandsbewegung FTP. 1944 trat er in die Resistance ein und begleitete die Befreiungsarmee bis nach Deutschland, wo er demobil gemacht wurde, weil er sehr erkrankt war.

Währenddessen konnten seine Mutter Barbara Geller und sein Bruder Norbert (geboren 1925) nicht mehr aus Österreich auswandern, da die Grenzen für die Juden gesperrt waren. Sie wurden also in einem Wiener Ghetto eingeschlossen, bevor sie deportiert und in einem KZ-Lager vernichtet wurden.

Kann man sich den Grad des Schmerzes dieses Kindes vorstellen, das ohne Nachricht von seiner Familie war, ganz sich selbst überlassen in einem fremden Land, und dazu die Verzweiflung nach dem Krieg, als er begriff, dass er keine Rückkehr seiner Angehörigen erwarten sollte?

Danach hat er erfolgreiche Wissenschaftsstudien gemacht, tagsüber arbeitete er und nachtsüber studierte er, bis er seine Doktorprüfung in Physik absolvierte. Von Joliot Curie in dem Commissariat al Énergie Atomique eingestellt, wurde er dann Forscher und Professor. Am Ende seines Lebens wurden ihm viele Preise zuerkannt: Von der Academie des Sciences, von der American Physical Society, la Medaille d'or der Stadt Grenoble, er wurde auch für den Nobelpreis vorgeschlagen. Nach seinem Tod wurde ein Internationaler Forschungspreis mit seinem Namen gestiftet. Er wird dieses Jahr im September in Chicago verliehen.

Wir heirateten im Jahre 1956 und haben zwei Kinder und Enkelkinder. Ich glaube, ich habe ihm das gegeben, was er am nötigsten hatte: ein normales Familienleben und viel Liebe.

Es war ihm unmöglich, von dieser Epoche zu sprechen. Das Trauma verschwand nie.

Ich sehe leider ein, dass es heute noch sehr schwer ist, einen Zugang zu den österreichischen Archiven jener Epoche zu haben. Ich bin Ihnen sehr dankbar für Ihre Initiative. (...)

Hochachtungsvoll,
Annie Geller

Hildegard Gimplowitsch *(Hildegard Kletecka)*

Klasse 5B – Geboren am 18.1.1923
„zugeschult" vom 2R2 Josef-Gall-Gasse

Hildegard Kletecka antwortete unserem Schreiben telefonisch und besuchte uns im September 2008 in der Schule. Sie übergab uns mehrere Quellen, die ihre Erfahrungen nach der Vertreibung aus der Schule dokumentieren. Hildegard Kletecka nahm auch an der Gedenkveranstaltung im November 2008 teil.

Hildegard Gimplowitsch besuchte zunächst von 1933 bis 1937 die Unterstufe des Mädchenrealgymnasiums in der Langegasse 47 im achten Bezirk in Wien. Das Realgymnasium war eine Privatschule mit Öffentlichkeitsrecht des Schulvereins für Beamtentöchter. Nach der vierten Klasse wechselte Hildegard in die Realschule II Josef-Gall-Gasse im zweiten Wiener Bezirk, sie war Schülerin der 5B Klasse. Am 30. April 1938 wurde sie „umgeschult", wie es beschönigend in der Schulbesuchsbestätigung vermerkt wurde. Sie wurde gezwungen ihre Schule zu verlassen und von 30. April bis 2. Juli 1938 die Realschule 3, Radetzkystraße zu besuchen, die in eine sogenannte „Judenschule" umgewandelt worden war.

Hildegard Gimplowitsch emigrierte zunächst in die Tschechoslowakei und lebte in Prag. Am 6. November 1941 schloss sie die Ehe mit Franz Goldschmidt. Franz

Magistrat der Stadt Wien

Magistrats-Abteilung 61, Bevölkerungswesen

M.-Abt. 61 - 262

~~Zum Amtsgebrauch für~~

S 5.- Verwaltungsabgabe entrichtet.

Wien, am 9. März 1961

Auszug aus der Heimatrolle

Vom Magistrat der Stadt Wien wird bestätigt, daß

Onette Hilda Gimplowitsch

Beruf: Haushalt Stand: ledig

geboren am: 18.I.1923, in Wien

pol. Bezirk: Wien, Land: Wien

am*) 13.III.1938 das

Heimatrecht in Wien

(M.Zl. 7622i/78) besessen hat. Onette Hilda Gimplowitsch hat lt. Angabe am 11.11.1947 mit dem fremden Staatsbürger Franz Golo... die Ehe geschlossen.

Für den Bürgermeister:

*) Zum Nachweis der Staatsbürgerschaft gemäß § 1 des Staatsbürgerschafts-Überleitungsgesetzes 1949, B.G.Bl. Nr. 276, ist u. a. der Besitz des Heimatrechtes am 13. III. 1938 erforderlich.

Die Einfügung eines nach dem 30. VI. 1939 liegenden Datums ist ungesetzlich, weil mit diesem Tage das Heimatrecht abgeschafft wurde.

Festakt am 13. November 2008, Enthüllung der Gedenktafel im Stiegenhaus.

Goldschmidt wurde ebenfalls Opfer rassistischer Verfolgung, er wurde in das Konzentrationslager Taucha deportiert. Hildegard Gimplowitsch wurde am 14. Dezember 1941 nach Theresienstadt deportiert. Franz Goldschmidt kam im Konzentrationslager Taucha ums Leben. Hildegard konnte überleben, sie wurde am 8. Mai 1945 befreit. Sie kehrte später nach Wien zurück und lebt nun mit ihrer Familie in Wien.

Obwohl die Weitergabe der Erinnerungen sehr schmerzliche Gefühle wiederaufleben lässt, ist es ihr wichtig, der nächsten Generation von Schülern und Lehrern als Zeitzeugin ihre Erfahrungen weiterzugeben. Respekt, Toleranz und die Achtung vor der Würde jedes Menschen sind das Vermächtnis an die Schulgemeinschaft.

Heinrich Kalman

Klasse 4A – Geboren am 3.10.1924

„zugeschult" vom 1R2 Vereinsgasse

Through the services of the General-secretary for the Nationalfonds I received your letter regarding the commemoration ceremony and the project of assembling the histories of former persecuted students of your institution.

For most of my four middle-school years I was a student at the Realschule in Wien II, Vereinsgasse, and was transferred to the Radetzky-Schule with the other Jewish students in April 38. Thus I believe to belong to the group of former students the project, of which I am in genuine support, is dealing with. (...)

Sincerely Yours,

Z. H. Kalman

Attached please find a synopsis of my Curriculum Vitae.

1924	Born in Vienna, Austria
1930-1934	Attended the Volksschule, Wien II, Blumauergasse
1935-April 38	Attended the Realschule, Wien II, Vereinsgasse
May-June 38	Transferred to the Realschule, Wien III, Radetzkystrasse (4th grade)
July 38	Emigrated with parents and sister to Czechoslovakia
July 38 to March 40	Joined a Zionist Youth Movement, participated in various activities related to the movement and to anticipated emigration to Palestine. Added the Hebrew name „Zwi" to first name.
April 40	Immigrated to (then) Palestine with „Aliyat No'ar" Youth Immigration Organization. Parents and sister stayed behind in Slovakia.
1940-1943	Lived in boarding school under the care of the Aliyat No'ar Organization. Learned, besides Hebrew, carpentry at local trade schools. Had occasional written contact (through International Red Cross Forms) with parents.
Fall 1942	Was notified by an acquaintance in Slovakia (through a Red Cross Form) that parents were resettled to the General Gouvernement in Poland.

1943-1946	Joined and served with the British Army. After the warend understood that my family were murdered during the holocaust.
1948-1955	Served with the Israeli Army and Israeli Police in Jerusalem.
1950-1956	Passed successfully entrance examination to the Hebrew University Jerusalem (in lieu of matriculation). Undergraduate studies at the Hebrew University Jerusalem (earning livelihood as a policeman, mostly doing night duties).
1958	Obtained M. Sc. Degree in Physics, Hebrew University.
1965	Obtained Ph. D. Degree in Physics, Hebrew University.
1955-1993	Faculty member at the Dept. Of Physics, later Racah Inst. of Physics, Hebrew University. Started as Junior Assistant, retired (1993) as Associate Professor upon reaching compulsory retirement age.
1964	Married wife Lea (born Edith Winter)
1965	Son Yoram Moshe born.
1964-2000	Various extended periods of leave of absence (Post-Doctoral, Sabbaticals) from the Hebrew University were spent at Rutgers, the State University of New Jersey, USA, as visiting Professor. Academic activities, both in Israel and the USA, included teaching at all university levels, conducting basic and applied research, mostly in the field of X-ray diffraction, as well as scientific consulting. Co-authored close to 70 scientific publications.
2000	Moved to Rishon le Zion, near Tel Aviv. Family status: Married, one son, three grandchildren.
2008	Above activities, with the exception of regular teaching, still continue.

Alexander Katz *(Shemuel A.Katz)*

Klasse 2A – Geboren am 18.8.1926

„zugeschult´" vom R4 Waltergasse, Ressel-Realschule

„Eigentlich habe ich eine sehr kurze Zeit im BRGIII verbracht, von 29.4.1938 bis 1.7.1938, und deswegen sind mir nur wenige Details in Erinnerung geblieben, vor allem aber die miserablen Umstände in diesem alten „ruinenhaften“ Gebäude in der Radetzkystraße. Beigelegt meine kurze Lebensgeschichte – in deutscher Sprache, erschienen im Büchlein „Erinnern“ des BRG4 im Jahre 2005.“[1]

„Die Familie Katz: Vater Israel, Mutter Klara, Alexander und seine um zwei Jahre jüngere Schwester Marianne, genannt Maritza, wohnte zuerst in der Zentagasse 37, dann in der Schönburggasse 25. Töne und Farben waren Alexander Katz, geboren am 18. August 1926 in Wien, schon in die Wiege gelegt. Vater Israel Katz war Opernsänger und Oberkantor an der Synagoge in der Siebenbrunnengasse. Er hatte sich am Konservatorium von Klausenburg zum Sänger ausbilden lassen, sang in Chören und in Synagogen. Auch in der Wiener Oper trat er in kleinen Rollen auf; dort wurde er manchmal als „Saujud“ beschimpft. Im ersten Weltkrieg hatte er an

1 Shemuel A. Katz, Brief vom 3.6.2008

der Isonzofront gekämpft. Trotz Anfeindungen in Wien nahm er die angebotene Stelle als Oberkantor in der Synagoge im 5. Bezirk in der Siebenbrunnengasse an. Er sang nicht nur, sondern komponierte für die hohen Feiertage selbst. Vater Israel war wohl Zionist, wählte aber sozialdemokratisch. Die Freunde der Eltern waren fast ausschließlich Juden. Nur mit einigen „Gojim", guten nicht-jüdischen Freunden, spielte der Vater im Margaretenhof, dem schönen Terrassencafe am Margaretenplatz, Schach. Am Sonntag ging man mit den Kindern ins jüdische Kaffeehaus „Siller" in der Rotenturmstraße. (...)

Alexanders Eltern beschlossen, aus ihm einen berühmten Musiker zu machen und ließen ihm Klavierunterricht geben: Er machte gute Fortschritte und hatte Freude am Musizieren. Sein in Ungarn lebender Großvater war eine weitere prägende Persönlichkeit in seinem Leben: Der bekannte „Postkartenkönig" besaß eine Papierhandlung in Miskolc und gab Bildpostkarten heraus, die seinen Enkel faszinierten. Wenn die sehnlichst erwarteten Päckchen mit Buntstiften, Zeichenblocks und Postkarten aus Ungarn in die Schönburggasse 25 kamen, war keine freie Fläche vor der Zeichenwut Alexanders sicher. Er sekkierte dann aber wenigstens seine Schwester Maritza nicht.

Wilhelm Busch und Walter Trieres Illustrationen für die Bücher von Erich Kästner beeindruckten ihn gewaltig, und er beschloss, ebenfalls lustige Bilder zu zeichnen. „Seit ich mich erinnern kann, habe ich meine Mitmenschen gerne zum Lachen gebracht". (...) Nicht überall fand sein Zeichentalent sofort Anerkennung. Prof. Viktor Mader, sein Zeichenlehrer in der Ressel-Realschule, wollte sogar seinen Vater sprechen, als Alex ihm eine Zeichnung (Illustration zu einem Andersen-Märchen) vorlegte, die, im Unterricht begonnen, von den Schülern zu Hause fertiggestellt werden sollte. Der Professor unterstellte ihm, dass ein Erwachsener diese Zeichnung vollendet habe und setzte ihn isoliert in eine Ecke. Dort fertigte Alex unter zornigen Tränen eine neue Zeichnung an. Der Lehrer sah sie lange schweigend an und sagte dann leise: „Dein Vater muss nicht kommen", rahmte das Blatt ein und hängte es neben anderen prämierten Arbeiten an die Wand des Zeichensaals.

Die Sommer wurden beim Großvater in Miskolc oder in Sauerbrunn verbracht; dort machten auch viele Kantorkollegen des Vaters Urlaub. (...)

Wie in allen Familien unserer Vertriebenen änderte sich auch hier im März 1938 alles. Nach lautstarken Demonstrationen der Nationalsozialisten und Gegendemonstrationen für die von Schuschnigg angekündigte Österreichwahl kam der Einmarsch deutscher Truppen, die freudig, ja, hysterisch begrüßt wurden. Als die Familie am Freitag dem 13. März 1938 um sieben Uhr früh im Radio hörte, dass deutsche Truppen die Grenze überschritten hätten, wurde der Vater kreidebleich, die Mutter brach in Schluchzen aus. Die Katz' wussten, was nun auf sie zukommen würde. Die Eltern waren bereit, auch in Länder wie Paraguay auszuwandern, wo die jüdische Gemeinde einen Kantor suchte. Auch die Mandschurei stand zur Diskussion. (...)

Als die Schule, die eine Woche lang geschlossen war, wieder ihre Tore öffnete, war nichts mehr so wie früher. Manche trugen die Uniform der HJ, ein Hitlerbild hatte das Bild des Präsidenten verdrängt. Der Klassenvorstand Prof. Schweigert verlas einen Text, den Alex nicht verstand. Jedenfalls landete er mit seinen vier jüdischen Mitschülern in der letzten Bankreihe: Damit begann für ihn eine neu Malphase – die „Hitlerzeit". „Ich zeichnete seine verhasste Fratze aus allen möglichen Blickwinkeln, ins Heft, an den Rand der Schulbücher, auf jeden Papierfetzen, der mir in die Hände fiel. Ich tat dies in ekstatisch-magischem Eifer. Meine Eltern litten unter den größten

Ängsten, dass meine Untaten von irgendeinem Nichtjuden entdeckt werden könnten", berichtet Shemuel.

Seine Tante schmuggelte ihn und seine Schwester kurz vor seinem 12. Geburtstag nach Ungarn zum Postkarten-Großvater. Ein Wiener Kind in Lederhosen mit den dazugehörigen Hosenträgern, das nur schlecht ungarisch sprach und von seinen Klassenkameraden im Gymnasium, in das er mit knapper Not die Aufnahme geschafft hatte, verlacht wurde. Da kam ihm wieder seine Zeichenkunst zu Hilfe. In einem Wettbewerb besiegte er den Klassenzeichner mit Karikaturen über Cowboy Buck Jones. Heute fallen Knock-Outs brutaler, unter Anwendung von weniger feinsinnige Taktiken aus. Die grauenhafte Pogromnacht im November 1938 vereinte die Familie in Ungarn

Der Vater war verhaftet, aber mit der Auflage, umgehend zu verschwinden, freigelassen worden. Seinen zerstörten Tempel hat er noch sehen müssen, er war in der Pogromnacht in Flammen aufgegangen. (...) Vor dem Hintergrund des Ausbruchs des Krieges und Ungarns Beteiligung an der Seite Deutschlands spielte Alexander Klavier und Akkordeon und – er zeichnete. Er verdiente sogar sein erstes Geld damit, Uniformmontagen von Kunden herzustellen, die glaubhaft eine militärische Karriere demonstrieren wollten. Während Alexander weiter ins königlich-katholische Gymnasium in Miskolc ging und beim Großvater wohnte, übersiedelte Maritza zu den Eltern nach Budapest. Sie hatte die Umstellung besonders getroffen. Der Vater hatte eine Kantorenstellung in einer kleinen Synagoge bekommen. Alexander fand Gefallen an der jüdischen „König David"-Pfadfinderbewegung. Allmählich begann das Leben in „normale" Bahnen zu gleiten.

Im März 1944 besetzten deutsche Truppen Ungarn, und Alex maturierte am katholischen Gymnasium mit dem Judenstern an der Brust. Dann vollzog sich an der Familie Katz das Schicksal der österreichischen Juden: Absonderung, Beschlagnahme, Zwangsarbeit. (...) Nach dem Partisanenaufstand in der Slowakei in Banska Bistrica wurden die jüdischen Einheiten an die verschiedenen Kriegsfronten gebracht. Als seine Einheit im Drau-Donau-Delta total durchnässt in einer Scheune übernachtete, beschloss er, die gedrückte Stimmung seiner Kameraden zu heben. Es war einfach: Kohletabletten zerrieben, etwas Ziegelstaub dazu und mit weicher Erde vermischt. Bald darauf waren die weißgekalkten Wände mit den komischen Produkten seiner Phantasie bedeckt. Der Kompaniechef hatte dabei einen Zeichner entdeckt, der ihn während seiner langen Frühstücke von allen Seiten zeichnen musste. (...) Als im Winter die Bombardements zunahmen, flüchteten Ortsbewohner, deutsche Truppen und jüdische Zwangsarbeiter fast vereint nach Norden. Ein Schutzbrief der Schweizer Botschaft, für alle Fälle auf den Namen Alexander Katz ausgestellt, machte ihm Mut, dem Schicksal der berüchtigten Todesmärsche zu entrinnen. Er schmuggelte sich in einen Zug nach Budapest und ging schließlich zu Fuß zum „Glashaus", einem vom jüdischen Rettungskomitee angemieteten Bürohaus einer großen Glasfabrik. Dort fanden jüdische Verfolgte aller zionistischen Gruppen und Bewegungen Zuflucht, denn es stand unter dem Schutz der Schweizer Gesandten. Sein verzweifeltes Klopfen errettete ihn vor einem noch immer nach „Heldentaten" dürstenden Pfeilkreuzlertrupp. Die starken Arme eines Freundes, der in der Botschaft Dienst machte, zogen ihn im letzten Augenblick hinein.

Die Rote Armee errettete ihn schließlich aus seinem wochenlangen Versteck. Der Anführer einer Gruppe zerlumpter, müder Sowjetsoldaten, selbst noch ein Kind, rief in Jiddisch: „Jidn, ir seids frei!“ Glücklich, überlebt zu haben, irrte er durch die Straßen, die mit Leichen und Tierkadavern übersät waren. Und dann wieder Komik im Chaos: Ein russischer Kosak, hoch zu Ross, die Sliwowitz-Flasche in einer Hand, die andere mit Armbanduhren behängt, gegürtet mit Dienstsäbeln der ungarischen Polizei, regelte den Verkehr. Zwischen den Nahrungssuchenden seine Schwester Maritza. Ein unbeschreibliches Wiedersehen und die Freudensnachricht, dass die Eltern auf dem Weg vom Ghetto in die Wohnung in der Garaystraße seien. Nach dem Überklettern von Barrikaden blendete sie ein gleißendes Licht und etwas schleuderte sie in die Luft. Auch diese Mine überlebten sie, wurden verarztet, gelangten noch verwirrt in die Wohnung und lagen einander in den Armen. Zur Freude kam auch Trauer, denn die Großmutter war in Auschwitz ermordet worden.

Zusammen mit überlebenden Mitgliedern einer zionistischen Jugendgruppe gründete er einen Klub, in dem sie jüdische Lieder und solche der Roten Armee sangen, in deren Dienst nun seine Talente standen. Ein jüdischer russischer Hauptmann engagierte ihn als Klavierbegleiter für Konzerte vor sowjetischen Soldaten in Ungarn und der Slowakei. Er wurde auch Propagandazeichner: Unzählige Portraits von Marx, Engels, Lenin und Stalin entsprangen seiner schnellen Feder. Nach dem teilweisen Rückzug der Sowjets verschrieb sich Alex vollends der Bewegung „Haschomer Hazair“ als Leiter der graphischen Abteilung.

In dieser Zeit lernte er seine spätere Frau Nomi kennen. (...) Nomi schloss sich der Bewegung Haschomer Hazair an und stieß dort auf Alexander Katz. Diesem wurde 1946 aufgetragen, nach Palästina auszuwandern. (...) Alexander stieß zu einer Gruppe, deren Ziel es war, den heiß umkämpften Kibbuz Eilon zu verteidigen und den Anschluss Westgaliläas an Erez Israel zu sichern. Auf einer felsigen Kuppe gründeten einige aus der Gruppe 1948 einen neuen Kibbuz: Gaaton. Unter dem Beschuss der arabischen Kautschi-Befreiungsarmee begann der Aufbau. Die Israeli hatten militärisch gesiegt. „Seither ist dort Ruhe“, sagt Alexander Katz, „abgesehen von PLO, Hamas und Hisbollah“. Am 8. Oktober wurde der Gruppe „Haschomer Hazair“ nahe der feindlichen Linien neben Chirbet Schuffaia Land zugeteilt. Die Haupttätigkeit bestand in Befestigungsarbeiten und Obstpflücken. Die geflüchteten Araber hatten Obstgärten zurückgelassen.

Die Kampfhandlungen palästinensischer Freischäler, Ruinen arabischer Dörfer, die verlassenen Depots der British Railway, gesprengte Häuser in Akko – alles das bannte der schelle Stift Shemuels, wie er sich jetzt nannte, auf seine Blätter. Shemuel wurde Kriegszeichner bis zu seiner Entlassung aus der Reserve 1982 in Ostbeirut. Schon seit 1948 hatten Alexander und Nomi als ein Paar gegolten; sie durften in ein gemeinsames Zelt ziehen. (...) 1950 gingen sie zum Rabbiner, um offiziell zu heiraten. „Dem Kibbuz zuliebe“, sagt Shemuel, „er brauchte die Dinge aus dem staatlichen Ausstattungspaket dringend.“ Neben seiner Arbeit als Illustrator einer Kinderzeitschrift musste er seine Pflichten im Kibbuz erfüllen: Arbeiten in der Landwirtschaft, Küchendienst und Reparaturen. Dazu kam noch die Redaktionstätigkeit in Tel Aviv. Mit seinen künstlerischen Arbeiten hatte er schon früh als Erster von außerhalb des Kibbuz Geld eingebracht. Er hatte dann Gelegenheit, einige Zeit an der Hochschule für Kunst in Paris zu studieren. Vor allem beschäftigte er sich mit Lithographie und Radierung. Er zeichnete Picasso während der Eröffnung der Ausstellung seiner Skulpturen. „Nicht schlecht, mach weiter, mein Junge“, schrieb Picasso unter das Portrait. Er traf auch Kurt Moldovan und Paul Flora. Als „diplomierter

Maler“ kehrte er nach Israel zurück. Reisen nach Ägypten, als der Suezkanal wieder eröffnet worden war; Französisch Somaliland und Äthiopien folgten. Die Pariser Biennale junger Künstler sprach ihm den Preis für Zeichnung und Aquarell zu: ein Stipendium mit Aufenthalt für sechs Monate. Er musste aber erst seine familiäre Situation ordnen, war doch seine zweite Tochter gerade erst geboren. Dennoch eröffnete er in Paris seine erste Ausstellung in Europa, die nach einem Monat nach Wien, in die Räume der Staatsdruckerei übersiedelte. Als geborener Wiener trat er damls in der populären Fernsehsendung von Heinz Conrads auf und gab ein Interview in reinstem Wienerisch. Seit dieser Zeit ist Shemuel „Außenarbeiter“ des Kibbuz, dem ein beträchtlicher Teil seiner Honorare zugute kommt. Er hat auch viel zur künstlerischen Ausgestaltung des Kibbuz beigetragen: Intarsien im Speisesaal, Sgraffiti am Kindergartenhaus u.a. Dennoch gab es Neid und Spannungen wegen der begehrten Möglichkeit, „draußen“ zu arbeiten. Nomi hatte im Auftrag des Kibbuz Sonderpädagogik studiert. Derselbe Kibbuz protestierte dagegen, dass ein Ehepaar so viel Zeit außerhalb arbeiten dürfe. Ein Austritt kam nicht in Frage. Zu groß war der moralische Druck. Es wäre ein negatives Beispiel für die ganze Bewegung, wenn ein berühmter Künstler und seine Frau ihrem Ideal untreu würden. (...)

Im Kibbuz Gaaton war nach einem langen Leben unter militärischer Bedrohung die Sehnsucht nach Frieden sehr groß. Der Kibbuz stimmte nach dem Jom-Kippur-Krieg für eine Autonomie der Palästinenser. Mit den Arabern, die ringsum lebten, hatte der Kibbuz nie Schwierigkeiten. (...)

Eines der wichtigsten künstlerischen Probleme von Shemuel Katz liegt in der Frage: „Wie kann ich das Metaphysische von Jerusalem ausdrücken?“ Die Stadt fasziniert ihn als ehemaligen Architektur-Aspiranten, als Vedutenmaler, der sich an Canaletto und Alt orientiert, und er bemüht sich das Psychische einzufangen, die biblische Atmosphäre mit surrealistischen Mitteln zu verfremden. Wer seine Bilder betrachtet, muss bewundernd sagen: Es ist ihm gelungen.

Eine umfangreiche Ausstellungstätigkeit, auch in Wien, machte Shemuel Katz zu Recht berühmt. Vor allem die Ausstellungen seiner Werke „Jerusalem“ 1998 im Wiener Dom-und Diözesanmuseum und der ehemaligen Synagoge in St. Pölten legten den Grundstein zu einer neuen Beziehung zu Österreich. „Für mich hat es etwas gut gemacht.“

Die Überreichung des Großen Goldenen Ehrenzeichens der Republik Österreich erfüllte ihn mit Freude und Stolz. Dennoch ist er das geblieben, was ihn durch alle Stürme des Lebens hindurch getragen hat: ein humorvoller und verstehender Mensch, ein Kibbuznik der ersten Stunde.[2]

2 „Erinnern“, Brigitte Tschol, HG. BRG4, Wien 2005, S. 30–41

Otto Klein *(Arthur O. Klein)*

Klasse 1A – Geboren am 1.1.1927

„zugeschult" vom R6 Marchettigasse

Otto Klein antwortete unserem Schreiben und verwies auf die für Ende 2008 in Aussicht gestellte Publikation, aus der nachfolgend zitiert wird. Arthur O. Klein gelang die Flucht von Wien über Luxemburg, Frankreich, Portugal, Kuba. Anfang des Jahres 1945 Ankunft in den USA.

AN UNPLANNED ROUNDTRIP

"I was born (...) in Vienna on January 1, 1927. During my early years , I frequently heard my mother brag that I was the first baby born that year in Austria (...) I had a sister, barely a year older than me, who was born in Budapest. We formed part of an upper-middle-class family. Both of my parents were what today would be referred to as "Reform Jews". My father had served during World Was I as a junior officer in the Austrian Army. My parents married shortly after World War I and owned and operated for a number of years a dry goods store in Budapest. This enterprise eventually failed and they then moved to Vienna where my father took a job as a sales executive in one of the largest department stores in Vienna. With both working, we were fortunate to have an upper middle class life style, which included a live-in cook and a nanny who were in charge of our upbringing until about 1937.

We lived in a spacious apartment in which my sister and I had our own separate bedroom. I recall paintings hanging on the walls of this apartment and Persian rugs on the floors. In those days, central heating or air conditioning was very rare. Our apartment was heated with several coal burning stoves covered with warm colored ceramic tiles (Kachelsteine). (...)

During my childhood inVienna I was very close to my mother's family. She had three sisters and four brothers, each one of which had one or more children. It was a tradition in my mother's family that all of the uncles and aunts living in Vienna, accompanied by our cousins, periodically met for family get-togethers. My sister and I were the youngest of these cousins, who frequently referred to us, during these family get-togethers, as the brats (die Fratzen). Some of our relatives of both generations wound up in various concentration camps during World War II and presumably perished there. Both of my maternal grandparents died in Vienna about or shortly before 1938 and are buried in the Jewish cemetry of Vienna. Although it is well known that a diffused form of anti-Semitism and right-left antagonism existed in Austria before 1938, I did not personally notice much obvious anti-Semitism directed towards me. However, one incident did stick in my mind after returning home from my first day in elementary school (Volksschule). I remember asking my mother: "Mommy (Mutti), what is a dirty Jew (Saujude) and why am I being called that?"

When I started to attend elementary school, I was usually attired in the standard outfit worn by most of my fellow students, namely leather pants with suspenders (Lederhosen). As I grew older and started to attend the equivalent of junior high school (Realschule), I gradually changed to more adult clothing, a simple shirt and pants.(...) In 1937, my parents began to seriously discuss the possiblity of our emigration to America. My father had two sisters living in Brooklyn, NY, and my paternal grandfather had lived for one year in the United States shortly after the end of World War I. My father had contacted his two sisters for assistance to emigrate to the United States. We also applied at that time (early 1938) for an immigration visa to the United States with the US Embassy in Vienna. We usually ate in the dining room of wour well-appointed apartment. (...) We were instructed by our parents to cease any political discussion after my mother had risen to signal the cook to serve the next course. After the cook had retreated to the kitchen we were free to resume our discussions.

The atmosphere of fear of the Nazis had begun to poison all of our relationships with our gentile neighbours and friends. My parents knew that our only hope of remaining in Vienna was based on the outcome of the election announced by Chancellor Kurt Schuschnigg for March 1938. (...) Just a few days before the Anschluss, during a weekly Boy Scout meeting, it was announced that the Jewish Boy Scouts would be segregated into a new Jewish Boy Scout group. I recall saying goodbye to my gentile Boy Scout friends some of whom had tears in their eyes at that occasion.

A few days after Schuschnigg´s announcement, Hitler countered on March 12, 1938 by ordering his troops to invade Austria. Not a single shot was fired, and Schuschnigg was forced to resign. Almost overnight swastika flags appeared everywhere. Virtually all male pedestrians I now encountered on the streets wore a swastika button in their lapel. A large number wore a swastika armband on the sleeve over their civilian attire, shortly after the announcement was made on the radio that Hitler had entered Austria by motor car and that he was approaching Vienna. The excitement of the announced visit was palpable in the streets.

Just a few days later, an announcement was posted on the bulletin board of our school that all students of Jewish origin would be transferred to special Jewish schools. I also remember that signs appeared in all of the many parks in Vienna informing the public that Jews could only use specially designated park benches on which the words "Only for Jews" (Nur für Juden) had been painted with bold yellow or white paint.

I remember having to take a complicated daily commute on the trolley to reach the designated „Jewish school". Prior to moving to the „Jewish school", I was constantly physically and verbally attacked by my fellow students, including my former friends in my old school, so that I was actually relieved when transferring to the new "Jewish school". (...)

Our attempts to emigrate to the United States had suddenly become very urgent. Repeated phone calls and visits to the US Embassy in Vienna brought no results despite the fact that my father had two sisters living in the United States. My father, however, had also a close friend living in Luxembourg. He entreated his friend to help us obtain at least a temporary visa to enter Luxembourg. After a prolonged exchange of correspondence and frequent phone calls extending into July 1938, my father was informed by his friend that he had succeeded in obtaining just two temporary visas for our family. In July 1938 my parents made then the wrenching decision of selecting to send me instead of my sister to Luxembourg with my father. My passport had to be validated by the now German authorities, who made several entries with prominently displayed swastikas in the converted passport (from Austrian to German). I still have this passport.

Around August 15, 1938, we were ready for departure. My mother and sister accompanied us to the Western railroad terminal (Westbahnhof) in Vienna which was just a walking distance from our apartment. We were walking in pairs, carrying our suitcases down Mariahilferstraße toward the Westbahnhof, my sister and I in front, followed by my mother and father. I recall all of us crying during this about ten minute walk. We all knew, deep in our hearts, that we would probably never see each other again.“

Arthur Otto Klein is a Registered Patent Attorney and the managing partner of the Conneticut Professional Corporation and Intellectual Property law firm of Klein & Vibber P. C. He is a member of the New York and Conneticut Bars. He graduated with a degree of Bachelor of Science from New York University in 1952 and with a degree of Juris Doctor from Brooklyn Law School in 1958.

Ruth Kurz *(Ruth Klein)*

7. Klasse – Geboren 9.10.1921

Der nachfolgende Text ist dem Gedenkbüchlein entnommen, das Marylyn Klein für ihre Mutter Ruth angefertigt und uns anlässlich der Gedenkveranstaltung 2008 mitgebracht hat. Marylyn Klein, Kit Klein Larsen und ihre Tochter reisten aus den USA an.

Tochter Marilyn und Enkelin Jessica von Ruth Kurz.

Ruth's story – Vienna to El Nido Way

EARLY YEARS

Ruth Kurz was born on Ocober 9th, 1921 to Muncie Klein and Jacob Kurz-Scheuer in Vienna, Austria. Her brother Max Kurz was born on July 22, 1927. Some people called Ruth "Rita".

Their parents, Jacob and Muncie were from Romania. They met after World War I, Muncie was from Chenowitz and Jacob was from a smaller town. Both spoke Romanian and a dialect called Ruthnie, sometimes at home, Jacob was 12 years older than Muncie.

They first lived in a house in Langegasse outside of Vienna in a Jewish area, the Schwechat neighborhood. The house was near a Jewish cemetary. Max was born in their first home. Years later, in the 80's, Ruth and Ira visited the area when they travelled to Vienna with aunt Clara. The home was bombed as was the synagogue. When they visisted, there was a bookstore where the house was. Some synagogues were saved in Vienna during the war, including the oldest synagogue in Vienna which Ruth and Ira visited on their trip. Ruth described it as in the inner city, and very beautiful. It was in the area where she had sewing lessons with a dressmaker after she had to leave school due to Hitler.

The family moved to an apartment to be closer to town. They didn't own – the area was Jewish all around. Their synagogue, very beautiful, was very close. There was a Jewish section in the old inner city of Veinna. After they moved to Vienna,

Ruth would go with her dad to collect rent at their house. Jacob signed it over to a non-Jewish man when Hitler took over. Both Ruth and her brother got reparations (a settlement) for the house from the Austrian government.

EDUCATION

School was every day including Saturday. The children were supposed to go to the synagogue Saturday afternoons for religious classes. They were to hand in cards saying they went to the class, however they didn't always go. They also attended religious schools on Sundays.

"We had money to take to kindergarten – we spent it on candy. There was a candystore by the school – we had good candy."

After grade school, there was an entrance exam to go to the gymnasium (preparing for university). If you did not do well on the exam, you were only eligible for a four year school. Some students would go to night school if they couldn't get into the gymnasiums.

DAILY LIFE

On Shabbat, Ruth's parents had a lot of company. Ruth liked Friday nights, when they had people to dinner and would go to services. During theses services she would sit upstairs with the women. On Saturdays, Ruth would go with her dad to the synagogue services, and sit with him. The family kept kosher, except when Ruth was sick. Muncie loved ham and she would buy some for her.

"I didn't eat many foods – my mother had to make spacial food (that) I ate".

Ruth ice-skated in Vienna after school on the edge of the shool grounds. They would bring their ice-skates with them to school. She skated in New York too. Ruth also rode a bike in the countryside, and they would go to local parks with their mother. They did not go alone.

She had a friend in Vienna whose mother was always "made up and dressed up with jewelry". And Ruth wanted to be like her.

"We went to the art museums (and in New York when I had a date went to museums). We went to the theater including the Burgtheater. My brother had a (job) in the theater. They paid him to clap – I got in free because of him – (we saw) a lot of theater – my mother used to take us to children's plays – there was one right around the corner. Music – that too – the opera, Operettas – like musicals here.

Jacob had a partner in a men's clothing store. They were salesmen for Singer sewing machines. "Mom didn't work – women didn't work. Mom was handy at sewing-creative – no patterns. Mom sewed beautifully – she was a dressmaker – she knitted."

"We had a radio – no telephone." They had a dentist named Dr. Haus who was deaf. They had to raise their first finger to get his attention. Jacob had two sisters, Mina and Dora – "maybe my father supported them … mother didn't like them." "On Sundays her and I went there – they gave me candy and stuff – they never came to the house."

Chanukah, her dad would light the candles and gifts appeared underneath the drapes on the windowsill. "I was close to my father" " My father spoiled me."

"Before Hitler anit-Semitism – yes, I was called a Jew – I ignored it. They knew because Jewish kids had religious school afternoons. Christian kids had religious school during the day. There were not enough Jews so we went after school once a

Kit Klein Larsen, Marilyn Klein und Ruth Kurz/Klein.

week in elementary school. Atheists none.“ Ruth was away one time in the summer and a child asked her if she wanted to see a picture. It was Hitler and she said “Hail Hitler“ all through the forest – Ruth got scared.

Ruth met her maternal grandmother who lived in Chernowitz when they went to the Romanian countryside. Ruth got sick and the grandmother had gypsies play music for her. Ruth went to Romania with her mother and brother on the train, the family lived in a small community near Bucharest. She met her paternal grandfather – he was an old man.

As a young teenager, Ruth went on the train from Vienna to visit her aunt Toni in Chernowitz, Romania. Toni worked in a bank. During the occupation she was in a work camp in Romania. Her then husband hid a piece of bread and was beaten to death in front of her. After the war she immigrated to Israel where she married again. He was good to her, and when he died he left her an apartment. Toni never had children and she was very smart and spoke a lot of languages. Years later Ruth and Ira visited Toni several times in her new home in Israel.

Her maternal Uncle Oscar lived in Novisad, Yugoslavia. Ruth went by boat when she was 14 to visit, and remembers that his wife wasn't very nice. (...) His wife wanted Ruth to buy certain clothing. Uncle Oscar gave her money. He also came to Vienna a lot, where he had a girlfriend. Her cousin Fanny, a pharmacist, was a partisan in Yugoslavia and got killed before Hitler.

Another cousin, Sammy, the son of another uncle on her mother's side went to South America. He was a dueler. He went to the University of Vienna, married a woman. He had a scar on his face. Another cousin Faime went to Belgium. Oscar and other relatives in Yugoslavia got killed. There was another brother named Beryl.

Her maternal uncle, Morris Klein, emigrated to the United States. She did not meet him until she came to America.

In the summer they would go far from Vienna to the provinces – the river Traisen. Her dad would come on the weekends. Sometimes they went closer to home.

One time they heard there was a revolution in Vienna – "We got scared. It was over in one day". They would rent a room from a peasant who later sent them food to Vienna. They would swim in the river – "a lot of fun – we kids wanted to stay inside and play cards (Schnapsen). Our mother said we had to go outside in the sun." Ruth had a friend from the woods – half Jewish, a Doctor's daughter. Max liked her.

Ruth had some non-Jewish friends, including Fredel and Rosey, whom she saw several times in New York.

HITLER'S PRESENCE

"I had to leave school. I could finish that class and than I left school because we had to. All Jews had to leave school and we had to go to a different school where again all Jewish kids were and then we finished and that's it. No one could work. We had a woman come and teach us English – four to six kids in our house. We couldn't go anymore and then I didn't know what to do with myself and I went to learn how to sew. I went to a dressmaker everyday. I had to walk because I couldn't go on a trolley car. She was very nice. There was a wedding. There were Russian Jews there at the dressmakers. They said there were bombing (of the) synagogues. It was Kristallnacht. I had to walk home 40 minutes. When I got home the Nazis had been in our apartment and the neighbors talked them out of making my parents move. My mom was sick. When I came home they had let them back in and they didn't have to move until later when they evacuated all the Jewish people. The good neighbor talked them out of it. Her name was Lutwak/Ludwig – non Jewish, who owned a café – she had a daughter in South America – the daughter's father was Jewish. When Hitler came the daughter was declared illegal and she fled. I was to write to her":

When Hitler came in March of 1938, Ruth saw him at the Burgtheater. "Eventually, I was about 16; I went to work in a hospital (Rothschild) as a ‚nurse'. I was there quite a while and, imagine, I gave injections and everything like that. I didn't know what I was doing (laughing) but I was very conscientious and that was important. I knew nothing about it but all the non Jewish nurses had to leave the hospital and they just took anybody and I didn't know what the hell I was doing. It was scary. At night there would be parties with the doctors. When I worked in the hospital I became a big honcho – I was giving shots – gave me the idea to be a nurse."

"I was (planning on) going to the University. I thought I wanted to be a doctor. I always (had) the plan to go to University. Max was at the University. When war started it was hard to walk through the city. Max left the University in'38. He was forced to wash the street by hand (he was stopped by the Nazis). Max left Vienna in November 1938. He took a boat to Holland. He sent butter to the family, which was salted, not sweet."

Their father couldn't work after the Nazis came. Ruth did not want to come to America. Her parents said you are going. It took a year and a half. There was the application, the physical exam, you had to wait in line for passport – and for the visa (she had to go to the Rothschild Palace). They had to keep going back several times; each time they were told there would be no more services today. It was winter, and it was snowing.

"We didn't have to wear anything (a star of David). Everyone, though, was wearing a swastika." There was a Zionist Youth Organisation, and Ruth went a couple of times. "After I had been (working in the hospital) almost a year and a half, I'm not sure, I came to the United States. My parents never made it. They couldn't im-

Ruth und Ira Klein.

migrate to the United States. Their quota was closed. They were born in Romania and that quota was closed so I was able to go and my brother was able to go. I didn't want to come to the United States but my mother told my brother to – I'm going to cry Marylyn – to apply and so he did for me and then you had to have a physical exam and everything else and if you didn't pass it, you couldn't go. I did pass. I was healthy.

Ruth left in January of 1940. "It was January ... I still have my passport with the "J" on it. Max sent her a ticket for the boat. "My brother came in 1938. I was two years under Hitler and in 1940 I left. But in the meantime in order to get a visa and a passport you had to stand in line and then all day you stood there and then they would tell you to come back tomorrow and that went on for quite a while. And then we finally got the visa and finally got the passport and then finally we left with the train and I had galoshes on. My parents were waiting. It was dark and the Nazi SS was all around and I decided my mother would need my galoshes more. I had some. You couldn't get any. We didn't have ration cards. So then I took them off and walked back and my father and mother were crying, particularly my father. It was quite awful. So I gave them the galoshes."

"I remember my father was crying so hard. My mother and I were (got) closer before I left – she stayed up all night sewing for me."

"Then I got to Trieste and it was snowing. A hundred years it hadn't snowed and it snowed and I had only $5. That was all I could take and I had a list of things that I could take. I spent my $5 on galoshes that I could buy in Trieste and then from Trieste we had spent more days there in a hotel but luckily my mother had packed me some food so I could eat that. And oh – we went shopping in Trieste. Beautiful stores but of course I couldn't buy anything."

"On the train I made friends and I knew some people already on the train – we had a good time on the train. It was scary at the border – Nazis coming on and I wore the necklace“ (a necklace from Vienna. Her mother had worried that she shouldn't take it. When she was asked if she had any valuables, she said no).

Travel was in 2nd class on Saturini Italian. Ruth was seasick, and one steward was very nice. They went to Naples and Portugal. At night they had fun and would dance. She didn't eat the food. The war started and the authorities checked everything on the boat. They were afraid Germans were on board.

"Then we finally got on the boat to the United States. That was a very nice boat trip. It was very nice. I enjoyed it at the time and when we got to New York we saw the Statue of Liberty and it was exciting.“

NEW YORK

When Ruth first came to New York, Max translated all her papers. She got credit for all her schooling, which was one year short.

"Until the war started we heard from our parents –I wasn't very good at writing – my mother would tell (in a letter) my brother I should write. They didn't have to move until later when they evacuated all Jewish people. Then they had to move to a different district before they were transported from Vienna. I got a letter in the mail from my family that said they had moved. I guess they moved shortly before the war started and then they collected all, the Jews in one area and then they (transported) shipped them from there.

My parents were shipped to a concentration camp near Minsk and that's where they went. I understood that most people that came there and they were old – they got killed. They got shot. In other concentration camps they were gassed and so forth and I am not sure exactely whatever happened but I did get some information.“

Ruth first lived with Sylvia, her maternal cousin for a month or two. Ruth's mother's sister lived in the Bronx. Another sister lived near by. Her mother's brother, Uncle Bernie, also lived in New Yoprk, and her cousin Helen. Then she moved to a room next to Max in Washington Heights.

"I stayed in the same apartment with my brother (in Washington Heights). I had my own room and we had a very nice landlady, German. No kitchen. I would go to work about one hour away on the subway. I didn't make a lot of money but I think, I never realized, he paid social security for me, my boss. Then about two years later I went into nurses training. In New York I took any job I could.“

FIRST JOB

"I was speaking French to a little boy and that was my main job and I went away with them for the summer and they were pretty snobbish. (laughs) So what I was doing wasn't very nice. I would speak French to him at home and when we went out I spoke English. I figured he should know English, I guess that was my way of sort, I don't know, of proving something.

With the little boy's (family) I went in summer to Rockaway Beach – I was very upset I had to sit in the kitchen. They were rich German (Jews) with a maid. The second job (on the lower East side) I had was sewing on a double needle machine“.

"I still was in Washington Heights with my brother Max, way out. He had a room and I had a room. I left from there in 1942 and went to nurses training in Baltimore and then when I graduated from nurses training three years later the young women around me were all wonderful to me. I was very fortunate. People were very nice. A lot of Jewish girls went into nurses training.“

Ruth got a loan to help with nurses training from the Jewish Council. "I did all right by myself. Going to shool was an important thing. I had to take English for foreigners before nurses training. My brother paid." School included typing and stenography which Ruth "didn't like". After nurse's training Ruth had a room next to the hospital. She worked at the Mount Sinai Hospital, where she had also trained.

IRA

"We were introduced by his parents in Baltimore. I had met Morris and Fanny in Baltimore – I met Ira's sister, Clara, on the time when she was home from college. I was working at Mt Sinai and Ira was just back from the war (he had just returned from serving in the Canadian Army in Europe) – he was skinny – he was very smart – I was impressed with that – he was genious – Clara was very smart – we got engaged and married after I came out on the train to California – I came to Palo Alto – went to get our marriage license and I was unsure – I wanted to wait. I got a job and waited three months."

Ruth worked at Stanford Hospital and Ira continued his graduate studies at Stanford, in Geology. They got married and moved to Sacramento, where Ruth got her citizenship – "Ira's professor said he couldn't teach Ira anything more and he went to Sacramento (to work for the Bureau of Reclamation)."

"Ira had a girlfriend in Holland – he sent her packages. We went back (to Holland) for the 45th Canadian liberation – they wined and dined with us.

SACRAMENTO

After they moved to Sacramento, Ruth worked at the Sacramento County Hospital. Marylyn was born October 29, 1947 and Ruth was a housewife, very active in Hadassah. During the time they established a rich life filled with friends, family, and Jewish community. They lived upstairs in an apartment on 18th Street downtown until Marylyn was about two or three and then they bought a house in Arden Manor on the GI bill – and lived there until Marylyn was seven when they moved to 5710 Sutter Avenue, Carmichael.

In the late 50's Ruth went to Sacramento State College and earned a BA in Public Health – graduating in 1966 with honors. In the 60's she subsituted for the San Juan Unified School District (Marylyn's High School La Sierra included). When they moved to Denver, Colorado, in 1966, Ruth went to work at Fort Logan Mental Health Center in both their in-patient and then their outpations programs – with varied shifts and flexibility needed in this urban environment. In the early 70's they moved to Falls Church, Virginia, as Iro moved over to the Geological Survey in Reston, colorade. Starting in the 60's (mostly Ira) 70's and 80' they travelled. They went to Israel to see relatives, Europe, where Ira revisited the places he was during the war, and Taiwan, Hawaii, Bolivia, Peru, Thailand, – a combination of "work" and "pleasure". They visited frequently with Ira's parents and siblings in Southern California. Jery, Clara and kids, and Ruth's brother Max and his wife Kay and their family in Wisconsin.

In 1977 when Ira retired they returned to Sacramento – this time to Arden Park. Ruth went to work for UCD psychiatric Mental Health Center and got then a Master's in Marriage and Family Counceling from the San Francisco University. In returning to Sacramento, they demonstrated that "you can move home again."

And as the saying goes, the rest is history.

Herbert Leder

Klasse 1A – Geboren am 15.8.1927

„zugeschult" von 2R2 Joseph-Gall-Gasse

I apologize for writing in English as my German is becoming very rusty and would not do justice to the important matter I would write about.

First of all I would like to congratulate your school on having taken the initative to remember and commemorate the Jewish students who were part of your school and who had to flee their birthcity of Vienna because of the Nazi persecutions in 1938. It would be interesting to know how many of the students and teachers managed to escape and survive the terrible years. I count myself as most fortunate in having left in May 1938 for Belgium with my parents. There we welcomed the birth of my younger brother, which in itself speaks volumes about the optimism of my parents, despite the fact of having to leave most of our possessions behind.

The invasion of Belgium by the Nazi Armies started a devastating four years of tribulations for my family, culminating in the arrest and deportation of my father to the extermination camp of Auschwitz, where he shared the fate of his six million brethren. We survived somehow, partly in hiding by a heroic Belgian family. To describe the many close escapes would take longer than this letter, suffice it to say that the false papers we obtained did their job well as we were stopped many times by patrols in the streets. After the end of the war came the most anxious time for our family, waiting and hoping against hope to hear some news from my father. Alas it was not to be, and we had to realize that he would not return, so we accepted the landing permits sent to us from far distant Australia by an uncle and started our new migrant life in Melbourne.

By sheer hard work and determination, we succeeded beyond our wildest hopes in establishing our families. I am happily married with three adult daughters, five grandchildren and reasonable health. My younger brother has just retired from a medical practice and his children are most successful professionals. My dear mother died peacefully 10 years ago, happy to see her family settled and comfortable. I have been in Vienna in 1975 and again this year on a Donau Cruise and have enjoyed the beauty of the city immensely.

I am actively involved in an organization called „Courage to Care", giving honor and praise to the gentile heroes who despite putting themselves and their families in mortal danger, went out of their way to save Jewish families during the War. We are speaking to hundreds of schoolchildren in Melbourne and country areas and promoting the following concepts: Do not become a victim. Do not be a prosecutor. Do

Klassenphoto mit Herbert Leder aus der Josef-Gall Gasse, Wien 2.

not be a bystander and let it happen. If we can influence the future generations a little in this way, we will be most grateful for our chance to be present as survivors of the most terrible years of the 20th century.

I am enclosing a photograph of my class in Vienna. I am not sure that it was of my last year or some earlier occasion.

With best regards,
Herbert Leder

Paul Lederer

Klasse 3A – Geboren am 2.2.1925
„zugeschult" von R4 Waltergasse, Ressel Realschule

E-mail, 31. Mai 2008

I remember little about the school, only that it seemed very crowded. In 2004 I received a letter from Dr. Brigitte Tscholl at BRG4 inviting me and family members to participate in the 150th Anniversary of the Ressel Realschule in 2005. After some hesitation I accepted the invitation and accompanied by my two daughters arrived in Vienna in November 2005. We were received by the truly wonderful people at BRG4 who did everything they could to make us feel welcome. Of the 40 Jewish boys who were kicked out, and of whom 20 were murdered, only four of us came along with three widowed wives of former students. An entire day was devoted to honour the survivors, and we even met the President of Austria. We remember the warmth of that visit with pleasure and forgiveness.

Now, however, I don't plan another visit to Vienna, nor even another sifting through memories. I do appreciate the efforts you are making! Dr. Brigitte Tscholl can give you the information about my life that she has compiled.

Sincerely,
Paul S. Lederer

VON POTTENSTEIN ZUR WALTERGASSE

„Paul wurde am 2. Februar 1925 im Wiener Rudolfinerhaus geboren und verlebte seine ersten vier Jahre in Pottenstein an der Triesting, wo sein Vater, Theodor Lederer, ein kleines Kaufhaus betrieb. Um Paul eine bessere Schulbildung zu ermöglichen, übersiedelte die Familie 1929 nach Wien und lebte von nun an in der Schelleingasse 43. Nun besuchte er von 1931 – 1935 die Volksschule in der Phorusgasse. Ins Zeugnis der ersten Klasse konnte ihm sein Klassenlehrer, Karl Schleimer, lauter Sehr gut schreiben. Ab 1935 ging er dann in die „Ressel-Realschule", wo seine Liebe der Geschichte und den technisch-naturwissenschaftlichen Fächern galt. Er lernte auch, wie er sich erinnert, ordentlich Englisch und Französisch, bis ihm und seinen Freunden Arthur Bugsgang, Karl Wasservogel, Julian Spindel und Robert Kraus Klassenvorstand Dr. Kling an jenem 28. April 1938 den Ausschluss verkündete. An der Radetzky-Realschule beendete er das Schuljahr, und mit dem Halbjahreszeugnis des Schuljahres 1938/39 von der Hauptschule Sechskrügelgasse war seine Schulzeit in Wien unwiderruflich zu Ende.

DIE ZEICHEN DER ZEIT RICHTIG GEDEUTET

Sein Vater hatte die bedrohlichen Zeichen der Zeit seit dem „Anschluss" richtig gedeutet. Die Situation der Familie hatte sich einschneidend verschlechtert: Der Vater verlor seine Kaffee-Importfirma, die Familie musste in eine Wohnung am Möllwaldplatz ziehen. Paul kann sich nicht mehr erinnern, ob es eine jüdische Sammelwohnung war. An Sonntagen kamen Brüder und Schwestern Theodors zusammen und berieten, wie man der hereinbrechenden Verfolgung entgehen könnte. Pauls Vater, im 1. Weltkrieg als Offizier im Österreichischen Inf. Reg. Nr. 2 vielfach dekoriert und verwundet, konnte – was höchst ungewöhnlich war – den Anführer eines Verhaftungstrupps damit so beeindrucken, dass er vorläufig der Festnahme und Einlieferung in ein KZ entkam.

Er hatte Weitblick genug, um unverzüglich mit seinen Brüdern und Schwestern die Ausreise aus Österreich (das es nicht mehr gab) zu betreiben. Er selbst machte einen Kurs für Massage und Diätkunde, um in einem anderen Land wenigstens für die erste Zeit Fuß fassen zu können. Cousins seiner Mutter, Regine Lederer, versprachen zu helfen, der Familie den Weg nach Amerika zu ebnen. Kurzfristig wurde auch überlegt, um ein Visum für China anzusuchen. Um die Nerven aufreibende Wartezeit auf das Visum sicherer zu verbringen, fuhren die Lederers zuerst nach Mailand, wo zwei Brüder der Mutter das großväterliche Unternehmen verwalteten und zum Katholizismus übergetreten waren.

Dann zog man in ein Dorf in der französischen Schweiz. Endlich konnte man aufatmen. Als der Zweite Weltkrieg schon ausgebrochen war, wurden die ersehnten Visa erteilt, und Paul verließ mit seinen Eltern auf der „Rex" Europa mit dem Ziel New York. Mit einer Habe im Gegenwert von 10$ pro Person gingen sie in der Neuen Welt an Land. Während seine Eltern diesen Schritt mit schwerem Herzen getan hatten, stürzte sich Paul in das neue Leben, das sich vor ihm auftat. Er wurde in die 5. Klasse einer Junior High School aufgenommen und lernte innerhalb weniger Wochen so viel umgangssprachliches Englisch, dass er Alltag und Schule meistern konnte.

NEUER ANFANG IN DEN USA

Sein Vater nahm für ein halbes Jahr die Stelle als Masseur in einem Hotel in Florida an und verfertigte, nach New York zurückgekehrt, Arbeitskleidung für Krankenschwestern und Hotelpersonal. Beide Eltern lernten in Abendkursen eifrig Englisch. Ein Jahr später hatte es Paul zum „Honor Roll Student" gebracht. Diese Auszeichnung ermöglichte ihm den Eintritt in die Stuyvesant High School, eine renommierte Vorbereitungsschule für künftige Technikstudenten. Nach dem Abschluss 1943 und dem Studienbeginn am New York City College (Elektrotechnik) holte der Zweite Weltkrieg Paul auch in den USA ein. Im März 1944 wurde er in die Armee eingezogen, zum Elektriker ausgebildet und in England, Frankreich und Belgien eingesetzt. Als er an die Pazifik-Front verlegt wurde, ereignete sich die atomare Hölle von Hiroshima. Wenig später erfolgte seine Entlassung aus der Army. Paul kehrte sofort an das City College zurück und beendete seine Studien „cum laude" im Jahr 1949. Nun durfte er sich stolz „Bachelor of Electrical Engineering" nennen. Sofort nach seinem Studienabschluss wurde ihm eine Stelle am NACA Langley-Laboratorium (Virginia) angeboten, das heute einem Spacelab der NASA entspricht. Nach vier erfolg- und lehrreichen Jahren erreichte er die Position, die er sich immer erträumt hatte: Im National Bureau of Standards. Sein anspruchsvoller Aufgabenbereich war es, Testwege für elektromechanische Sensoren in Flugzeugen und Raketen zu entwickeln. Seine 28 Jahre währende Zugehörigkeit zu dieser prestigeträchtigen Institution war von Auszeichnungen und ehrenvollen Mitgliedschaften bei technischen Vereinigungen gekrönt. (…)

ICH DENKE NOCH VIEL AN ÖSTERREICH

Erst 1975 führte ihn die Reise nach Europa zurück: Schweiz, Italien und auch Österreich. Traurige Besuche: sein Wohnhaus, die Gräber der Großeltern. Hier wurde es besonders fühlbar: Er weiß sich Amerika zutiefst verpflichtet – es hat ihm Zuflucht und Heimat geboten. Dennoch denkt er viel an Österreich, versucht, die bösen Erinnerungen zu verdrängen: Die Ausgrenzung und Vertreibung, das zermürbende Warten auf eine Ausreisemöglichkeit, den Verlust der nichtjüdischen Freunde, die ihn nicht besuchen durften.

An die Ressel-Realschule hat er kaum Erinnerungen, dennoch haben sich einige erhalten: Sein Klassenvorstand und Mathematiklehrer, Professor Kling, vermittelte ihm seinen Neffen als Nachhilfelehrer und rettete ihn damit vor dem Durchfallen. Umso schockierter war Paul, als der Lehrer am Morgen nach dem „Anschluss" in der braunen SA-Uniform erschien und sich damit als jahrelang illegaler Nazi deklarierte. An einem anderen Tag zwischen dem 13. März und dem 28. April 1938 stand Paul mit seinem jüdischen Klassenkollegen am Fuß der Hauptstiege in der Aula und wartete wie üblich auf den Rabbi, Philipp Goldberger, der sie zu einem Klassenzimmer zum Religionsunterricht bringen sollte. Die Menge der nichtjüdischen Schüler stand in den oberen Stockwerken und Flüche und Schmähungen prasselten auf die kleine Gruppe herab, als sie die Stiege hinaufgingen. Es war bedrückend und Furcht erregend, aber der Rabbi sagte ihnen, sie sollten die Zurufe ignorieren und ganz ruhig durch die Menge gehen. (…)[1]

Paul Lederer wurde am 28. April 1938 in die Realschule III Radetzkystraße „umgeschult" und erhielt am 2. Juli das Abgangszeugnis.

Paul Lederer lebt in Maryland. Er war 52 Jahre mit Judy Binder verheiratet und ist Vater von 3 Kindern.

1 Tschol, Brigitte (Hg.) Erinnern. Die Schicksale der im Jahr 1938 vertriebenen jüdischen Schüler der Ressel-Realschule. Wien 2005, S.53-58

Georg Mandler

Klasse 4A – Geboren am 11.6.1924

„zugeschult“ vom 2R2 Josef-Gall -Gasse

Meine Schulung hat in der Kolonitzschule im 3. Bezirk begonnen; danach ging ich in die 2R2 Realschule Josef-Gall-Gasse. Im April 1938 wurden die vier jüdischen Schüler der 4. Klasse in die Radetzkyschule transferiert. Außer mir waren es Hans Matzka, Heinz Fast und Walter Starer. Ich möchte gerne wissen, was mit Starer und Fast geschehen ist. Mein alter guter Freund Hans Matzka kam auf einem Kindertransport nach Holland und dann nach USA. Er ist Anfang 2008 in Kalifornien gestorben; früher war er Geschäftsführer bei der New Yorker Verlagsfirma Plenum. Da ich nur kurz in der Radetzkyschule war, habe ich nicht viele Erinnerungen von der Schule, aber das folgende Beispiel ist markant: Wir hatten die Aufgabe einen Aufsatz über Schillers Wilhelm Tell zu schreiben. Ich bekam eine Zwei, aber kurz darauf kam der Lehrer zu mir und lobte meinen Aufsatz. Aber er erklärte, dass man einem Juden für eine Deutschaufgabe keine Eins geben kann. Nach ein paar Monaten an der Radetzkyschule konnte ich Anfang Oktober 1938 nach England fahren, wo Freunde in Holland für mich einen Platz an einer Schule gefunden hatten. Ich beendete dort erfolgreich das englische School Certificate und fuhr im April 1940 nach New York, wo meine Eltern und Schwester Zuflucht gefunden hatten. Sie waren gerettet, aber viele meiner Verwandten, besonders meine vielen Kusinen, sind in den Todeslagern ermordet worden.

In New York mussten wir ein neues Leben gründen, und ich konnte als allgemeiner Putz- und Reinigungsangestellter in einem Chemie-Labor unterkommen. Dann kam der Krieg. Ich wurde 1943 eingezogen und landete glücklicherweise im amerikanischen Geheimdienst, zuerst an der Front in Elsass-Lothringen, dann in der Besetzung in Süddeutschland mit dem Military Intelligence Service. Da kam mir mein Deutsch zugute und ich konnte auch Wien besuchen. Aber leider waren in Wien in jenen Tagen die herrschenden Themen Selbstmitleid und Rechtfertigung anstatt Verantwortung für die Taten der Nazi-Jahre. 1945 zurück ins Zivilleben und an die Uni – in diesem Fall die New York University und die Universität Basel in der Schweiz. 1949 begann ich mein weiteres Studium an der Yale University, 1953 gekrönt mit dem Doktorat in experimenteller Psychologie. Dann kam mein erster akademischer Posten an der Harvard University, 7 Jahre später erhielt ich eine Professur an der Universität Toronto in Kanada. 1965 wurde ich nach Kalifornien berufen, um dort als gründender Professor die Psychologie an der University of California in San Diego einzuführen. Dort bauten wir eine der führenden Psychologiefakultäten auf und dort bin ich bis jetzt geblieben. 1994 emeritierte ich, arbeitete aber eifrig an der Psychologie weiter. 2007 erschien mein 9. Buch (eines davon eine Biographie).

Details meines akademischen Lebenslaufs sind auf http://psy.ucsd.edu/-gmandler erreichbar. Zurzeit wohnen meine Frau Jean und ich in Kalifornien wie auch manch-

Klassenfoto der 4A mit Georg Mandler (letzte Reihe 1. v.l.) und Hans Matzka.

mal in London. Wir haben zwei Söhne und zwei Enkelkinder. In den letzten Jahren war es mir möglich, mehrmals Wien zu besuchen. Es ist eine Freude, heutzutage nach den deprimierenden und falsch klingenden Nachkriegsjahren nach Wien zu kommen und auch ein neues Bewusstsein der Vergangenheit zu finden. Diese Sammlung unserer Erinnerungen wie auch die Gedenkveranstaltung sind gute Beispiele davon. Ich wünsche meinen Freunden aus der Radetzkyschule eine schöne Feier. Ich teile mit Euch gute (wie auch bittere) Erinnerungen und schließe mit besten Grüßen an alle.

Georg Mandler

Hans Matzka

Klasse 4A – Geboren am 6.2.1924

„zugeschult" von 2R2 Josef-Gall-Gasse

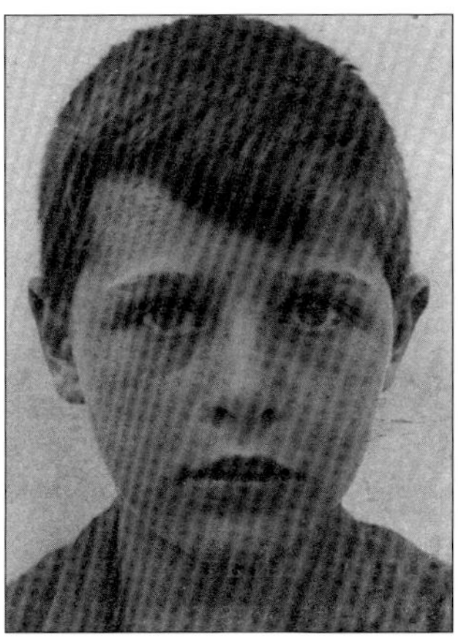

I was born on February 6, 1924 in Vienna, or more specifically, in Sanatorium Auersperg. My parents named me Hans and took me home to an apartment at Praterstraße 66/68, which they shared with my maternal grandmother. I lived there for all of my first 14½ or so years.

My father was an engineer, a graduate of the Technische Hochschule. My mother's education, at the Frauenerwerbsverein, was business oriented. They met at a dancing school, but their courtship was interrupted by the outbreak of the First World War.

My father served as an officer in the Austrian army, but for much of the time was a prisoner of war in Russia. In the confusion caused by the Russian Revolution he was moved from place to place, but always eastward, through the entire breadth of Sibiria. He returned to Vienna from Vladivostok, two years after the war.

My parents married not too long after his return. My father worked for Perl, a not very successful manufacturer of automobiles, my mother for Creditanstalt. My father left Perl and with a colleague founded Autorex, a firm supplying automobile parts and related materials to garages and repair shops. After a while his partner dropped out, and my father continued the business under his own name. My mother, when not prevented by my birth and early care and that of my sister two years later, worked in the business as bookkeeper and office manager.

My father had returned from his Russian ordeal with stomach ulcers. He had to watch his diet and take medications, but all in all, our family life was quite normal. I went to Volksschule Czerningasse for four years, and then to Realschule (Josef-Gall-Gasse). I was a better than average student and progressed effortlessly. Everything went well until late in 1936, when my father's condition became critical and he and his doctors decided on surgery. It went terribly amiss, and my father died in January of 1937, just a few days before my thirteenth birthday. My mother was devastated, but bravely carried on with family and business and all. We had barely gotten used to our new, diminished existence, when just a little over a year later, there was a new shock – „Anschluss". For me, the most noticeable immediate effect was that I, together with all the other few Jewish students, was expelled from the Josef-Gall-Gasse Realschule and sent to a Gymnasium (for Jews only) right in the middle of my fourth year. Needless to say, the Gymnasium had quite a different curriculum, so that I found myself sitting in a fourth-year Latin class, when my foreign language at the Realschule had been French. Also, what science instruction there was material we had covered two or three years earlier.

My mother very wisely recognized that it soon would be imperative that we leave Germany. She applied for visas to enter the USA, but there was a quota system in effect and a long waiting line, and all you got was a number and a little bit of hope. When in December of 1938 a Kindertransport to Holland became available, my mother did not hesitate to send me and my sister into an unknown future, while she herself brushed up on her cooking to be able to accept a position as a cook for an English family if one was offered. This was the only way to gain admittance to Britain.

The Kindertransport took us to The Hague, where after two weeks of quarantine we were assigned to one of several camps organized by a "Committee for Jewish Affairs", run by a group of society women. The principal criterion for the assignments was age, but there was also a policy of not separating siblings. Thus I ended up in the camp with the youngest children since my sister fell into this group. My situation was not unique, however, and there were a dozen or so boys near my age.

We were in Okenburg, a suburb, in a villa in the middle of a large park, with no other residences in sight. The year we spent there was like a long vacation. Late in the spring of 1939 my mother got clearance to go to England, and she planned her journey with a two-day stop in The Hague. Shortly after her visit, our situation changed. My sister was taken in by the family of a Dutch physician, who treated her as the youngest of his five children. I was moved to another camp in another villa, this one in Scheveningen, a well-known resort on the North Sea.

However, the vacation soon came to an end. I was tranferred to yet another camp, this one in Wieringen in North Holland, on land recently rewon from the Zuider Zee. The place had origninally been a Zionist agricultural training camp, where a large farm was worked by the trainees under the guidance of Dutch farmers. We moved a lot of earth, plowed with a team of horses, and cleaned them and their stables. When the Germans overran the low countries we were harvesting asparagus. Since it was not possible to sell it, as had been done in previous years, we ate asparagus with every meal for three weeks.

Meanwhile, in England my mother had given up cooking and instead was going through nurse's training at a London hospital. She continued to pursue the USA visa applications and with the help of a cousin in New York eventually got hers. She travelled to New York some time in 1940. My sister and I were summoned to an interview with the American consul in Rotterdam. I surprised my sister by conducting a conversation with the consul in English, albeit a somewhat broken version.

One morning, not long after my trip to Rotterdam, a large car, followed by a number of empty busses, stopped in our camp. The lead car carried a group of Germans in uniform. We were given two hours to pack our belongings and get on the busses. They took us to Amsterdam and made us get off at a large square in the middle of the city, where another committee had been waiting. One by one they took us to the residences of Dutch families willing to put us up. I became the guest of a well-to-do and very friendly Jewish family and lived in comparative luxury, but only for two weeks – our USA visas had been granted.

My sister was brought up to Amsterdam, and we joined a group of about a dozen young people in the same situation as we, all on the way to New York. The oldest, not much over eighteen, became the group's leader, but in fact all contacts with the authorities and all decisions concerning our movements were made, as before, by our guardians, the various committees that handed us over, one to the next.

We had to get from Amsterdam to Lisbon to catch the ship that was going to take us to New York, but that was not a simple matter. The German rules required us to have exit permits, which were issued only in Berlin. We travelled to Berlin, into the hands of what was left of Berlin's Jewish community. They had established two dormitories, one for men in the gymnasium of a disused school, and one for women in another disused building. Meals were provided in the community's office building.

We expected to be on our way again in just a few days, but problems arose. We were not given detailed information, but I think we had to get transit visas for Spain and Portugal and Spain would not grant them until Portugal had done so, and vice versa. Eventually the problem was solved, but not before we had spent a full month in Berlin.

When we finally left, we were locked into a third-class railroad car with uncomfortable wooden seats and without any other passengers and attached to a train to Paris. We spent the better part of a day in Paris, in the locked car, being shuffled from one terminal to another. Along the way we could just see the tip of the Eiffel Tower. Eventually we were added to another train and headed for Spain. We knew we had reached the border when the locks were opened and an official came in for a head count. When we moved again, it took only a few minutes to reach San Sebastian.

In San Sebastian we were transported to a very elegant hotel, where we enjoyed a scant but beautifully served dinner, spent a comfortable night, and had a very nice breakfast. For the rest of our journey to Lisbon we travelled first class. We learned later that our mother had paid for all this. In Lisbon there was yet another committee, which had already arranged for my sister and me to stay with a nice but modest family until our help was ready. Unlike my Amsterdam hosts, they were paid for this service.

Our ship was a Portuguese liner that shuttled between Lisbon and New York. We embarked on the sixth day after our arrival in Lisbon. The ship was so overcrowded that meals had to be served in three shifts. But for the fact that my sister was seasick for most of the time, the crossing was uneventful. When we finally reached a Brooklyn pier on June 17, 1941, the debarkation procedures were very time-consuming, and we stood in a long line for well over an hour. Our mother had come to the pier to take us home. The long wait was bad for her nerves. When she finally saw us coming down the gangway, she fainted.

Mother had a modest apartment in Brooklyn and worked long hours as a practical nurse. My sister, now fifteen, did much of the cooking and cleaning. I was seventeen and both of us had to prepare to go to school in the fall. My sister's English was nonexistent, mine was inadequate. The remedy in those pretelevision days was the movies. In walking distance from our home were several houses that showed doublebills in the afternoon, and we became regular customers. By September neither one of us had language problems at school.

I graduated from Eastern district High School after two semesters with emphasis on Civics, American history, and English literature. For reasons I could not understand they also made me take a semester of German, which, after all, was my native language. I looked forward to college, but upon consideration decided to postpone it since we were now at war and I expected to be drafted before long. I found a job as a lathe operator in a machine shop, making aircraft parts. For school, and later for the army, I had changed my first name from Hans to the English equivalent – John.

I was drafted in due course and joined the army on June 8, 1943. For basic training I was sent to Missouri, and while there I was given American citizenship, much sooner than I would have attained it as a civilian. Upon conclusion of basic training I was selected for ASTP, the army's specialized training program, and was sent to the University of Illinois for studies in the general engineering branch of the program, which unfortunately was discontinued before I had finished the second semester. After the war Columbia University gave me full credit for the courses I had completed in Illinois.

Next, the army sent me to the Signal Corps School and trained me to be a switchboard repairman. I went overseas with the Signal Corps, first to New Guinea, then to island of Leyte in the Philippines, and finally to Manila. In the first two locations we did nothing but idly wait to be told where we would go next. In Manila I made my only real contribution to the war effort. I was part of a four-men team that maintained the telephone network of a large quartermaster depot. The work involved climbing telephone poles much more frequently than making an adjustment in our one little switchboard.

In 1945 the war was drawing to an end. In May Germany surrendered, but it took atomic bombs on Hiroshima and Nagasaki to force Japan's surrender in Au-

Ursula Kortschak und Peter Matzka, Sohn von Hans Matzka, beim Festakt am 13. November 2008.

gust. The troops were anxious to go home, but the army has its ways, and it was more than four months before I was discharged at Fort Dix in New Jersey on January 27, 1946. It took me another three or four hours to get to my mother's Manhattan apartment.

My first priority, apart from just relaxing from army discipline, was an application to Columbia University, which was accepted. Under the GI Bill of Rights the government paid my tuition and gave me a subsistence allowance.

Before the war I had been a member of a club for young immigrants from Austria. There I met Liselotte Heim (Lee to her friends), then just a casual acquaintance. Now I got to know her much better. We were married on August 21, 1946. Our older son, Michael, was born on October 30, 1954, and Peter, the younger one, on August 23, 1956.

When I started at Columbia I chose engineering as my major because my family had always taken it for granted that I would be an engineer like my father, but when in the first few lessons the textbooks we were given were the catalogs of two manufacturers of pumps, I decided that that was not what I had been looking for and changed my major to physics. I received my BS degree with the class of 1949. At first I planned to continue with graduate studies in physics, but when I gave it more thought I realized that I was not likely to be happy in research, and certainly not in teaching. Thus, I looked elsewhere, and quite accidentally was led to a profession that suited me. McGraw-Hill was publishing a German-English technical dictionary and needed a proofreader who could cope with both languages and the technical terms. My sister-in-law worked for McGraw-Hill and recommended me for the job.

I got the assignment and then many others, and finally a job as a production editor. I learned a lot about the mechanics of publishing, and later accepted a job with a young publisher of scientific and technical material, Plenum Press, where I became managing editor and vice-president. I stayed with the company for 38 years, until my retirement at age 70.

Hans Matzka

Josef Panzer *(Josek Nizav)*

Klasse 4A – Geboren am 7.12.1923

„zugeschult" von 1R2 Vereinsgasse.

Zuerst möchte ich mich vorstellen: Mein Name ist Josef Nizav, früher Panzer. Ich war Schüler in der Oberrealschule in der Vereinsgasse im II. Bezirk und besuchte diese 3½ Jahre, bis alle jüdischen Schüler im April 1938 ohne Zeugnisse oder Dokumente ausgewiesen wurden. Wir kamen danach in die Radetzkyschule und warteten alle auf eine Möglichkeit Österreich zu verlassen. Mit meinen Eltern und einem älteren Bruder, der auch in derselben Schule lernte, wohnten wir im II. Bezirk in der Rueppgasse 40/2. Mein Vater arbeitete in der Ottakringer Brauerei. Einige Wochen nach dem „Anschluss" wurde er entlassen. Die Lage zu Hause war sehr schwer. Meine Mutter wurde sehr krank, wegen einem Schrecken, an dem ein SS Mann schuld war.

Da ich schon vom 11. Lebensjahr Mitglied der Zionistischen Partei (Blau-Weiß) war, hatte ich die Möglichkeit mit einer Jugendgruppe im September 38 nach Israel auszuwandern. Ich war noch keine 15 Jahre alt. Unsere Gruppe kam in einen großen Kibbuz und wurde dort mit viel Liebe betreut. Wir arbeiteten ½ Tag und die zweite Hälfte lernten wir. Vorerst die hebräische Sprache und auch andere Fächer. Ich arbeitete beim Bau, und mit den Jahren erweiterte ich meine Kenntnisse in diesem Fach, beteiligte mich bei sehr großen und interessanten Arbeiten.

Jetzt zurück zu den Eltern. Die Sorge um sie hat mich immer begleitet, und ich hoffte sie wiederzusehen. Aber das geschah nicht. Mein Bruder wanderte illegal nach Palästina ein. Und so waren die Eltern allein in einer sehr schweren Lage bis zum Jahr 1942. Da wurden sie nach Polen deportiert und wie alle Juden dort ermordet. Im letzten Schreiben von ihnen durch das Rote Kreuz, wussten sie schon, welches grausame Schicksal sie erwartet. Heute lebe ich mit meiner Frau Ruth in Regba. Wir haben 3 Kinder und 10 Enkelkinder und sogar ein Urenkel. (...) Ich freue mich den Kontakt mit Ihnen aufzunehmen.

Josef Nizav

Georg Rubin *(Georg Fischer)*

Geboren am 17. Oktober 1925 in Wien.

Mein Vater, mein Zeuger, war ein Herr Rubin, ein Otto Fischer, den meine Mutter geheiratet hat, hat mich dann adoptiert.

Ursprünglich besucht er die Realschule in der Marchettigasse.

Im RG6 waren wir 40 Schüler in der Klasse. Wir waren acht Juden. Wir haben da alles gehabt, alle Parteien. Die Lehrer waren deutschnational.

Nach dem „Anschluss" im März 1938 wird Herr Fischer dem BRG3, das zur jüdischen Sammelschule umgewandelt worden ist, zugewiesen. Zur Zeit des Novemberpogroms 1938 lebt die Familie im 2. Bezirk in der Lichtenauergasse. Am 10. November verlässt sein Vater das Haus Untere Viaduktgasse 7 und da sind bereits zahlreiche Polizisten unterwegs.

Mein Vater hat die Polizisten gut gekannt. Sie sprachen ihn an, sie fragten ihn: „Entschuldigen Sie, Sie sind doch der Herr Fischer, sind Sie Jude?" Er sagt: „Ja, ich gehe jetzt in mein Büro." Da sagt die Polizei: „Kommen Sie mit!" Wo die Markthalle war, war damals die Wachstube. Und die haben die Juden gesammelt, sie kamen dann in die Sophiensäle, sie sind noch nicht geschlagen worden. Von dort sind sie gekommen in eine Schule in der Kenyongasse, dort war schon die SS, das war nicht mehr lustig.

Auch der Onkel Georg Fischers wird verhaftet und beide Brüder werden in Dachau interniert. Auf Grund des Muts seiner Mutter, die für die beiden bei einem SS-Offizier interveniert, kommen sie wieder frei.

Da saß ganz in Schwarz ein hoher SS-Offizier, der hat sofort gesagt, Sie muss ihm gefallen haben, sie war eine hübsche Frau, er sagt ihr, sie soll Platz nehmen. „Sie sind doch Jüdin?" Warum sie hierher komme? Sie erzählt, dass sie einmal hier gearbeitet hatte, sie sagt, ihr Mann und ihr Schwager seien in Dachau. Und er hat sich Notizen gemacht und er hat sie zur Tür gebracht, sodass sie unversehrt das Haus verlassen konnte. Und nach dreieinhalb Monaten ist zuerst der Onkel Arthur freigekommen und zwei Wochen später mein Vater.

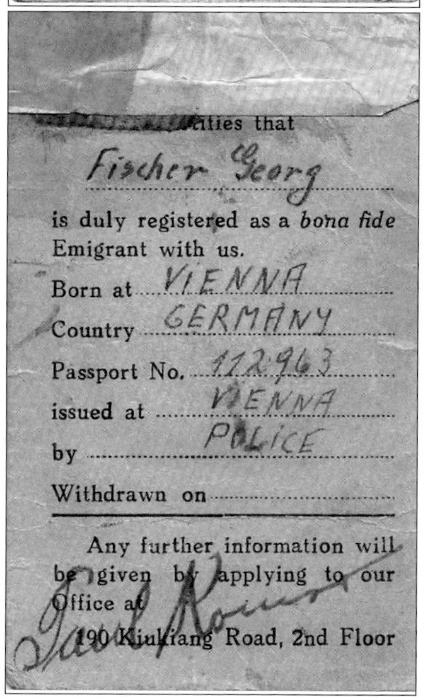

Die Firma bekommt einen kommissarischen Verwalter.

Das war ein gewisser Spiller aus dem 12. Bezirk, der hatte das goldene Parteiabzeichen, der war also ein Altnazi, der hat unsere Firma übernommen. Das hat es möglich gemacht, dass wir die Schiffskarten kaufen konnten. Meine Oma musste zurückbleiben, sie kam 1939 knapp vor Kriegsausbruch mit der Transsibirischen Eisenbahn allein nach Shanghai nach.

Georg Fischer, seine Eltern und sein Onkel schiffen sich in Genua ein und verlassen Europa Richtung Shanghai.

*Das war ein italienischer Luxusliner; wir haben First Class gewohnt. Ich war mit meinem Onkel in einer Kabine und meine Eltern waren in einer anderen. (...) In Shanghai haben sich die jüdischen Organisationen um die vielen Flüchtlinge gekümmert. Dort war eine Masse von Menschen. Als alle gesammelt waren, wurden wir in Camps gebracht. Die Flüchtlinge waren alle froh, dass sie lebten.**

Shanghai macht auf die Fischers einen internationalen Eindruck. Es gibt aber auch eine deutsch-österreichische Gemeinde. Die Wohnverhältnisse der Familie gestalten sich teils abenteuerlich. Zuerst lebt man in Camps, ehe man in einem Boardinghouse unterkommt. Die Kontakte, die der Vater zu amerikanischen Firmen besitzt, ermöglichen das. Für Georg gilt es nun ein neues Problem zu meistern – Englisch lernen!

In dem Boardinghouse waren nur jüdische Schüler, es wurde nur Englisch gesprochen. Da waren Juden aus Russland, arabische Juden, Polen etc. (...) Ich bin beim Willy Wassermann aus Wien aus dem 15. Bezirk gesessen. Wir konnten kaum Englisch.

Mit 14 Jahren kommt Georg Fischer auf die Young American School, später arbeitet er für die amerikanische Armee. Die finanzielle Situation der Familie ist stets angespannt. Daher beschließt der eher leichtgewichtige Georg sich als Preisboxer zu versuchen. Die Börse ist minimal, die Schläge des übermächtigen Gegners sind äußerst schmerzhaft. Mit verschwollenem Gesicht aber stolz zum Lebensunterhalt der Familie beigetragen zu haben kommt Georg nach Hause. Doch anstatt gefeiert zu werden, bekommt er von seinem Vater zwei gewaltige Ohrfeigen, die seine Karriere als Boxer beenden. Die liberale Familie bleibt zehn Jahre in Shanghai.

*Meine Familie war sehr liberal. Also nicht wirklich fromm. Ich kann auch nicht Hebräisch lesen. Das hat einmal in Shanghai für Verwirrung gesorgt. Ich hatte einen jüdischen Lehrer in der Schule. Er war ganz erstaunt, dass ich nicht Hebräisch lesen konnte. Er fragte mich, was ich für ein Jude sei. Und ich hab geantwortet, dass ich ein österreichischer Jude bin.**

1949 tritt man die Rückreise nach Österreich an.

Wir sind mit dem Dampfer über Paris zurück gefahren. 1949 haben wir zuerst im Hotel gewohnt, dann in der Gumpendorferstraße (...) Ich habe am Schwarzenbergplatz in der Refugee Organisation gearbeitet. Dort waren aber auch Leute, die früher bei der SS waren. Wir haben das nicht gewusst.

In Wien lernt Georg Fischer seine Frau kennen, was er stets als das größte Glück seines Lebens bezeichnete. Sein Vater stirbt 1952, die Mutter 1974. Georg Fischer war sich immer bewusst, dass es einer großen Portion Glücks bedurfte um damals zu überleben. Trotz allem liebte er es wieder in Wien zu leben.

Ich bin kein Zionist. Ich wollte nie nach Israel. Ich sehe, wie zerrissen sie sind, was für Probleme sie haben.

Martha Bernardi, Georg Fischer und Brigitte Kovar beim Empfang im Hotel Stephanie.

Herr Fischer war ein wachsamer Beobachter des politischen Geschehens und ein überaus gut informierter Gesprächspartner. Über die Doppelmoral, mit der viele Österreicher die Zeit des NS-Regimes abhandeln, war er sich stets im Klaren. Ein wichtiges Rezept dagegen waren für ihn Ironie, Witz und historischer Scharfsinn.

Das Vermächtnis für heute: Niemals vergessen!! Nicht beschönigen!!

Georg Fischer starb im Oktober 2009 in Wien.

Mag. Peter Waschulin, Wien, im Juni 2010

Anmerkung: Die kursiv gesetzten Passagen entstammen einem Interview, das Frau Mag[a]. Renate Mercsanits im September 2008 mit Georg Fischer geführt hat. Ausgenommen sind mit * gekennzeichnete Zitate. Sie wurden dem Artikel „Wenn ich einen Chinesen sehe, fühle ich mich wie zu Hause..." von Natayaporn Györi, Lisa Hobl und Isabella Zhang in Gedenkdienst 1a/07 entnommen.
(http://www. gedenkdienst.or.at./index.php?id=475)

Anny Ulmer *(Anny Lehrmann)*

Klasse 2B – Geboren am 22.11.1925

„zugeschult" vom Oberlyzeum, Jagdgasse, Wien 10

IF NOT FOR HITLER!

If not for the Annexation of Austria to the Reich, my life and the lives of millions of Jews and other unwanted people would have been different.

Here is my story:

I was almost 13 years old when the Nazis took over. I was a student at the Oberlyceum at Jagdgasse, Wien 10 (Favoriten). I was a good student and hoped to study either law or medicine. All my dreams were shattered when, one month after the takeover, the professor told me that I will not be able to continue my studies at this school anymore. I was transferred to the Radetzky Realschule, located in the third district. This school had only Jewish children, but the teachers were gentile teachers who felt demoted by having to teach the Jews, and they were very hostile to us. Beside this I had to travel to school by tram, which was far away from my home. I stayed to the end of the yearly school term.

The next school year began and I was transfered to the Hauptschule für Mädchen at Sechskrügelgasse, Wien 3. My last report card was February 8th 1939.

As a Jewish person I was forced to have my picture taken with my left ear exposed. This side profile was supposed to show my Jewish features, used as a future identification document.

On August 15th we were evicted from our apartment (documents enclosed). We were assigned to move in with another Jewish family. They were told that they must share their apartment with us. It was located in the same district where we lived, namely Friedrich-Knauer-Gasse 4/4. On the 9th November (Kristallnacht), I was on my way to a friend's house. Suddenly I saw a cloud of smoke rising from the vicinity of our synagogue. It was the Humboldt Temple. The Rabbi was Prof. Dr. Weiner. His daughter Yehudit was my best friend since elementary school. When I neared the site I was horrified to see my beloved Rabbi standing outside and desecrating the Torah (Holy Scripture), SS men surrounded him, beating him, while a bunch of people standing around cheered the SS men. I was petrified and started running towards home. Just then I saw my second grade school teacher, Miss Piers, walk by. She was not Jewish. I told her what I saw. She was very silent but did not express any shock or sympathy. I could see in her behaviour that she was afraid. Her eyes told me that she was against this regime. MANY AUSTRIANS WERE HAPPY WITH THE ANSCHLUSS (Annexation). The few who were not, were afraid to voice their opinion.

When I came home my mother told me that my father went somewhere to hide. He heard that Jews were rounded up and taken to unknown places. The next day my father came home. They did not get him. He tried to hide at his sister's house. She had converted to Catholicism years back. No one knew of her Jewish origin. (…) We decided to move into my mother's sister's house. She was forced to have a Jewish family live there, so we were welcome to move instead of strangers. (…)

My parents had no one in any country that would be able to send us a visa. Dr.

Anny Lerman (Ulmer) age 13 1938.
picture taken on demand to show left ear exposed in order to extentuate jewish features.
The picture was taken for passport purposes but were never put in the passports.

Weiner told them that Yehudit, my best friend was going with a children's transport to Palestine. I was several months older than Yehudit and not qualified to go as a child. It seems that at that time there was no Kindertransport to England. Anyhow we were not aware of any. We begged Dr. Weiner to try to get me to join Yehudit. Whether he tried or not, we will never know. We felt let down by the Weiners. Eventually he and his wife and younger daughter also left for Palestine.

My father had no job. One day the Gestapo came and took my father away. We found out that he was sent to a labor camp somewhere in Austria. We heard nothing from him. One day, six weeks later, he came home. He was granted a two day leave. He had met a fellow he knew as a young child, who was now an SS man. He begged him to allow him two days to visit his family. He was told that he must be back. So we made a quick decision. We packed some backpacks, took a bus to Mistelbach, a village at the boarder of Czechoslovakia. It was the month of February. We pretended to go on an outing. We carried very few things with us and wore double clothing. We had a valid AUSTRIAN Passport (enclosed) to exit Austria but had no visa to enter Czechoslovakia. Luckily there were no computers at that period and therefore it was difficult for the authorities to check on people's whereabouts within a short time. We arrived in the afternoon and went to a pub. I remember eating a hot dog, my favorite food even these days. At the age of fourteen, I was not really scared at that point. When you are young you never believe that things can go wrong. We talked to the proprietor and he told us that if we pay off the border patrol, one of them will show us the best way to cross over the borders to Czechoslovakia. We went to the border control. They looked at our valid passport, asked us if we had valuables, which my father denied. They managed to find some hidden jewelry in the hem of my mother's coat, quite valuable, and took it all away. They were not aware of my father's internment. We stepped out on the other side. We started walking through the forest. The moon was shining. It was not very cold and the ground was muddy. We walked silently for about fifteen minutes, when the man started speaking. He said that he would not go any further as he didn't want to be killed, and that we were to continue onto the same path till we saw the lights of a village, which would already be Czechoslovakia. (…) We finally saw the lights of the small village. We were told that there was a railroad station there, and we planned to take the train to Brno, a big city. My father's brother moved to Brno right after the Annexation of Austria. He was able to do so because he retained his Czech citizenship. My father

Öffentliche Hauptschule für Mädchen in Wien:

III. Bezirk, Sechskrügelgasse 11

FORCED TO go to above school

Deutsches Reich.
Stadt Wien.

Zahl: 51
Schuljahr: 1938/39

UMGESCHULT DA JÜDISCHE MÄDCHEN NICHT IM GYMNASIUM STUDIEREN KONNTEN

Halbjahrsausweis.

für Ulmer Anna, geboren am 22. November 1925

in Wien, Deutsches Reich, Religion mosaisch,

Schülerin der dritten Klasse, im Schuljahr 1938/39.

Betragen: sehr gut

Fleiß: sehr gut

Lehrgegenstände	Leistungen
A. Verbindliche Lehrgegenstände.	
Leibeserziehung	sehr gut
Deutsche Sprache	gut
Geschichte	gut
Erdkunde	gut
Naturgeschichte	sehr gut
Naturlehre	sehr gut
Rechnen, Raumlehre und Geometr. Zeichnen	gut
Freihandzeichnen	sehr gut
Schreiben	
Handarbeit	sehr gut
Gesang	sehr gut
Religion	sehr gut
B. Nichtverbindliche Lehrgegenstände.	
Sprache	
Äußere Form der Arbeiten	gut
Zahl der versäumten Schultage – entschuldigt	10
Zahl der versäumten Schultage – nicht entschuldigt	0

Wien, am 8. Februar 1939

Direktor. Schulsiegel. Klassenvorstand. Emma Fischer, Prof. i. R.

Schuldrucksorte IV d/9 b

was not a Czech citizen. He was only six years old when his parents, my grandparents, moved to Vienna, Austria. We had no papers and if caught, we would be sent back to Austria. The Czech government did not want any Jewish refugees. We wiped our shoes. The mud on our shoes would have given us away. There was an influx of illegal refugees and the border patrol kept a close eye on these unwanted Jews. My father wore a hat with a feather the Austrians called Steirerhut. We got to the train station and my father bought three tickets to Brno. He talked to us in Czech. He still remembered from his childhood days. We, my mother and I, just always said yes in Czech. We were very lucky not to be detected and made it to Brno.

We arrived in the wee hours. We had nowhere to go. After wandering the streets for a while, endangering ourselves to be caught, my father decided to try to get into a hotel for the night. They asked for ID's, which we could not produce. My father begged the owner to allow me to spend the night. He agreed and took me to his private quarters. Here I was alone, without a way to communicate. I did not know if my parents would make it not to be detected and shipped back. The morning came and so did my parents. They told me that they spent the remainder of the night in a park, pretending to be lovers. During the few hours that I was put up at the hotel, I got very little sleep. I dozed off for a little while and woke up with the great fear of never seeing my parents again. I remembered the time when I lived a sheltered beautiful life before the "Anschluss". I had nice friends, Jewish as well as gentiles. I remembered that my gentile friends stopped talking to me right after the annexation. There was not even one that was allowed to associate with me. Overnight I became like a leper. It shows that the majority of Austrians were very happy with the Nazi regime.

I loved my school and my Hebrew school, I loved the Shabbat days that I spent at my friend Yehudit's home. Though my parents were not rich, I had everything I needed. I took piano lessons, swimming and ice skating lessons. I hated to eat and many times I intentionally forgot to take my lunch with me to school. My poor mother would walk twenty minutes to my school to bring it to me and many times I threw it out. Little did I know that the future would bring me many hungry days.

I cried with happiness when my parents arrived in the morning. They looked terrible. They were so cold and so tired.

We went to see my uncle, my father's brother. He was so scared to let us in. He was more concerned of being punished by the authorities than of us being detected and shipped back. We sneaked into his apartment building undetected. He told us where we could find some Jewish people. It was a restaurant where many immigrants, legal or not, met.

My mother's sister, Tante Regine, had sent money for us. With some of this money we rented a tiny room with a Jewish family. They wanted to see our papers, the permit to stay in Czechoslovakia. Naturally we could not provide these. We told them that the papers were in the working and would come through within few days. At a restaurant we found out about a transport to Erez Israel (Palestine). We had to go illegally because we had no visas. Palestine was a British Mandate. The British set up a quota as to how many Jews could enter the country every year. In order to get a visa you had to have a certain amount of money. (...) We had no money and my parents were not qualified to get a visa. So the only chance was to go on the illegal transport. We went to sign up and were told that I was too young to join. They suggested that my parents should leave me behind. I don't remember what they had in mind for me and where I was to stay. Anyhow, my parents wouldn't think of leaving me behind. We convinced them that I was in good health and that we would pay a little more if they permitted me to go. We went through a medical examination and we were accepted.

We were under great pressure by our landlady to bring the permit papers. My uncle and aunt, Adolf and Ilka Ulmer, did not allow us to stay with them. My father decided to go to the authorities and show them that we signed up to leave in two weeks. He spoke Czech and told them that his father, my grandfather, was an officer in the Czech army during WW1 and showed them also his Czech birth certificate. We were lucky. They gave us a permit to stay until the departure date, which was, I believe, March 12th. Several days before we were scheduled to leave, my father went to see his brother and his sister-in-law. He begged them to leave Czechoslovakia. He saw the writing on the wall. Hitler was getting stronger every minute and probably would try to occupy Czechoslovakia.

My uncle refused to come along. After all he brought his household from Vienna. So he claimed. He had beautiful furniture and nothing my father would say, could convince them to leave. He was blind to the danger awaiting them. He did not believe that Hitler would invade Czechoslovakia. We learned after the war that he and his wife were sent to Theresienstadt and perished at Auschwitz. It took four months to get to Palestine.

THE VOYAGE TO PALESTINE

I have some memories from our life on the ship. They are not complete, but some things are left for me to tell you.

When we got on the Aghios, everyone was assigned a place. The three of us were assigned two straw mattresses, located in the hold of the ship. My mother was furious that my father did not object and request three straw mats, as we were three people. My father probably thought this will be a two or three weeks' journey, did not fight about getting another mat. Little did he know that the three weeks will turn to four months. There was another level above us, the wooden shelves. The younger people were on top, we on the bottom. I can't remember what my mother did all day. My father was hardly ever around. He was busy assisting the medical office which was set up by volunteer physicians. My mother was very unhappy and complaining about my father. She was a very religious person and only ate whatever was Kosher. I looked to go out, found some kids my age and hung out, so to say, on the deck. I roamed the place. (...) Someone organized a choir and we sang, we had musicians who were performing. All this to reduce boredom and frustration. We were stranded in the bay in the Island of Keos for nearly three months, after our unsuccessful landing approach at the shores of Palestine. The weather got warmer and warmer and Passover arrived. We had very little food. The food that we had taken with us and was to last for two weeks had been all eaten. We had taken with us salamis, bread, lemons and items suggested we bring with us. The salamis became mildewed, the bread as hard as a rock. We peeled off the salamis and ate it nevertheless. I remember that we heated the stale bread in order to make it chewable.

My days of pampered life were over. I was a very finicky eater and now when I was hungry, I yearned for the time I had good food.

I don't remember how I spent most of the time. I remember that my mother made a bathing suit for me from my pajama. It was a pair of shorts and a top, I used it to go swimming in the bay. I was not afraid to lower myself on a rope ladder and then jump into the water. I was swimming away surrounded by floating garbage, even the stuff that came down from the holes that served as toilets on board. When I had enough and climbed back up, the lice in my hair started to emerge. Obviously they did not like the saltwater. We tried everything to get rid of these unwanted vermin, but they were with most of the people and just moved around from one person to another. No one ever mentioned that they had them, but they were there. I remember that once only all the girls, I emphasize "girls", were allowed to step on land. It was some Greek holiday and we were taken by a rowboat to shore. The people of Keos were very poor. And I do not remember getting anything to eat. We just walked around a little, which felt good but so different, as we had gotten used to being on the ship for the past two months. The Jewish community in Salonika was just wonderful. They supplied us with most of the food we received. All these Jews were killed during the Holocaust. There may be just a handful that survived. During Passover, my mother ate only potatoes and Matzoth. My mother was a very orthodox Jewish woman. There was some kind of a trade going on between the people on board and the Greek natives. They came with their rowboats; we lowered our merchandise down on a piece of rope. Jewelry was a big thing. Whoever had earrings or other trinklets was in luck. They in turn had for us canned sardines or other foods. We bartered with them throughout the whole three months we stayed in the bay.

Sometimes, not too often, a few children were invited to the cabin of Mr. and Mrs. Vielgut. Mr. Vielgut was the leader of the transport. The cabin was located next to the captain's cabin. It was a very special event, because we got a few cookies. Mr. Vielgut and his wife ate the same food as the captain of the freighter. Eventually Mr. Vielgut was stripped of his post and the uniform he wore. The reason was that he was responsible for the unfortunate bungled landing at the shore of Palestine.

My mother was very sick with dysentery. We had to use our metal dishes in order to dispose of the waste and throw it overboard. The heat and the stench were overbearing. I blocked out a lot from those terrible hours. After our arrival, the sick were taken to the government hospital in Haifa. Neither my father nor I were permitted to join my mother in the ambulance, because we were transferred to a camp and had to stay quarantined for one week. I was separated from my father. Men were housed in separate barracks. I saw my father through a fence and could talk with him. (...)

About a week after our arrival, we were told that anyone who wants to leave may do so. I really wanted to get out and went to the fence, where I asked someone to call my father. He told me that the women are free to leave before the men. He remembered the address of my uncle Sigmund Reis, my mother's brother, who lived in Palestine for quite some time. (...) When my uncle Sigmund, my mother's brother, came home from work and saw me, I did not get the impression that he was overcome with joy to see me. He went to the quarantine camp where my father was still held. Eventually my mother was released from the hospital and arrived in Tel-Aviv. (...)

My father probably started to work for the British. He travelled to Gaza and stayed there the whole week. He returned home only for the Sabbath. He did some kind of construction work. He could not find a job in Tel-Aviv, because he did not know Hebrew.

Unfortunately neither my father nor my mother learned the Hebrew language. They lived and loved their Israel, but had to rely on the German newspaper all their lives.

When I joined my parents, they tried to find a school for me. They did not speak Hebrew and it was a very hard time. They heard about a girl's boarding school for new immigrants, which was founded by the organization of the Mizrahi women. The school was located in B'Nei Barack. B'Nei Barack is a very orthodox town about 20 minutes drive from Tel Aviv. I stayed at this school for two years. (...)

My mother visited me very seldom. At the time I could not understand the reason. I did not realize how bad things were at the time. When I grew older, I found out why my mother did not visit me frequently. It was that she did not have the money for the bus fare. She told me later that when she had to get to the station where the bus to B'Nai Barack left from, she used to walk about one hour to get there. Her shoe soles were so worn with holes that she had to put paper inside.

After moving twice, my parents found an apartment at #48 Keren Kayement Blv. in Tel Aviv. They shared the bathroom with another couple, but had a tiny kitchen that originally was a small terrace and was converted into a kitchen. It had a sink and a tiny counter. It was smaller than a small toilet in the US. It was so small that only one person at a time could stand in it. We had neither refrigerator nor an icebox. I don't know how we managed not to get sick from food poisoning. You know how hot it is in the summer. There was just one room next to the "kitchen". It was probably about eight feet by twelve feet. It held a twin bed, a cupboard and a small table with two wooden chairs. I was in school and did not know the situation. My relatives did not bother much with us. Finally my Uncle Sigmund got a job for my father at the bus company. Uncle Sigmund was well off; he was a partner in the bus corp. and also served on the board of directors. My father got a job servicing the bus. This was a night job, my father slept during the day and my mother at night in the same twin size bed.

I stayed at the school for two years. In the year 1941 I left for another boarding school. It was called K'far Hanoar Hadati (religious youth village). The school was located near Haifa, at K'far Hassimdim. There I worked four hours a day and studied four hours. This was also an orthodox Jewish school. We prayed a lot and observed all the Jewish laws. It was a coed school, all students were new immigrants. This school was founded by the Hadassah organization. One day Mrs. Henrietta Szold visited the school. She was an American lady and I think that she was the founder of Hadassah. The war was raging and at one point we all were in great danger of being occupied by the Nazis. They were near Egypt. It was a great relief for the Jewish people when they were defeated. If they had taken Palestine we all would have been killed, just like our six million brothers. Life was hard, I worked on the field or in the kitchen. I scrubbed huge vats, I scrubbed the muddy tile floor in the dining room and ate sparsely.

I left the school short of graduating high school. I was seventeen or close to eighteen when I moved in with my parents. I slept in bed with my mother. My mother offered me the money to take a bookkeeping course, which I did. I found a job at a very small office. (...)

One day my bosses decided to hire an additional girl. Her name was Tzipora and she was two years younger than I, she was 17. One day Tzipora mentioned to me that she dated a guy who is "ancient". "He is 34 years old", she proclaimed. Some time later she told me that he invited her to a performance of Bracha Tzifira, a well known singer. She asked me if I liked to have a blind date. I accepted happily. I had no social life, I had four girlfriends from my early days at Zichron Meir and K'far

Hanoar. I had just one date with a young man that my mother's cousin introduced me to. After I went out with him once, I did refuse to see him again. I did not like how he spoke Hebrew. This was very important to me. I loved my language and I loved my country. The love to Israel was instilled by my teacher and counselor Alexander.

I welcomed a date. I met my current husband Jona, I believe, in front of the theater. I can't remember what kind of sign we had, as we did not know each other. I liked him right away. When he brought me home, I said to him that I'd like to see him again and that he is a possibility. I had to find out more about him. Jona took me to the home of Nathan Goldstein. Nathan's father was the Mohel (a person who was qualified to do a circumcision). They received me very nicely and told me about Jona's family in Poland and what a respected and wealthy family he came from.

When I introduced Jona to my parents, they were not very happy. Jona was too old for me then, and besides, he was the same pauper as us. It is true that we had no money. Jona had lost a lot of money to a con man who promised him a contract with the British army. But I was determined. Two months after we met, we got engaged. We were married on June 12th 1945, four months after our first date. My former Rabbi Dr. Weiner offered to make it official according to the law. He did not charge us any money; we were married on the premises of the former soup kitchen. Everyone helped with the food preparation. No caterer! I wore a white long gown and Jona his first suit he had made to order. People did not dress in fine dress those days. Anyway not the pioneers. Jona was one of the pioneers who arrived illegally in Palestine in the year 1934. We received special coupons to purchase the fabric for our wedding attire. We had no money to rent an apartment, therefore I moved into Jona's room which he rented from a family. Actually it was just an enclosed porch, the same size as my parents' place. Back to the wedding. It was a happy wedding, attended by our family and friends. We had no band but sang and danced the Hora. The guests left around midnight. I remember that Jona and I waited till after everyone had left. Then we collected all the empty beer bottles. Each bottle had a deposit of a few pennies which we received back if we returned them. We locked them up in a closet and behold, we both walked home by foot. I in my long gown holding the bridal bouquet. A taxi? I had never used one in my life.

Eventually I became pregnant and my parents scraped all their savings together and gave us the key money. Apartments were very hard to find. In order to rent one we had to pay a fee. (...) Jona started a building supply business. We rented a table at a trucking company and I helped with the books till our daughter Yael was born on October 5th 1946.

Our son Israel was born on March 23rd 1950. Unfortunately he contracted Polio when he was almost two. It was a horrible time. Jona had a very good business at the time. He opened a feed business. It was doing very well. We moved to a beautiful home in the suburbs of Tel Aviv.

Life Story Summary of Anny Ulmer

Fritz Wegner

Klasse 4A – Geboren am 5.9.1924

„zugeschult“ vom 1R2 Vereinsgasse

It is very kind of you all to remember students and staff of long ago and I hope you'll forgive me if I write this letter in English since I no longer feel confident to express myself in the language I was born with.

Now that I am 83 years old, my time at the Realgymnasium ist part of history. Looking back at those unbelievably cruel days when I and a small number of fellow students were asked to leave the school on account of being Jewish, it still leaves me at a loss to understand how friends, neighbours and teachers could turn into such merciless tyrants in a matter of days.

Very fortunately my father was out of the country when the ”Anschluss“ occured and one by one he succeeded in getting visas for me and my sister and a little later for my mother to come to London. Our home and all possessions were taken in Vienna, but at last we were saved from deportation to a concentration camp and an end to life. My grandparents were less fortunate and perished in gas chambers in Dachau.

I was 13 when I travelled to London on my own with my mother seeing me off at the station wondering whether it would be for the last time. When I arrived in London I was met by a group of volunteers dealing with refugees and they found me accommodation in a hostel with other homeless people.

Since I couldn't speak English but showed some talent of drawing, I was sent to an art school at the age of 14. There it was my good fortune that one of the teachers, a Mr George Mansell, took an interest in my situation and invited me to come and live with him and his French wife. It was thanks to his kind generosity I not only found a home but also a tutor to help me with the language as well as developing skills which later enabled me to launch into my professional career as a freelance artist and illustrator. After the war I continued to develop in my work, illustrating books for publishers and a wide variety of magazines. For a number of years the British Post Office commissioned me to design the Christmas and anniversary issues of stamps as well as posters and publicity relating to them. During those years I was also appointed to teach at one of London's Art Colleges on a part-time basis, lecturing in illustration and graphic design.

My freelance work continued for some 60 years but regretfully my increasingly deteriorating eyesight has now put an end to my working career. Sadly in spite of all the help from eye specialists there was nothing that could be done to improve my failing eyesight. Apart from all the inevitable health problems that come with old age, I still enjoy as much as I can what is left of life and indeed I'm grateful to have had the opportunities to achieve what I was able to do. I was also blessed with a very supportive wife with whom I had three talented children (now in theirs 50's) and nine beautiful grandchildren between them. I do occasionally wonder how my life would have evolved had I been allowed to grow up and get old in the country where I was born!

Fritz Wegner

Hertha Zeisel (Yael Shimron)

7. Klasse – Geboren am 29.12.1920

„zugeschult" von R7 Realschule Neustiftgasse

Nach Erhalt Ihres Schreibens vom 18. 5. 2008 hatte ich so meine Überlegungen: antworten – nicht antworten?

Habe beschlossen zu antworten, aus dem einzigen Grund, weil ich es schätze, dass Sie vom RG3 einen Versuch machen, dieser, der 3. Generation, die Wahrheit über die Geschehnisse in Wien im März 1938 zu übermitteln.

Zwei Tage, nachdem die Nazis einmarschierten und mit Freudengebrüll empfangen wurden (es liegt mir mein Leben lang in den Ohren!), erschien der Herr Direktor meiner Schule R7 in der Klasse: „Alle jüdischen Schülerinnen in die letzten Reihen auf der Wandseite. Strenges Verbot mit ihnen zu sprechen!"

Nach 10 Tagen wurden wir aus der Schule geschmissen. „Wer die 7. Schulklasse beenden will, erscheint morgen in der Radetzkyschule!" Zusammengewürfelt mit anderen jüdischen Schülerinnen aus so verschiedenen Schulen beendete ich das 7. Schuljahr.

Mein Leben rettete die Tatsache, dass es meinem Vater gelang, ein Zertifikat (Einreiseerlaubnis) nach Palästina (damals britisches Mandat) für mich zu erlangen. Ich hinterließ eine große Familie in Wien, könnte darüber ein Buch schreiben. Auch über mein Leben und meine Erlebnisse in Palästina (seit 1948 Israel).

Vielleicht ein Erlebnis von vielen anderen: Im Jahr 1964 schlug GOLDA MEIR, damalige Ministerpräsidentin Israels, meinem Mann vor, Vertreter Israels in der Atombehörde IAEA, nach Wien zu fahren. Meine Reaktion: „Ohne mich, mein Fuß, betritt nicht mehr diesen Boden!" Zum Schluss ließ ich mich doch überzeugen und so kehrte ich mit meiner Familie im August 1964 als „Frau Minister Shimron" nach Wien zurück. Komische Wenden hat dieses Leben!!

Heute lebe ich in meinem kleinen Häuschen mit meinem wunderschönen Garten in Zahata, einem Vorort von Tel Aviv. Auch meine Kinder, Enkel und Urenkel sind in Israel.

Mit freundlichen Grüßen,
Yael Shimron

Lily Zimentstark (Lily Gershon)

7. Klasse – Geboren am 24.10.1921

„zugeschult" vom 1R2 Vereinsgasse

Ihr Brief vom 18. Mai wurde mir vom Nationalfonds der Republik Österreich überwiesen. Ich entschuldige mich, dass ich so lange mit meiner Antwort gezögert habe, aber es fällt mir auch nach all dieser Zeit noch immer schwer über die Ereignisse dieser schrecklichen Zeit zu schreiben. Auch fällt es mir nicht leicht Deutsch zu schreiben. Obwohl ich noch fließend Deutsch sprechen kann, ist das Schreiben viel schwieriger. Und doch ist es wichtig die Ereignisse dieser Zeit in Erinnerung zu halten.

Sie schreiben, dass ich wahrscheinlich denke, dass Ihre Bemühungen reichlich spät kommen; aber wie wir hier sagen: Better late than never. Es hat ja auch jahrelang gedauert bis die Regierung zugegeben hat, dass Österreich kein Opfer des Nationalsozialismus war, sondern sich mit Begeisterung dabei beteiligte.

Was meine persönliche Geschichte betrifft, wurde ich mit meinem jüngeren Bruder, Alfred Zimentstark, und allen anderen jüdischen Schülern vom Realgymnasium Vereinsgasse verwiesen und in die Radetzkyschule geschickt, wo wir bis Ende des Schuljahres blieben. Dann war die Schule für uns vorbei. Ich hatte die Absicht gehabt Matura zu machen und auf der Universität zu studieren. Sprachen interessierten mich sehr und ich dachte daran entweder Sprachen zu unterrichten oder Dolmetsch zu werden.

Das Auswandern war nicht leicht. Die Nazis, die uns doch loswerden wollten, legten uns trotzdem alle möglichen Schwierigkeiten in den Weg und die USA ließen sich mit den Visa viel Zeit. Endlich, im Februar 1940, gelang es meinem Bruder und mir nach Amerika auszuwandern. Das Affidavit, das uns eine Cousine aus Amerika schickte, reichte nur für meinen Bruder und mich und meine Eltern bestanden darauf, dass wir ohne sie fort mussten. Sie können begreifen, wie furchtbar schwer es war, von den Eltern Abschied zu nehmen, doch wir waren sicher, dass wir sie zu uns holen könnten, wenn wir einmal in Amerika waren.

Wir kamen nach Chicago, wo Jewish Children's Services für meinen Bruder Unterkunft bei einer Familie fand und ihn in eine Schule schickte. Diese Organisation kümmerte sich nur um Kinder unter 16 Jahren und ich war zu alt. Bei meiner Cousine konnten wir nur zwei Wochen bleiben, also fand ich schnell eine Stellung als Kindermädchen bei einer Familie. Dort blieb ich über ein Jahr, dann arbeitete ich in einer Fabrik und schließlich als Sekretärin in einem Büro.

Wir versuchten alles Mögliche unsere Eltern zu retten. Ich kann jetzt nicht in alle Details gehen, was alles geschah, jedes Mal, wenn es uns gelang ein Problem zu lösen, tauchten zwei neue auf. Bis wir endlich so weit waren den Eltern ein Affidavit zu schicken, Visa zu besorgen und Schiffskarten zu bezahlen, war es zu spät. Ich lege ein Dokument bei, das das Schicksal unserer Eltern beschreibt.

Von einer großen Familie waren mein Bruder und ich die einzigen Überlebenden, außer einem Cousin in Krakau, dem Oskar Schindler das Leben rettete. (Schindler's list). Er ist inzwischen gestorben und auch mein Bruder starb leider voriges Jahr. Jetzt bin ich die einzige Überlebende.

Ich habe in Amerika eine gute Heimat gefunden. Aber die Erinnerung an das furchtbare Geschick meiner Eltern, meiner ganzen Familie und allen Opfern des Nationalsozialismus wird mich verfolgen so lang ich lebe.

Es ist wichtig, dass Ihre jungen Schüler von diesem grausamen Kapitel der Geschichte Österreichs wissen und verstehen, dass so eine Zeit nie wieder kommen darf. (...)

Mit besten Grüßen,
Lily Gershon

Grete Lendvay

Geboren am 5.5.1921 in Wien.

Grete Lendvay war nicht Schülerin der Realschule Radetzkystraße. Sie sprach als Zeitzeugin zu unseren 6.Klassen im Schuljahr 2007/2008. Ihre Überlebensgeschichte wurde von Mag[a] Trude Zwieback aufgeschrieben.

Mein Name ist Grete Lendvay, geb. am 5. Mai 1921 in Wien.

Ich hatte zwei Schwestern, die leider vor einigen Jahren verstorben sind. Beide lebten in England (London), da sie das Glück hatten, im Jahre 1938 dort Arbeit zu finden. Dazu musste man 18 Jahre sein.

Nachdem ich erst 16 Jahre alt war, durfte ich nicht mit.

So blieb ich in Wien bei meinen Eltern. Mein Vater war vor dem Krieg Herrenwäschefabrikant und besaß in Wien eine Fabrik, von der er 1938 enteignet wurde, und zwar von seinem Zuschneider.

Wir hatten eine schöne 4½ Zimmer-Wohnung, die wir innerhalb von drei Stunden räumen mussten, weil sie einem Nazi sehr gut gefiel.

Die Schwester meiner Mutter konnte mit ihrer Familie nach Südamerika emigrieren, von wo sie meinen Eltern und mir ein Einreisevisum schickte. Aber bis wir Reichsfluchtsteuer, Unbedenklichkeit (?) und Schiffskarten hatten (für den 4. September 1939), konnten wir nicht mehr fahren, da am 1. September 1939 der Krieg ausbrach. Somit begann der Leidensweg für meine Eltern und mich.

Wegen seiner Tüchtigkeit bekam mein Vater eine Stellung bei der Israelitischen Kultusgemeinde und so konnten wir bis 1942 in Wien bleiben.

Im Oktober 1942 wurden wir in ein KZ nach Theresienstadt transportiert. Meine Mutter und ich wurden in einer Kaserne untergebracht, wo auf dem Dachboden ein Raum mit Holzgestellen (zum Schlafen) war, das Bettzeug hatten wir aus Wien mitgebracht. In diesem Raum wohnten schon ca. 30 andere Frauen und Kinder. Mein Vater war in einer anderen Kaserne untergebracht. Er musste, da er Schneider war, für die Wehrmacht Wäsche ausbessern und nähen. Nur so konnte er mit meiner Mutter in diesem KZ überleben.

Theresienstadt war das „Herzeigelager“ für das Internationale Komitee des Roten Kreuzes. Wenn Hitler gefragt wurde, was mit den jüdischen Menschen passierte, konnte er dieses Lager vorweisen und somit „schenkte Hitler den Juden eine Stadt“.

Bevor das Rote Kreuz kam – es musste sich vorher immer anmelden – mussten die Straßen geschrubbt und die Krankenhäuser gereinigt werden. Die Kinder mussten zum SS-Aufseher Rahm sagen, „Schon wieder Sardinen, Onkel Rahm“. Wenn die Leute vom Roten Kreuz wieder gingen, war die angenehme Zeit wieder vorbei.

Einmal musste man Appell stehen, alle Lagerinsassen (40.000 Menschen) wurden in den „Bauschowitzer Kessel“ zur Zählung geführt und die „tapfere Waffen SS“ (Zitat Jörg Haider)* stand oben auf einem Berg mit den Gewehren auf uns unten gerichtet. Es war Oktober, eisig kalt, viele ältere Menschen erkrankten und überlebten diesen Tag nicht mehr.

Sobald das Rote Kreuz wieder abgezogen war, begannen die Transporte nach Auschwitz. Es waren ca. 1.200 Personen eingeteilt und wenn 200 übrig blieben, war es ein Glücksfall.

Im Jahre 1944 war ich in einem Transport, wir sind in einem Viehwaggon von Theresienstadt abtransportiert worden. Ein Eisenkübel war das ganze Inventar. Ich weiß nicht mehr, wie lange die Fahrt dauerte und auch nicht, wie lange ich in Auschwitz war. Mein Verstand hatte mich verlassen. In fünf Minuten waren wir splitternackt, die Kleider wurden von SS-Männern abgesammelt und in einem Raum wurden wir kahl geschoren. Eine große Holzpritsche war das Schlaflager, wo die Ratten herum huschten. Irgendjemand brachte etwas zum Überziehen und so wurden wir zum Appell geführt. Für eine Reinigung war nicht gesorgt. Nach einiger Zeit wurden einige von uns für ein anderes Lager ausgesucht, darunter auch ich, aber zuerst kamen wir in ein Haus, nicht in eine Holzbaracke unter eine Dusche. Die Frage war allerdings: Wasser oder Gas? Es kam Wasser, mir war es egal. Danach bekamen wir Fetzen in die Hand gedrückt, auch ein Mantel war dabei. Wir waren nass und mussten vor dem Haus warten, bis alle fertig waren. Es war November und sehr kalt. Dann wartete wieder ein Viehwagen und wir fuhren nach Chemnitz.

In Chemnitz mussten wir in einer Munitionsfabrik arbeiten. Es gab 2 Toiletten, auf einer stand „Nur für Arier“, auf der anderen „Nur für Häftlinge“. Ich fragte die SS Aufseherin, wo ich hingehen sollte, denn dass ich keine „Arierin“ war, war mir klar, aber dass ich ein Häftling war, konnte ich nicht verstehen. Ich hatte keinem Menschen etwas getan, warum wurde ich verhaftet?

Zum Essen gab es Suppe mit etwas Brot. Wenn wir schlafen gingen, musste ich meinen Kolleginnen immer etwas vorsingen, sie wollten meistens die berühmte Arie aus dem „Zarewitsch“ hören, „Hast du da droben vergessen auf mich ...“. Danach begann ein leises Schluchzen.

Wir waren ein Jahr dort eingesperrt, bis die Russen kamen. ...

Als die russische Armee immer weiter nach Westen vorrückte, wurde ich mit weiteren Insassen des KZs in Viehwaggons verfrachtet. Es begann eine Irrfahrt, um einen Platz für die Gefangenen in einem noch deutschen Gebiet zu finden. Zuletzt landeten wir wieder in Theresienstadt.

* Frau Lendvay bezieht sich auf die Rede Jörg Haiders an die Adresse ehemaliger Waffen-SS-Männer bei deren Treffen in Krumpendorf/Kärnten 1995:
„Und das ist für mich letztlich auch der Grund, warum ich glaube, dass man auch ein Gegengewicht setzen muss, denn sonst würden wir wirklich in einer Welt von Chaoten leben, und dafür habt Ihr letztlich nicht gekämpft und auch Euer Leben riskiert, sondern dass die jüngeren Generationen und die Jugend eine Zukunft in einem Gemeinwesen hat, in dem auch Ordnung, Gerechtigkeit und Anständigkeit noch Prinzipien sind. [...] Es gibt nämlich keines [gemeint ist ein Argument gegen Waffen-SS-Veteranentreffen, Anm.], außer dass man sich ärgert, dass es in dieser Welt einfach noch Menschen gibt, die einen Charakter haben und die auch bei größtem Gegenwind zu ihrer Überzeugung stehen und ihrer Überzeugung bis heute treu geblieben sind."(zit. nach: Protokoll einer Vernaderung. Schnell-Info der FPÖ, Folge 30/96, S. 10.
ff.)http://www.doew.at/projekte/rechts/fpoe/fpoezitate.html

Ich hoffte, meine Eltern dort wieder zu finden. Sie waren aber bereits abtransportiert worden. Durch Zufall erfuhr ich, dass sie in einem Auffanglager in der Schweiz gelandet waren. Es gab nämlich einen Austausch zwischen Deutschland und der Schweiz. Die Schweiz nahm 1.000 KZ-ler auf und die Amerikaner ließen 1.000 Kriegsgefangene (deutsche Soldaten) frei.

Mai 1945: Nach Kriegsende wurden die KZ-Stätten durch die Alliierten aufgelöst und ich konnte mit Hilfe eines Amerikaners Kontakt mit meinen Eltern aufnehmen. Mit Glück gelang es mir, mit einigen Freundinnen von Theresienstadt auf einem Lastauto nach Wien zu kommen. Bei einer Freundin fand ich Unterschlupf.

Mein Vater fand einen Bürgen, der mich nach Lugano holte. Dort gab es häufige Zusammenkünfte der ganzen Familie, auch aus England.

Ich fuhr aber immer wieder nach Wien zurück. Bald lernte ich einen aus der deutschen Gefangenschaft entlassenen Soldaten kennen und heiratete ihn 1946.

Wir bekamen eine Wohnung in Wien. Da mein Mann ein gelernter Schneidermeister war, begannen wir, in der Wohnung Schneiderarbeiten zu übernehmen. Nach kurzer Zeit spezialisierte er sich auf Hosenerzeugung (Blue Jeans).

1948 übersiedelten meine Eltern nach Wien. Mein Vater – „Schweizer Devisenausländer" – konnte Stoffe und Maschinen kaufen und in einem Lokal in der Marc Aurel-Straße (wurde vorher arisiert) eine Arbeitsstätte errichten, wo über 20 Angestellte Arbeit fanden.

1960 starb mein Vater und 1962 meine Mutter. 1962 wurde die Hosenerzeugung aufgegeben und ein Detailgeschäft mit Werkstatt gekauft.

1982 ging mein Mann in Pension und gab das Geschäft auf.

1984 starb mein Mann.

Derzeit lebe ich allein in Wien, bin zufrieden und denke ohne Zorn und Hass an die Vergangenheit zurück.

Frau Grete Lendvay mit Schülern der 6. Klassen anlässlich Ihres Besuches in der Radetzkyschule, 2008.

Die Geschichte der Vertreibungen an der Realschule Radetzkystraße

Die Realschule III wurde im November 1851 gegründet. Bundeskanzler Dr. Bruno Kreisky, Otto Schulhof, Friedrich Gulda, Rudolf Gamsjäger zählen zu den bekanntesten Persönlichkeiten, die Schüler der Realschule Radetzkystraße waren. Trotz des naturwissenschaftlich-technischen Schwerpunktes wurden auch in den musischen Fächern die Neigungen der Schülerinnen und Schüler bestens gefördert, wie die Karrieren von Friedrich Gulda und Otto Schulhof zeigen.

„Das Verhältnis von Schule und Politik war in Österreich schon vor 1933 sehr kontrovers und spannungsreich."[1] Die schulpolitischen Fragen wurden nach dem Zerfall der Monarchie von den politischen Lagern mit großer Vehemenz und Erbitterung geführt, der „Glöckel-Erlaß" galt hier als besonderer Konfliktpunkt.[2]

Nach der Ausschaltung des österreichischen Parlaments 1933, der Einschränkung der rechtsstaatlichen Einrichtungen, der Stärkung der Heimwehren und damit der Konstituierung des austro-faschistischen Ständestaates, wird weiter massiv auf die Schule Einfluss genommen: Die „vaterländische Erziehung" und die Rekonfessionalisierung der Schule waren die ersten Ziele der Machthaber.[3] „Die österreichische Schule setzte der Einflußnahme der Vaterländischen Front auch keine nennenswerte Abwehr entgegen."[4] Eine konfessionelle Segregation wurde an der Realschule III nicht durchgeführt, wie dies die Weisung des BMU im Artikel 151[5] im Juni 1934 gefordert hat und an mehreren Mittelschulen auch umgesetzt worden ist. Während an Gymnasien und Realgymnasien seit 1934 die Koedukation per Erlass abgeschafft worden war, wurde die Realschule III koedukativ geführt.

An der Realschule Radetzkystraße wurden 1934 keine Enthebungen im Lehrerkollegium vorgenommen, der sozialdemokratische Schulwart wurde allerdings gekündigt und verhaftet. Das Staatsarchiv enthält Akten, die auf illegal nationalsozialistisch aktive Lehrpersonen verweisen. Dass es auch unter den Oberstufenschülerinnen und -schülern nationalsozialistische Aktivitäten gegeben hat, wird an Hand der Dokumente über das Pragmatisierungsansuchen eines weiteren Schulwartes aus dem Jahr 1939 offenbar:

Der kommissarische Leiter der Schule Dir. Miltschinsky befürwortete das Ansuchen unter anderem mit folgenden Argumenten:

„Er wußte um die illegale Betätigung der HJ an der Anstalt und sorgte dafür, daß der Systemdirektor nichts davon merkte. Ebenso wußte er um die illegale Betätigung des bei seinem Vater im Anstaltsgebäude wohnenden Sohnes des früheren (völkischen) Direktors, der SA-Führer war und der gerade im staatlichen Gebäude immer wieder Besuche illegaler Mitkämpfer empfing".[6]

Eine weitere Unterstützung des Pragmatisierungsantrages wurde von einem Vertreter der HJ am 10. Mai 1939 eingebracht, dieser gibt Auskunft über nationalszialistische Umtriebe an der Realschule 3 vor dem Anschluss:

„Es wird bestätigt, daß die Schulorganisation der HJ im R3 in illegaler Zeit im katholischen Jungvolk, welches damals unter Führung von E. Kwiatowsky stand,

Dienst machte. Der Schuldiener ... hatte davon Kenntnis, daß wiederholt im Schulhof unter deutschem Kommando exerziert wurde.“[7]

Die nationalsozialistische Unterwanderung an der Realschule III erfasste Lehrer, Lehrerinnen, Schüler und Schülerinnen und die Schuldiener gleichermaßen.

I. DIE VERTREIBUNG DER JÜDISCHEN SCHÜLER UND SCHÜLERINNEN AN DER REALSCHULE III RADETZKYSTRASSE

Der Anteil jüdischer SchülerInnen und LehrerInnen war an der Radetzkyschule immer hoch – ca. 35% der SchülerInnen waren mosaischen Glaubens. Dies verweist auf eine blühende jüdische Kultur im 3. Bezirk.

Am Ende des Schuljahres 1937 besuchten 392 Schülerinnen und Schüler die Realschule Radetzkystaße. Im Schuljahr 1937/38 gab es keine 8. Klasse, dieser Jahrgang wurde im Schuljahr 1935/36 aufgrund ungenügender Leistungen vollständig aufgelöst.

Am 12. März 1938 setzten mit dem „Anschluss“ tiefgreifende Ereignisse ein, die alle Bereiche des öffentlichen Lebens und insbesondere des Schulwesens veränderten. Mit dem „Anschluss“ traten die nationalsozialistischen Unrechtsgesetze in Kraft. Die nationalsozialistische Vertreibungspolitik wurde verwaltungstechnisch in den Schulklassen und im Lehrkörper sofort umgesetzt.

Die Schüler und Schülerinnen waren zunächst bis 22. März vom Unterricht freigestellt.

„Zunächst benötigte man, wie in jedem totalitären Staat, die Schüler für die Spaliere, denn fast täglich kamen Machthaber des Deutschen Reiches an und mussten entsprechend willkommen geheißen werden. Jüdische Kinder und „Mischlinge“ waren gemäß den Nürnberger Gesetzen davon ausgeschlossen“.[8]

Mit dem „Anschluss“ traten die „Nürnberger Gesetze“ in Kraft, die in einem „komplizierten Schema“ Menschen als „Nichtarier“[9] und „Arier“ definierte und die antisemitischen Ausgrenzungsmechanismen und den Staatsterror der nationalsozialistischen Herrschaft einleitete.

Der reguläre Unterricht begann wieder am 22. März. Der handschriftlich verfasste Jahresbericht 1937/38 hält fest:

„Der Unterricht entfiel wegen des ‚Umbruchs' vom 12. bis 19.3. und 22.3. Getrennte Ansprache an die arischen und nicht-arischen (jüdischen) Schüler bezüglich des Verhaltens zueinander.“[10]

Am 25. März vermerkt das Geschäftsbuch der Realschule III den „telefonischen Erlass über die Feststellung der jüdischen Schülerzahl.“

Am 28.3. werden die jüdischen Schulärzte enthoben.

Am selben Tag wird der deutsche Gruß eingeführt und die jüdischen Schüler und Schülerinnen von bestimmten Unterrichtsgegenständen ausgeschlossen.

Die Demütigungsrituale, denen die jüdischen Schülerinnen und Schüler sofort ausgesetzt waren, beschreibt Hans Koblitz/Chanan Kedar eindringlich:

„Wir, Karl Schwander, Kurt Vogel und ich, betraten, so wie tag-täglich, (nicht ganz ahnungslos) den Haupteingang der Schule, welcher damals aus einem verhält-

Nr. 86. Absonderung der jüdischen Schüler und Schülerinnen von den arischen.

An die Mittelschulen.

Hiemit wird die Anordnung, die der Präsident des Stadtschulrates am 27. April den Wiener Staatsmittelschuldirektoren mündlich gegeben hat, kundgemacht.

„Im nationalsozialistischen Schulwesen ist eine gemeinsame Erziehung von arischen und jüdischen Schülern (Schülerinnen) unmöglich.

Ich ordne daher an, daß an allen staatlichen Wiener Mittelschulen die jüdischen Schüler und Schülerinnen sofort ausgeschult und *vorläufig* in eigenen von mir bestimmten Schulen untergebracht werden. Als solche Anstalten werden bestimmt: 1. Das Gymnasium im II. Bez. und das Gymnasium im IX. Bez. (dzt. untergebracht XVII., Kalvarienberggasse 31). 2. Das Realgymnasium im II. Bez. 3. Die Realschulen im I. und III. Bez. Am Realgymnasium VIII., und Realgymnasium XX., werden vorläufig noch jüdische Parallelklassen geführt.“

An den Privatmittelschulen in Wien sind die jüdischen Schüler und Schülerinnen nach Tunlichkeit abzusondern.

Bis zur endgültigen Regelung der Judenfrage an den Wiener Mittelschulen müssen an den genannten jüdischen Schulen arische Lehrer den schweren Dienst auf sich nehmen (IIa-2862).

Verordnungsblatt des Stadtschulrates für Wien, 1. Juni 1938

Absonderung der jüdischen Mittelschüler in Wien

Der Präsident des Stadtschulrates für Wien hat in einer Mittwoch stattgefundenen Direktorenbesprechung Weisungen ausgegeben, wonach an den Staatsmittelschulen Wiens die jüdischen Schüler sofort von den arischen Schülern in eigenen Anstalten abzusondern sind. Die Vorbereitung dieser Aktion hat das Präsidium des Stadtschulrates schon in den letzten Wochen beschäftigt.

Völkischer Beobachter (Wiener Ausgabe), 28.4.1938, S. 23

nismäßig bescheidenen Tor bestand. Der Zugang war von der Radetzkystraße selbst. Gleich nach unseren ersten Schritten in der Eingangshalle nahmen wir die Hass verkündenden Blicke einiger Mitschüler wahr. Die Stiege herauf dauerte wie eine Ewigkeit. In der Klasse erwarteten uns zwei (oder mehr), uns sehr bekannten, feindlich gesinnten Mitschüler. Wir wurden mit großen Schildern behängt mit dem Wort „JUD", am Rücken als auch auf der Brust. Wir waren gezwungen bis zur Pause so damit in den schmalen Schulbänken zu sitzen. Die Unterrichtstunden gingen vorbei. Im Hof sollten wir dann eine weitere „Überraschung" erleben. Zu unserem Glück hat der sehr vernünftige Direktor, (dessen Namen mir leider entfallen ist) beschlossen, die Schule sofort zu schließen und alle Schüler nach Hause zu schicken. Mit größter Hast befreiten wir uns von den dummen Schildern und flohen auf und davon. Das war so meine erste Begegnung mit dem Naziregime und deren antisemitischen Tätigkeit, welche meine Zukunftspläne mit einem Mal in Frage stellte."[11]

Karl Schwander/Charles Spencer teilt diese Erinnerung:

"The two or three Jewish pupils were pushed and shoved outside the school, put on some kind of handcart and then, with placards proclaiming "Saujud" around the neck, were paraded through the streets for a while. I remember someone hitting me, with something like a knuckle duster, on top of my eye – and I still have the scar to remind me."[12]

Weitere Traumatisierungen wurden Schülerninnen und Schülern durch die Zerstörung der Beziehungen im Klassenverband zugefügt. Bella Geller erinnert sich an den Verlust ihrer Freundschaften:

„Viele Schülerinnen in meiner Klasse sind mit mir bereits in die Volksschule in der Löwengasse gegangen, und wir kannten uns sehr gut. Ich war befreundet mit einem christlichen Mädchen seit der ersten Klasse. Wir waren oft zusammen in ihrer Wohnung oder in unserer Wohnung. Jedoch an diesem Tag, als ich sie begrüßte, hat sie ihren Kopf weggedreht und wollte mir nicht antworten. Sie ist einige Male an mir vorbei gegangen und hat immer weggeschaut und wollte mit mir nicht sprechen. Das hat mich sehr geärgert und hat mir sehr weh getan. Ich war nur elf Jahre alt und konnte nicht verstehen, warum sie mit mir nicht spricht wie vorher."[13]

Der Jahresbericht 1937/38 beschreibt die in der Schule organisierte Gewalt gegenüber den jüdischen Schülerinnen und Schülern folgendermaßen:

„25.4. Die jüdischen Schüler werden von den arischen Schülern über Auftrag der HJ aus den Klassen gewiesen.

28.4. Die jüdischen Schüler werden am Betreten der Anstalt gehindert.

29.4. Verabschiedung der arischen Schüler, Aufnahme der jüdischen Schüler."[14]

Am 27. April erfolgten die Absonderung der jüdischen Mittelschüler und -schülerinnen und die Errichtung von acht sogenannten „jüdischen Sammelschulen". Die Realschule Radetzkystraße war eine dieser Schulen: Im Verordnungsblatt des Stadtschulrates für Wien vom 1. Juni 1938/Nr. 86 heißt es:

„Hiermit wird die Anordnung, die der Präsident des Stadtschulrates am 27. April den Wiener Staatsmittelschuldirektoren mündlich gegeben hat, kundgemacht. „Im nationalsozialistischen Schulwesen ist eine gemeinsame Erziehung von arischen und jüdischen Schülern (Schülerinnen) unmöglich. Ich ordne an, dass an allen staatlichen Wiener Mittelschulen die jüdischen Schüler und Schülerinnen sofort ausge-

schult und vorläufig in eigenen von mir bestimmten Schulen untergebracht werden." ... Bis zur endgültigen Lösung der Judenfrage an den Wiener Mittelschulen müssen an den genannten jüdischen Schulen arische Lehrer den schweren Dienst auf sich nehmen (Iia-2862)."[15]

Die jüdischen und als jüdisch geltenden Schülerinnen und Schüler der 1RII Realschule Vereinsgasse, der 2RII Realschule Josef-Gall-Gasse, der RIV Ressel-Realschule Waltergasse, der RV Realschule Reinprechtsdorferstraße, RVI Marchettigasse, der RVII Realschule Neustiftgasse, der RIX Realschule Glasergasse, der RX Realschule Jagdgasse, der RXV Realschule Henriettenplatz, wurden der Radetzkyschule „zugeschult", wie es beschönigend im Katalog steht. Die nicht-jüdischen Schüler wurden vice versa an diese Realschulen verteilt, die meisten in die Vereinsgasse, die Josef-Gallgasse und die Waltergasse. Insgesamt wurden 160 jüdische Schülerinnen und Schüler hierher „umgeschult". Die Verklausulierung der durch die Schule administrierten Vertreibungen als „umgeschult" oder „zugeschult" ermöglicht es mit „bürokratischer Gleichgültigkeit ... scharfkantige Themen zu glätten", wie Raul Hilberg in „Die Quellen des Holocaust" aufzeigt.

Alexander Katz wurde aus der Ressel-Realschule IV, Waltergasse vertrieben und an die Realschule III „umgeschult", wie im Katalog festgehalten wurde:

„Eigentlich habe ich eine sehr kurze Zeit im BRGIII verbracht, ab 29.4.1938 – 1.7.1938 und deswegen sind mir nur wenige Details in Erinnerung geblieben, vor allem aber die miserablen Umstände in diesem alten „ruinenhaften" Gebäude in der Radetzkystraße."[16]

Anny Ulmer besuchte das Oberlyzeum Jagdgasse im 10. Bezirk und musste einen sehr langen, oft gefährlichen Schulweg auf sich nehmen und mit feindseligen und demotivierten Lehrern und Lehrerinnen zurechtkommen:

"I was transferred to the Radetzky Realschule, located in the third district. This school had only Jewish children (girls), but the teachers were gentile teachers who felt demoted by having to teach the Jews, and they were very hostile to us. Beside this I had to travel to school by tram, which was far away from my home. I stayed to the end of the yearly school term."[17]

Die jüdische Sammelschule RIII Radetzkystraße bestand von 29. April 1938 bis 2. Juli 1938. Schüler und Schülerinnen der Unterstufe wurden ab dem Schuljahr 1938/39 gezwungen, die Hauptschule zu besuchen.

"The next school year began and I was transferred to the Hauptschule für Mädchen at Sechskrügelgasse, Wien 3. My last report card was February 8th 1939."[18]

Am 20. August wird im Geschäftsbuch der Realschule III die Ausschulung der jüdischen Mittelschüler vermerkt: Für die jüdischen Mittelschüler und -schülerinnen in Wien gab es im Herbst 1938 nur mehr eine einzigen Schule, das Chajes-Gymnasium im 20. Bezirk, eine jüdische Privatschule für 500 Schüler und Schülerinnen.

Ab dem Schuljahr 1938/39 wurde ein Numerus Clausus eingeführt: 2% der jüdischen und als jüdisch geltenden Mittelschüler durften die Mittelschule besuchen. Doch auch dieser Schulbesuch war zeitlich begrenzt: Das Chajesgymnasium wurde mit Ende des Schuljahres 1939 geschlossen.

Mit 1. Juli 1942 wurde „jegliche Beschulung jüdischer Kinder durch besoldete und unbesoldete Lehrkräfte untersagt."[19]

„Menschen, die zur Ermordung vorgesehen waren, brauchten auch keine Schulen mehr."[20]

Auch die familiäre Situation wurde für die Schülerinnen und Schüler durch den Verlust der Wohnungen, die Verhaftungen von Familienmitgliedern und die ständigen verordneten oder willkürlich ausgetragenen Demütigungen und Gewaltakte immer schwieriger: Sie mussten mit ihren Familien die eigenen Wohnungen verlassen und wurden in sogenannten jüdischen „Sammelwohnungen" vor allem im 1., 2., und 20. Bezirk gemeinsam mit anderen jüdischen Familien zusammengepfercht.

Am 13.3.1942 werden gemäß des Erlasses des Reichsicherheitshauptamtes an den Eingangstüren Judenstern und Listen der Bewohner angebracht, dies war Teil der Administrierung der Deportationstransporte und der geplanten Vernichtung. Zwischen Februar 1941 und Oktober 1942 wurden die ca. 63.000 noch in Wien lebenden jüdischen und als jüdisch geltenden BürgerInnen ins „Generalgouvernement" deportiert.

28 Radetzkyschülerinnen und Radetzkyschüler und ein Lehrer wurden Opfer der Schoah, in Theresienstadt, Kowno, Riga, Opole, Minsk, Maly Trostinec, Sobibor, Tomaszow, Majdanek, Izbica und Auschwitz.

II. DIE ERMORDETEN

DIE ERMORDETEN SCHÜLERINNEN UND SCHÜLER

Der Großteil[21] unserer vertriebenen und verfolgten Schülerinnen und Schüler konnte durch Flucht überleben. Es wurden zehn Radetzky-Realschülerinnen/Schüler und 18 zugeschulte Schülerinnen/Schüler ermordet. Nach derzeitigem Wissensstand wurden 28 Schülerinnen/Schüler und ein Lehrer ermordet.[22]

R3 RADETZKYSTRASSE

Sternbach Artur wurde am 22. April 1922 geboren. Er war Schüler der 5A und wohnte mit seiner Familie im 3. Bezirk in der Kegelgasse 2. Seine letzte Wohnadresse war Riemergasse 9/4a. Er wurde am 23. November 1941 von Wien nach Kowno/Litauen deportiert und am 29. November 1941 im Alter von 19 Jahren ermordet.

Raubitschek Gertrud wurde am 30. Jänner 1923 geboren und war Schülerin der 5B. Ihre letze Wohnadresse war Kl. Pfarrgasse 7 im 2. Bezirk. Sie wurde am 25. September 1942 mit dem Transport 4/11 von Wien nach Theresienstadt und am 16.5.1944 nach Auschwitz deportiert und ermordet.

Rosenstrauß Fritzi lebte mit ihrer Familie in der Unteren Weißgerberstraße. Sie wurde am 21. Dezember 1922 geboren und war Schülerin der 5B. Ihre letze Wohnadresse war Novaragasse 32. Sie wurde am 11. September 1942 mit dem Transport 4/10 von Wien nach Theresienstadt und am 16. Mai 1944 nach Auschwitz deportiert, wo sie im Alter von 21 Jahren ermordet worden ist.

Anschlowitz Heinz war 1938 Schüler der 4. Klasse. Er wurde am 19. März 1924 geboren und wohnte mit seiner Familie in der Unteren Viaduktstraße 35 im 3. Bezirk. Die letzte Wohnadresse war in der Wiesingerstaße 6/15. Er wurde am 6. Februar 1942 von Wien nach Riga deportiert, wo er zu Tode kam.

Ellinger Susanne war Schülerin der 2B. Sie wurde am 4. August 1926 geboren und lebte mit ihrer Familie in der Weihburggasse 26. Die letzte Wohnadresse war in

Brünn. Sie wurde am 2. Dezember 1941 von Brünn nach Theresienstadt deportiert. Susanne Ellinger starb in der Schoah.

Sohr Gertrude wurde am 13. April 1926 geboren und lebte mit ihrer Familie in der Marxergasse 13 im 3. Bezirk. Sie war Schülerin der 2B. Ihre letzte Wohnadresse war Wien 2, Hollandstraße 14. Sie wurde am 25.9.1942 mit dem Transport 4/11 von Wien nach Theresienstadt und weiter nach Auschwitz deportiert, wo sie zu Tode kam.

Fröhlich Susanna lebte mit ihrer Familie in der Rotensterngasse 33 im 2. Bezirk. Sie wurde am 2. Mai 1927 geboren und war 1938 Schülerin der 1B. Ihre letzte Adresse war Wien 3, Weißgerber Lände 44. Susanne Fröhlich wurde am 28.11.1941 nach Minsk deportiert und ermordet.

Fuchs Edith war 1938 Schülerin der 1B. Sie wurde am 10. Juni 1927 geboren und lebte mit ihrer Familie in der Radetzkystraße 10. Ihre letzte Wohnadresse war Rotensterngasse 23 im 2. Bezirk. Edith Fuchs wurde am 26.2.1941 von Wien nach Opole deportiert und ermordet.

Schnapek Gertrude lebte mit ihrer Familie in der Radetzkystraße 3. Sie wurde am 13.7.1927 geboren und war Schülerin der 1B. ihre letzte Wohnadresse war Leopoldsgasse 23/5A. Sie wurde am 5.10.1942 nach Maly Trostinec deportiert und am 9.10. 1942 ermordet.

Waldmann Susanne war 1938 Schülerin der 1B. Sie wurde am 6. April 1927 geboren und lebte mit ihrer Familie in Wien 3, Paracelsusgasse 6. Ihre letzte Wohnadresse war Salzgries 12. Susanne Waldmann wurde am 14.6.1942 nach Sobibor deportiert und ermordet.

AUS ANDEREN REALSCHULEN AM 28. APRIL 1938 AN DIE REALSCHULE RADETZKYSTRASSE „ZUGESCHULTE" SCHÜLERINNEN UND SCHÜLER

Künstler Liesl wurde am 1. April 1921 geboren und war 1938 aus der Realschule Vereinsgasse verwiesen und in der 7. Klasse an die Realschule Radetzkystraße „umgeschult" worden. Sie lebte mit ihrer Familie in der Nordbahnstraße 22 im 2. Bezirk. Sie wurde am 11.9.1942 mit dem Transport 4/10 nach Theresienstadt deportiert und am 16.5.1944 nach Auschwitz. Liesl Künstler wurde ermordet.

Gottesmann Erika wurde von der Realschule 9 Glasergasse 1938 verwiesen und der 6B „zugeschult". Sie wurde am 17.1.1922 geboren und lebte mit ihrer Familie im 9. Bezirk, Rögergasse 12. Ihre letzte Wohnadresse war Wien 2, Gr. Schiffgasse 5. Erika Gottesmann wurde am 11.9.1942 mit dem Transport 4/10 nach Theresienstadt deportiert und am 23.1.1943 nach Auschwitz. Erika Gottesmann wurde ermordet.

Ormianer Anny wurde am 24.9.1922 geboren und lebte mit ihrer Familie in der Glasergasse 22 im 9. Bezirk. Sie wurde 1938 von der Realschule Glasergasse verwiesen und in die 6B der Radetzkyschule „zugeschult". Ihre letzte Wohnadresse war Wien 9, Scheuchgasse 22. Anny Ormianer wurde am 23.11.1941 nach Kowno/Litauen deportiert und am 29.11.1941 im Alter von 19 Jahren ermordet.

May Helene wurde aus der Realschule Josef-Gall-Gasse im 2. Bezirk verwiesen und in die 5B der Radetzkyschule „zugeschult". Sie wurde am 22.8.1923 geboren. Helene May wurde am 16.9.1942 von Drancy/F nach Auschwitz deportiert und ermordet.

Goldberg Alfred wurde aus der Realschule Neustiftgasse verwiesen und in die 4. Klasse der Radetzkyschule „zugeschult". Er wurde am 29.10.1924 geboren und lebte mit seiner Familie im 7. Bezirk in der Neustiftgasse 3. Alfred Goldberg wurde nach Tomaszow deportiert und ermordet.

Halle Kurt wurde aus der Realschule Vereinsgasse verwiesen und der 4. Klasse der Radetzkyschule „zugeschult". Er wurde am 21.11.1924 geboren und lebte mit seiner Familie in der Ybbsstraße 46. Seine letzte Wohnadresse war Wien 2, Castellezgasse 22. Kurt Halle wurde am 15.2.1941 nach Opole deportiert und ermordet.

Kauftheil Kurt wurde am 31.8.1923 geboren. Er wurde aus der Realschule Reinprechtsdorferstraße verwiesen und in die 4. Klasse der Radetzkyschule „zugeschult". Er lebte mit seiner Familie im 7. Bezirk in der Siebensterngasse 16. Die letzte Wohnadresse war Wien 9, Porzellangasse 39. Kurt Kauftheil wurde am 15.2.1941 nach Opole deportiert und ermordet.

Taus Otto wurde am 9.5.1924 geboren und lebte mit seiner Familie im 8. Bezirk in der Laudongasse 69. Er wurde von der Realschule Neustiftgasse verwiesen und der 4. Klasse der Radetzkyschule „zugeschult". Otto Taus wurde am 29.3.1942 von Brünn nach Theresienstadt und am 1.4.1942 nach Piaski deportiert. Otto Taus wurde in Majdanek ermordet.

Diamant Heinz wurde am 13.3.1923 geboren. Er wurde der 3. Klasse der Radetzkyschule „zugeschult". Er wurde am 15.2.1941 nach Opole deportiert und ermordet.

Geller Norbert wurde am 13.4.1924 geboren. Er lebte mit seiner Familie in der Schönbrunnerstraße 82. Er wurde von der Realschule 12, Schönbrunnerstraße verwiesen und der 3. Klasse der Radetzkyschule „zugeschult". Seine letze Wohnadresse war Wien 2, Große Mohrengasse 38. Norbert Geller wurde am 15.5.1942 von Wien nach Izbica deportiert und ermordet.

Hasterlik Ignaz wurde von der Realschule Marchettigasse verwiesen und der 3. Klasse der Radetzkyschule „zugeschult". Er wurde am 22.4.1922 geboren und lebte mit seiner Familie im 6. Bezirk in der Kasernengasse 8. Die letzte Wohnadresse war Wien 2, Josefinengasse 4. Am 12.5.1942 wurde er nach Izbica deportiert. Ignaz Hasterlik wurde am 1. August 1942 in Majdanek ermordet.

Heimerling Herbert wurde von der Marchettigasse/R6 verwiesen und der 3A der Radetzkyschule „zugeschult". Er wurde am 26.5.1925 geboren und lebte mit seiner Familie im 6. Bezirk in der Landwirtgasse 1. Seine letzte Wohnadresse war Wien 2, Novaragasse 40. Herbert Heimerling wurde am 10.10.1942 nach Theresienstadt, am 28.9.1944 nach Auschwitz deportiert und ermordet.

Czaczkes Paul wurde von der Realschule Waltergasse verwiesen und der 2A der Radetzkyschule „zugeschult". Er wurde am 31.8.1926 geboren und lebte mit seiner Familie im 4. Bezirk. Seine letzte Wohnadresse war Wien 9, Servitengasse 20. Paul Czaczkes wurde am 2.6.1942 nach Maly Trostinec deportiert und ermordet.

Herz Harry wurde am 18.6.1926 geboren und lebte mit seiner Familie in Wien 2, Venediger Au 4. Er wurde von der Realschule Vereinsgasse verwiesen und der 2A der Radetzkyschule „zugeschult". Seine letzte Wohnadresse war Wien 2, Praterstraße 66. Harry Herz wurde am 17.7.1942 nach Auschwitz deportiert und ermordet.

Schächter Alfons wurde der Realschule Marchettigasse verwiesen und der 2A der Radetzkyschule „zugeschult". Er wurde am 25.1.1925 geboren und lebte mit seinen Eltern in der Millergasse 42 im 6. Bezirk. Am 26.2.1941 wurde Alfons Schächter nach Opole deportiert und ermordet.

Steiner Leopold wurde von der Realschule Neustiftgasse verwiesen und der 2A der Radetzkyschule „zugeschult". Er wurde am 31.5.1926 geboren und lebte mit seinen Eltern im 7. Bezirk, Neubaugasse 34. Seine letzte Wohnadresse war Wien 6, Nelkengasse 4. Leopold Steiner wurde am 23.11.1941 nach Kowno/Litauen deportiert und am 29.11.1941 ermordet.

Hirsch-Jesernowsky Paul wurde der 1A der Radetzkyschule „zugeschult". Er wurde am 22.2.1927 geboren und lebte mit seiner Familie in der Himmelhofgasse 33 im 13. Bezirk. Paul Hirsch-Jesernowsky wurde am 12.9.1942 von Prag nach Theresienstadt deportiert und ermordet.

Leider Friedrich wurde aus der Realschule Vereinsgasse verwiesen und der 1A der Radetzkyschule zugeschult. Er wurde am 1.3.1927 geboren und lebte mit seiner Familie in Wien 2, Taborstraße 72. Seine letzte Wohnadresse war Wien 2, Am Tabor 8. Friedrich Leider wurde am 15.5.1942 nach Izbica deportiert und in Minsk ermordet.

III. DIE VERTREIBUNG DER JÜDISCHEN LEHRERINNEN UND LEHRER AN DER REALSCHULE III RADETZKYSTRASSE

Bereits am 19. März mussten die Lehrerinnen und Lehrer einen Diensteid ablegen: Davon ausgeschlossen waren die jüdischen und als jüdisch geltenden Lehrerinnen und Lehrer: Ilse Heller, Oskar Kreisky, Irma Last, Dr. Egon Lewin, Dr. Hedwig Mautner, Dr. Artur Modry, Dr. Siegbert Pincus, Dr. Richard Korn. Diese wurden bereits am 18. März vom Dienst suspendiert und mit Ende Mai zwangspensioniert.

„Wie rasch und gründlich die Übernahme der Unterrichtsbehörden durch die Nationalsozialisten erfolgte geht daraus hervor, dass schon am 13. März 1938, einen Tag nach dem „Anschluß", die meisten höheren Beamten aus ihren Stellungen entfernt wurden und je nach dem Grad ihrer Ablehnung des Nationalsozialismus in den dauernden Ruhestand versetzt, verhaftet, oder in Konzentrationslager verschickt wurden, wo viele von ihnen den Tod fanden."[23]

Am 12. April 1938 legte der SSR für Wien eine Liste der entlassenen Lehrpersonen vor, um „die Sicherstellung des Lehrerbedarfes für den Rest des Schuljahres 1937/38"[24] an Wiener Staatsmittelschulen zu gewährleisten.

Die Zahl der freien Stunden wurden mit Stand 4. April 1938 für Wiener Mittelschulen mit 2.408,5 angegeben. Es wurden 146 Dienstposten zur Neubestellung beantragt.[25] Das Schreiben des SSR an das Unterrichtsministerium teilt mit:

„Infolge der im Zuge der Machtergreifung erfolgten Enthebungen von Direkto-

ren und Lehrern sowie wegen der Entfernung jener Lehrer aus dem Unterricht, die aus rassischen Gründen nicht weiter verwendet werden können, sind an den Wiener Staatsmittelschulen eine Anzahl von Verschiebungen von Lehrkräften sowie Indienststellungen neuer Hilfslehrer notwendig geworden, die in den zuliegenden Verzeichnissen übersichtlich zusammengefasst sind."[26]

Die Vertreibung der jüdischen und nach den „Nürnberger Gesetzen" als jüdisch geltenden Lehrer und Lehrerinnen wird euphemistisch[27] als „Entfernung ... aus dem Unterricht" beschrieben, „die nicht weiter verwendet werden können."

Das Verzeichnis (4. April 1938) der entlassenen Lehrer enthält folgende Daten: 99 Lehrer und Lehrerinnen wurden an öffentlichen Wiener Mittelschulen vom Dienst suspendiert, davon wurden fünf Personen aus politischen Gründen und 94 aus „rassischen" Gründen erfasst und aus dem Schuldienst entlassen. Hildegard Meißner gibt an, dass an den „Mittelschulen für Mädchen" alleine „45 staatliche und 11 nichtstaatliche Lehrkräfte aus rassischen Gründen"[28] entlassen wurden. Werden die Pflichtschulen mitgerechnet, so sind bereits 1938 „184 jüdische Lehrpersonen" entlassen worden.[29]

Die frei werdenden Lehrverpflichtungen wurden umverteilt: 621 Hilfslehrer bewarben sich um die frei werdenden Stellen.[30] Die „legale Grundlage" für diese Vorgangsweise wurde Ende Mai 1938 mit der Neuordnung des Berufsbeamtentums nachgeliefert.

Die Kündigungsliste gibt penibel darüber Auskunft, aus welchen Gründen und von welchen Dienstorten die Lehrer und Lehrerinnen der Wiener Mittelschulen enthoben worden sind. Dabei wurden enthobene „pragmatische Lehrpersonen" und enthobene HilfslehrerInnen getrennt angeführt.

WIENER STAATLICHE MITTELSCHULEN;[31] ENTHEBUNG VON LEHRPERSONEN

ENTHOBENE PRAGMATISCHE LEHRPERSONEN.
A) AUS POLITISCHEN GRÜNDEN

GI	Prof. Dr. Johann Gotzlirisch, Prof. Dr. Marian Jasbec
2RII	Prof. Dr. Walter Penall

B) AUS RASSISCHEN GRÜNDEN.

GI	Dr. Ernst Grossmann, Dr. Hans Lackenbacher, Dr. Ernst Oppenheim
GII	Dr. Robert Friedmann, Karl Schertz (auch GXVIII), Dr. Norbert Wander.
GIII	Dr. John Edelmann, Dr. Bernhard Floch, Dr. Ernst Hausner, Oskar Herrnheiser
GV	Dr. Erich Fischer, Dr. Gustav Kürti, Dr. Franz Mautner, Dr. Georg Sachs
GVI	Dr. Rudolf Back
GIX	Dr. Hans Pollak, Dr. Josef Sabath, Dr. Edgar Zilsel
GXII	Dr. Leo Hornung
GXIII	Dr. Hans Fried
GXVI	Dr. Rudolf Rübenstein
GXVIII	Fritz Bischitzky (auch Rgl), Dr. Ludwig Hirsch, Karl Schertz (auch GII), Dr. Hermann Ungar
Rgl	Fritz Bischitzky (auch GXVIII), Dr. Armin Schläfrig

RgII	Dr. Bruno Epstein, Dr. Paul Ernst, Dr. Theodor Kornitzer, Dr. Karl Kraus, Dr. Paul Nohel, Artur Rim, Dr. Bernhard Steinitz, Dr. Jakob Weiss
RgIII	Dr. Friedrich Buchwald, Dr. Philipp Freud, Dr. Alexander Goldstein
RgVII	Dr. Heinrich Spiegel, Dr. Paul Tedesco (für 1937/38 beurlaubt)
RgVIII	Dr. Walter Berger, Dr. Ernst Schidlof
RgXIV	Egon Donath (auch RXV), Dr. Adolf Günzburg (auch RX, XV), Dr. Kurt Hellmann, Dr. Adolf Klein, Dr. Kurt Wiener (auch RXIII)
RgXX	Dr. Sabine Deutsch, Eugenie Ernst, Dr. Philipp Flesch, Oskar Herrnheiser (auch GIII), Dr. Berthold Hirschl, Dr. Ernst Hofmann
RgXXI	Helene Friedmann, Eugen Hergl, Helene Jacobi, Dr. Emanuel Rosin, Dr. Leonie Spitzer, Ernst Witrofsky
RI	Otto Altmann, Dr. Ernst Katz
1RII	Dr. Ferdinand Grosser
2RII	Dr. Franz Bial, Irma Last (auch RIII, X,XVI), Dr. Gustav Maier, Oswald Schneider, Käthe Staudinger
RIII	Oskar Kreisky, Irma Last (auch 2RII, RX, XVI), Dr. Arthur Modry, Hedwig Mautner
RIV	Alfred Bergel, Julius Reiss, Dr. Alfred Spitzer
RV	Dr. Manfred Lemberger, Dr. Max Löw
RVII	Dr. Hans Hauser, Dr. Friedrich Neumann
RIX	Dr. Richard Korn, Dr. Ernst Leidler
RX	Dr. Adolf Günzburg (auch RGXIV, RXV), Irma Last (auch 2RII, RIII, XV)
RXI	Dr. Normann Linker
RXII	Dr. Walter Wagner
RXIII	Dr. Paul Amann, Dr. Kurt Wiener (auch RGXIV)
RXV	Egon Donath (auch RGXIV), Dr. Adolf Günzburg (auch RGXIV, RX) Dr. Oskar Kende
RXVI	Dr. Friedrich Bermann, Dr. Fritz Lehner, Irma Last (auch 2RII, RIII, X)
RXIX	Dr. Robert Neumann, Dr. Wilhelm Stein
LAKIII	Fritz Jäger
GVI	Alfred Benn, Dr. Otto Wanek

ENTHOBENE HILFSLEHRER A) (AUS POLITISCHEN GRÜNDEN)

RXII GXIII	Dr. Lambert Fries
RIV RXII	Dr. Hermann Krause

ENTLASSENE HILFSLEHRER B) (AUS RASSISCHEN GRÜNDEN)

GII GIII	Dr. Isidor Schwarzbard
2RII GIII	Dr. Hermann Schwarz
RVII GXVI	Dr. Elisabeth Schiff
RXVI	Dr. Paul Bergmann
RgXX	Dr. Günther Buxbaum
RIX	Dr. Amalie Löw
RXV	Walter Fischer

Die Kündigungslisten geben den Stand vom 4. April 1938 wieder. Weitere Enthebungen folgten im Mai und dann Anfang des Schuljahres 1938/39. Im Schuljahr 1938/39 war die Hälfte des Lehrerkollegiums an der Realschule III ausgetauscht worden. Die Realschule Radetzkystraße wurde 1938/39 in eine Oberschule für Jungen umgewandelt, aufsteigend mit dem Jahrgang 1938/39.

Die Schulleitungen wurden ebenfalls ausschließlich mit nationalsozialistischen Parteigängern besetzt. An der Realschule III wurde Direktor Franz Streit mit dem Schuljahr 1938/39 vom Dienst enthoben. Der Jahresbericht 1938/39 gibt bekannt: „Direktor Stud.-Rat Franz Streit, ab 30. September 1938 aus Dienstrücksichten bis auf Weiteres beurlaubt."[32] Die Position des Direktors wurde mit einem „Kommissarischen Leiter" Dr. Viktor Miltschinsky[33], einem sogenannten „Alten Kämpfer" besetzt.

DIE VERTRIEBENEN LEHRERINNEN UND LEHRER DER REALSCHULE III

Prof. Dr. Egon Lewin kam im Schuljahr 1932/33 in aushilfsweiser Verwendung für mosaische Religion an die Realschule Radetzkystraße. Er folgte damit Alexander Hus und Philipp Goldberger und unterrichtete sechs Jahre lang, bis März 1938 alle Klassen in mosaischer Religion. Die Meldedaten des Landesarchivs belegen, dass Dr. phil. Egon Lewin am 16.5.1903 in Malaczka/C.Slov., geboren wurde. Er war österreichischer Staatsbürger, wohnhaft von 23.3.1931 bis 9.3.1939 in Wien 13, Penzingerstraße 97. Dr. Egon Lewin wurde am 5. Mai 1938 nach Inkrafttreten der „Nürnberger Gesetze" vom Dienst suspendiert und nach Angaben des Jahresberichtes 1937/38 mit „Ende Juni gekündigt" . In seiner erzwungenen Vermögenserklärung gibt Dr. Lewin bekannt. „Der ergeb. Gefertigte gestattet sich die verspätete Anmeldung damit zu rechtfertigen, daß er seit dem 27. Mai 1938 infolge Internierung als Schutzhäftling in Dachau u. Weimar-Buchenwald von den Anmeldungsvorschriften erst jetzt von dritter Seite Kenntnis erlangt hat und die Anmeldung unverzüglich nachholt." Und weiter heißt es: „Wie sich aus den beiliegenden 2 Amtsbestätigungen ergibt hatte ich in der Zeit von 1.1.1938 bis 31.5.1938 regelmäßige Bezüge für meine Lehrtätigkeit; ab 1.6.1938 sind diese Bezüge zur Gänze erloschen. Am 12.12.38

hatte ich daher keinerlei Bezüge.“ Diese Angaben wurden von Dr. Lewin am 14. Dezember 1938 in Weimar-Buchenwald gezeichnet. Prof. Dr. Egon Lewin wurde seines Einkommens und seines Besitzes beraubt, interniert und zur Auswanderung gezwungen. In den Abmeldedaten wird „Palästina“ als Fluchtort angegeben.

Prof. Oskar Kreisky war Lehrer für Deutsch und Französisch. Er unterrichtet an der Realschule Radetzkystraße seit dem Schuljahr 1924/25. Einen Teil seiner Lehrverpflichtung hatte er auch an verschiedenen Hauptschulen, an der HS3, Dietrichgasse oder der HS20, Pöchlarnstraße. Oskar Kreisky wurde am 31. Jänner 1886 geboren und wohnte mit seiner Gemahlin Lucie Kreisky, geborene Rosner, bis zur Flucht nach Italien in Wien 3, Neulinggasse 39. Oskar Kriesky gehörte dem Kreiskyschen Familien-Clan an. Sein Neffe, der spätere Bundeskanzler Dr. Bruno Kreisky besuchte die Oberstufe an der Realschule Radetzkystraße und legte 1929 auch die Reifeprüfung ab. Oskar Kreisky wurde, wie der Jahresbericht 1937/38 festhielt, „als Jude am 18.3.1938“ in Folge der Einführung des sogenannten „Arierparagraphen“ vom Dienst enthoben und im Zuge der sogenannten „Neuordnung des Beamtentums“ am 31.5.1938 zwangspensioniert. Oskar Kreisky wurde gezwungen am 14. Juli 1938 eine Vermögenserklärung abzugeben. Er wurde seines Einkommens und seines Besitzes beraubt. Die Flucht nach Italien ermöglichte sein Überleben.

Prof. Dr. Artur Modry war seit 1908/09 nachweislich an der Radetzkyschule als Lehrer für Naturgschichte beschäftigt. Seine Lehrtätigkeit war auch von wissenschaftlicher Forschung begleitet: Die Landesbibliothek Tirol führt seine Arbeit „Zur Morphologie der Kupressinenblüte“ 1908/09 und „Beiträge zur Gallenbiologie“ im JB 1911. Er war auch administrative Hilfskraft des Direktors, im Jahresbericht 1929/30 wird er als „Geschäftsführer des Elternvereines“ bezeichnet. Er war verantwortlich für die Lehrmittelsammlung aus Naturgeschichte und mehrmals als Klassenvorstand tätig. Dr. Artur Modry wurde am 13.8.1882 geboren, er war mit Hilda Modry, geborene Blau, verheiratet. Ihre Wohnadresse war von 11.2.1928 bis 5.2.1940 Wien 8, Josefstädterstraße 85. Artur Modry wurde nach über 30 Dienstjahren am 18.3.1938 auf Grundlage der nationalsozialistischen Unrechtsgesetze vom Dienst enthoben. Die „Vertreibung der Vernunft“ an der Realschule Wien 3 wird genauestens dokumentiert:

Der handschriftlich verfasste Jahresbericht 1937/38 notiert auf Seite 5ff: „Es schieden im Laufe des Schuljahres aus: ... Stud. R. Prof. Artur Modry (als Jude am 18.3. vom Dienst enth.);“ die Klassen, die Arthur Modry 1938 unterrichtete: „Ng 1a, 1b, 2b, 5a, 5b, 6a, 7; Ng-Ü: 5a, 5b,; Kust. Ng. ... 19+2Wst.“

Am 31. Mai 1938 wurde Artur Modry in den dauernden Ruhestand versetzt. Am 7. Juli 1938 wurden Artur und Hilda Modry gezwungen, eine Vermögenserklärung abzugeben. Dr. Artur und Hilda Modry wurden ihres Einkommens und ihres Besitzes beraubt. Artur Modry versuchte mit Hilfe der Auswanderungs-Hilfsaktion „Gildemeester“, Büro in Wien 4, Prinz-Eugenstraße 22, die Flucht zu organisieren. Bevor diese gelang wurde am 8. Dezember 1939 eine weitere Vermögenskontrolle vorgenommen. Die Abmeldedaten geben Italien als Fluchtziel an.

Prof. Dr. Hedwig Mautner wurde am 6. Mai 1902 geboren und lebte mit ihrem Gemahl Dr. Franz Mautner von 7.6.1929 bis 26.7.1938 in Wien 19, Eichendorffgasse 4. Dr. Hedwig Mautner unterrichtete die Mädchenklassen in Turnen. Sie wird laut Jahresbericht „als Jüdin am 18.3.1938 vom Dienst enthoben“ und am 31.5.1938 im

Alter von 36 Jahren zwangspensioniert. Dr. Hedwig Mautner wurde am 15. Juli 1938 gezwungen, eine Vermögenserklärung abzugeben, darin gab sie bekannt, dass sie beabsichtigte, den „Wohnsitz in das Ausland zu verlegen". In den Meldedaten wird Amsterdam als Zielort angegeben.

Prof. Irma Last kam im Schuljahr 1937/38 an die Realschule Radetzkystraße und unterrichtete sechs Stunden als Zeichen-Assistenzlehrerin. Die restliche Lehrverpflichtung wurde durch Mitverwendung an den Realschulen Josef-Gallgasse, Jagdgasse und an der Realschule Schuhmeierplatz abgedeckt. Am 18.3.1938 wurde Prof. Irma Last in Folge der nationalsozialistischen Unrechtsgesetze vom Dienst enthoben und am 31.5.1938 zwangspensioniert. Irma Last wurde am 29. Jänner 1900 geboren und wohnte in Wien 19, Döblinger Hauptstraße 24. Am 15. Juli 1938 wurde Prof. Irma Last gezwungen, eine Vermögenserklärung abzugeben, sie wurde ihres Einkommens und ihres Besitzes beraubt. Aus der weiteren Korrespondenz mit der „Vermögensverkehrsstelle" vom 14. Dezember 1938 wird ersichtlich, dass Irma Last die Flucht nach Hongkong gelungen ist.

Prof. Dr. Richard Korn war vom Schuljahr 1919 an ununterbrochen an der Realschule Radetzkystraße als Lehrer für Deutsch, Französisch, Italienisch und Volkswirtschaftslehre beschäftigt, häufig in der Funktion als Klassenvorstand. Die Österreichische Nationalbibliothek führt zahlreiche Veröffentlichungen zum Spracherwerb – Konversationsgrammatiken, Sprachbücher zur Alltagssprache aus Französisch, Italienisch und Englisch. Richard Korn wurde am 25. Oktober 1890 geboren. Er war mit Maria Korn, geborene Lolli verheiratet. Seine Wohnadresse war Wien 3, Baumgasse 41. Er verbrachte zwanzig Dienstjahre an der Radetzkyschule. Im Schuljahr 1937/38 war er an der Realschule Glasergasse beschäftigt. Zur Zeit des „Anschlusses" befand sich Richard Korn in Triest. Am 13. Juli 1938 wurde er gezwungen eine Vermögenserklärung abzugeben, er wurde seines Einkommens und seines Besitzes beraubt.

Ilse Heller war aus gesundheitlichen Gründen ab 21. Jänner 1938 beurlaubt und wurde am 18.3.1938 vom Dienst enthoben. Sie war Lehrerin für Nadelarbeit und an mehreren Schulen beschäftigt.

ERMORDETE LEHRER

Siegbert Pincus war Lehrer für mosaische Religion am GXIII, Fichtnergasse bis März 1938, ab 28. April 1938 an der Realschule Radetzkystraße. Prof. Pincus wurde in Deutschland geboren und war verheiratet mit Erna Shisha. Siegbert Pincus wurde am 28.11.1941 von Wien nach Minsk deportiert und ermordet.

Renate Mercsanits

1 Dachs Herbert: „Austrofaschismus und Schule". In: Talos, Emmerich: Austrofaschimus. Politik-Ökonomie-Kultur. 5. überarb, u. erg. Aufl. Wien 2005, S 282.

2 „Glöckel verfügte ..., daß jede Art von Zwang zur Teilnahme an religiösen Übungen ... untersagt sei" ebd.

3 Dachs, Herbert: Austrofaschismus und Schule. S 284.

4 Ebd., Siehe auch: Festschrift des RG3, 150 Jahre RG3 Radetzkystraße 2001, S. 22

5 Das BMU führt unter der Geschäftszahl 16502-II/7 eine Eingabe des erzbischöflichen Ordinariates Wien zur „Zusammenfassung der nicht-kath. Schüler in den Klassen der Mittelschulen und Lehrerbildungsanstalten; Koedukation". In dem Schreiben vom 19. Mai 1934 heißt es:

„Das erzb. Ordinariat Wien beehrt sich das hohe Bundesministerium für Unterricht zu ersuchen, gütigst folgende oder eine ähnlich lautende Verfügung zu treffen und im Verordnungsblatt für den Dienstbereich des Bundesministeriums für Unterricht noch im Monate Juni 1934 zu verlautbaren:

1.) Mit Beginn des Schuljahres 1934/5 sollen die Schüler und Schülerinnen an den öffentlichen und privaten Mittelschulen und Lehrer- und Lehrerinnenbildungsanstalten in den Parallelklassen nach ihrer konfessionellen Zusammengehörigkeit zusammengefasst werden, so dass rein katholische Klassenzüge ermöglicht werden.

2.) Die Koedukation ist sobald als möglich an allen Mittelschulen und Lehrer- und Lehrerinnenbildungsanstalten in Orten, wo sich Mädchenmittelschulen befinden, gänzlich aufzuheben."

Das Unterrichtsministerium des Dollfuß-Schuschnigg Regimes ging mit dieser Forderung konform. Das Verordnungsblatt des Wiener Stadtschulrates veröffentlichte die Weisung des Bundesministeriums im Artikel 151. Im Schuljahr 1935/36 wurde er aufgrund heftiger Proteste wieder aufgehoben.

6 AVA Unterricht 10 in genere 2255/10.

7 AVA Unterricht 10 2264-2267 und AVA Unterricht 10 in genere 2255/10.

8 Lachs, Minna: Kinder und Schule unter dem gelben Stern. In: Stadler, Friedrich (Hg.): Vertriebene Vernunft II. Münster 2004, S 892.

9 Hilberg, Raul: Die Quellen des Holocaust. Entschlüsseln und Interpretieren. Frankfurt/M 2002. S 102 Als „Nichtarier" galt: „Jede Person, die „Jude ist": Zu dieser Kategorie gehörten alle, unabhängig von ihrer Religionszugehörigkeit, die mindestens drei Großelternteile hatten, die der jüdischen Religion angehörten. Da die Religionszugehörigkeit der Betroffenen selbst irrelevant war, kam für sie der Begriff „Rassejuden" in Gebrauch. „Geltungsjuden": als Juden „galten" ferner alle Personen mit nur zwei jüdischen Großelternteilen, wenn sie der jüdischen Religion angehörten oder zu dem Zeitpunkt, als das Gesetz in Kraft trat, mit einem jüdischen Partner verheiratet waren."

10 Jahresbericht der Realschule Radetzkystraße 1937/38.

11 Chanan Kedar, Brief 19.2.2010.

12 Charles Spencer, unveröffentlichtes Skript 1994/Brief 2008.

13 Bella Geller, Brief 2008.

14 Jahresbericht 1937/38.

15 Verordnungsblatt des Stadtschulrates für Wien, 1.Juni 1938 Nr. 86.

16 Alexander Shemuel Katz, Brief 2008.

17 Anny Ulmer, Brief 2008.

18 Ebd.

19 Runderlaß des Reichsministeriums für Wissenschaft, Erziehung und Volksbildung. Nr. 1598, 7.7.1942.

20 Krist, Martin: Vertreibungsschicksale, S 44.

21 Die Recherche ist nicht abgeschlossen, über zahlreiche Schicksale konnten keine Informationen gefunden werden.

22 Quellen: DÖW Dokumentationsarchiv des Österreichischen Widerstandes „Namentliche Erfassung der österreichischen Holocaustopfer". The Central Database of Shoah Victims' Names. Yad Vashem.

23 Lachs, Minna: Kinder und Schule unter dem gelben Stern. In: Stadler, Friederich (Hg.) Vertriebene Vernunft. Wien, 2004 Neuaufl., Bd.2 S 896.

24 AVA Unterricht 10 in genere BMU Zl: 156/14-II a - 1938.

25 Vorgelegt und gezeichnet vom kommissarischen 2. Präsidenten des SSR Dr. Fritz wurden:

1. Das Verzeichnis jener pragmatischen Lehrer, die an einer anderen Anstalt oder nebenbei auch an anderen Anstalten als bisher verwendet werden sollen;
2. das Verzeichnis der pragmatischen Lehrer, deren Dienstzuweisung aus anderen Amtsbereichen bzw. von Wiener Mittelschulen in andere Amtsbereiche beantragt wird;
3. das Verzeichnis der Hilfslehrer, die nunmehr an einer anderen Anstalt oder *auch* an einer anderen Anstalt verwendet werden sollen.
4. das Verzeichnis der zur Neubestellung beantragten Hilfslehrer;
5. das Verzeichnis jener Lehrkräfte, die seinerzeit aus politischen Gründen in den Ruhestand versetzt bzw. (bei Hilfslehrern) entlassen oder nicht weiter bestellt wurden und deren Wiederindienststellung beantragt wird."

26 ebd.

27 Siehe Hilberg, Raul: Die Quellen des Holocaust, S 83ff.

28 Meißner, Hildegard: Allgemeine Geschichte der österreichischen Mädchenmittelschulen, S 98 Zit. n. Engelbrecht, Helmut: Geschichte des österreichischen Bildungswesens. Bd. 5, S 314.

29 Lachs, Minna: Kinder und Schule unter dem gelben Stern. S 896.

30 AVA Unterricht 10 in genere 11857II/8 Hilfslehrerbedarf - Stellenwerber: Stand 4. April 1938.

31 AVA Unterricht 10 in genere BMU Zl: 156/14-II.a.-.1938.

32 Jahresbericht Realschule Radetzkystraße 1938/39.

33 Ebd.

IV. DIE KLASSEN VOM 28. APRIL BIS 2. JULI 1938

1A RADETZKYSCHULE

Kölber Walter	06. 02. 27	3.	Custozzagasse 7		
Mandler Kurt	30. 01. 27	3.	Neulinggasse 22		
Rosenbaum Fritz	30. 06. 26	3.	Seidlgasse 24		
Schnabel Herbert	02. 01. 28	3.	Ziehrerplatz 8		
Schwadron Herbert	04. 03. 27	3.	Kegelgasse 25		
Schwager Arnold	24. 06. 27	3.	Siegelgasse 1		
Wachtel Harry	20. 11. 26	2.	Aspernbrückengasse 2		
Weiss Eduard	18. 05. 27	3.	Löwengasse 29		
„ZUGESCHULT"					
Altschüler Robert	16. 03. 27	12.	Albrechtsbergergasse 12	R12	Schönbrunnerstraße
Böhm Harry	14. 09. 27	1.	Elisabethstraße 1	R4	Waltergasse
Gartner Hans	17. 11. 26	7.	Neubaugasse 39a	R6	Marchettigasse
Geller Richard	25. 04. 27	5.	Schönbrunnerstraße 82	R12	Schönbrunnerstraße
Grün Gerhard	05. 06. 27	3.	Hainburgerstraße 70	2R2	Josef-Gall-Gasse
Hirsch-Jesernowsky Paul	22. 02. 27	13.	Himmelhofgasse 33	PrivRg13	
Hirschfeld Kurt	03. 07. 27	3.	Weißgerber Lände 6	privRg13	
Huschak Kurt	18. 11. 25	7.	Kirchengasse 19	R7	Neustiftgasse
Josefsberg Paul	22. 12. 25	6.	Worellstraße 3	R6	Marchettigasse
Klein Otto	01. 01. 27	6.	Kasernengasse	R6	Marchettigasse
Leder Herbert	15. 08. 27	2.	Untere Donaustraße	2R2	Josef-Gall-Gasse
Leider Friedrich	01. 03. 27	2.	Taborstraße 72	1R2	Vereinsgasse
Rosenberg Franz	04. 10. 27	4.	Radeckgasse	R4	Waltergasse
Rosner Hans	25. 04. 25	6.	Amerlingstraße 9	R5	Reinprechtsdorferstraße
Salzmann Kurt	28. 04. 27	5.	Castelligasse 22	R5	Reinprechtsdorferstraße
Scharf Kurt	23. 11. 26	6.		R6	Marchettigasse
Schneider Alfred	29. 08. 27		Inzersdorf	R5	Reinprechtsdorferstraße
Smetana Peter	30. 05. 27	13.	Einwanggasse 27	RG13	Hackingerkai
Taussig Heinz	31. 10. 27	22.	Rauscherstraße 23	1R2	Vereinsgasse
Weisz Hans	13. 09. 27	5.	Schußwallgasse 5	R5	Reinprechtsdorferstraße
Wolf Peter	04. 12. 27	13.	Hietzinger Hauptstraße	Rg13	Hackingerkai

1B RADETZKYSCHULE*

Anspach Susanne	28. 02. 27	3.	Untere Viaduktgasse 55	verstorben im WS 1937/38 Februar
Bermann Edith	28. 08. 27	3.	Löwengasse 51	
Bondy Liese	22. 07. 27	3.	Bechardgasse 16	
Diamant Marianne	17. 06. 27	1.	Lobkowitzplatz 1	
Fröhlich Susanna	02. 05. 27	2.	Praterstraße 33	
Fuchs Edith	19. 07. 27	3.	Radetzkyplatz 10	
Geller Bella	14. 01. 27	3.	Adamsgasse 4	
Hochstädt Mia	07. 07. 27	3.	Geusaugasse 7	
Hohenberg Eva-Maria	19. 01. 27	3.	Kübeckgasse 16	
Justiz Therese	14. 09. 26	10.	Holzknechtstraße 81	
Katz Susanne	11. 08. 27	3.	Bechardgasse 14	
Klapholz Erika	23. 07. 27	3.	Seidlgasse 24	
Kohn Erika	12. 01. 27	2.	Ferdinandstraße 28	
Lengyel Hanna	10. 12. 27	3.	Landstraßer Hauptstraße 102	
Marian Xenia-Pia	03. 04. 27	3.	Bechardgasse 11/9	
Meisner N.N.	26. 05. 27	2.	Böcklinstraße 4	
Lorant Lily	05. 11. 26	9.	Zimmermannsplatz 5	
Raubitschek Elfriede	21. 01. 27	3.	Heingasse 18	
Safier Tirca	25. 06. 27	3.	Baumgasse 17/12	
Schnapek Gertrude	13. 07. 27	3.	Radetzkystraße 3	
Silzer Hertha	20. 03. 27	3.	Radetzkystraße 7	
Wagenberg Lilly	29. 01. 27	1.	Neutorgasse 13	
Waldmann Susanne	06. 04. 27	3.	Paracelsusgasse 6	

2A RADETZKYSCHULE

Boxhorn Erich	05. 02. 26	3.	Weißgerber Lände 26		
Haber Kurt	06. 06. 24	2.	Praterstraße 56		
Hirschenhauser Rene	15. 07. 25	3.	Hintere Zollamtsstraße 17		
Horn Alfred	03. 06. 24	3.	Dapontegasse 2		
Kaufmann Peter	27. 06. 26	1.	Wiesingerstraße 3		
Neumann Walter	12. 04. 26	3.	Ungargasse 54		
Rufana Mordechai	25. 11. 25	1.	Biberstraße 11		
Schachner Erwin	11. 06. 26	3.	Gärtnergasse 8		
Streit Alfred	14. 03. 25	3.	Hintere Zollamtsstraße 9		
Weisz Hans	23. 02. 26	3.	Salmgasse 14		
„ZUGESCHULT“					
Appenzeller Ernst	09. 05. 26	6.	Eszterhazygasse 12	R6	Marchettigasse
Arnstein Gert	13. 05. 26	14.		R15	Henriettenplatz
Baumgarten Peter	06. 05. 26		Berlin	R7	Neustiftgasse
Bernbach Robert	02. 04. 26	7.	Zieglergasse 11	R7	Neustiftgasse
Brod Hans	20. 09. 26	7.		R	
Czaczkes Paul	31. 08. 26	4.	Belvederegasse 11	R4	Waltergasse
Eisenstein Gerhard	12. 04. 26	6.	Sandwirtgasse	R6	Marchettigasse
Fuchs Maximilian	18. 03. 26	6.	Linke Wienzeile 40	R4	Waltergasse
Grossmann Hans	25. 09. 25	13.		R13	Hackingerkai
Halpert Harry	02. 08. 25	2.	Praterstraße 56	2R2	Josef-Gall-Gasse
Herz Harry	18. 06. 26	2.	Venediger Au 4	1R2	Vereinsgasse
Hillmann Kurt M.	17. 06. 38	2.	Kleine Pfarrgasse 13	1R2	Vereinsgasse
Jung Leopold	18. 08. 26	10.	Angeligasse 34	R10	Jagdgasse
Katz Alexander	18. 08. 26	4.	Schönburgstraße 25	R4	Waltergasse
Kohn Josef	12. 03. 26	2.	Schüttelstraße 13	2R2	Josef-Gall-Gasse
Laufer Peter	27. 09. 26	2.	Engerthstraße 230	2R2	Josef-Gall-Gasse
Lemberger Leo	20. 10. 26	2.	Praterstraße 60	1R2	Vereinsgasse

2B RADETZKYSCHULE*

Altmann Gertrud	26. 04. 26	3.	Reisnerstraße16		
Bauer Ilse	22. 01. 26	3.	Seidlgasse 30		
Benedikt Eva	22. 03. 26	2.	Franzensbrückenstraße 22		
Bettelheim Edith	03. 09. 26	2.	Untere Donaustraße 37		
Blumschein Alice	07. 09. 26	3.	Pfefferhofgasse 1a		
Ellinger Susanne	04. 08. 26	1.	Weihburggasse 26		
Feiwel Hanni	01. 05. 26	3.	Marxergasse 9		
Geretzer Kitty	02. 01. 26	2.	Engerthstraße 230		
Körner Felice	13. 12. 25	3.	Weißgerber Lände		
Landmann Wilma	16. 01. 26	3.	Apostelgasse 36		
Löw Susanne	05. 05. 26	3.	Untere Viaduktgasse 35		
Marmorek Lisa	07. 10. 26	3.	Neulinggasse 10		
Morgenstern Ernestine	08. 03. 26	2.	Böcklinstraße 2		
Popper Erna	14. 06. 26	3.	Obere Weißgerberstraße 24		
Ratz Lisberth	21. 10. 25	1.	Grünangergasse 2		
Sohr Gertrude	13. 04. 26	3.	Marxergasse 13		
Trebitsch Ingeborg	10. 07. 26	3.	Löwengasse 45		
„ZUGESCHULT“					
Fischer Erika	02.01.27	10.		Oberlyzeum	10, Jagdgasse
Ulmer Anna	22.11.25	10.	Friedrich Knauergasse 4	Oberlyzeum	10, Jagdgasse

3A RADETZKYSCHULE

Anspach Gerhard	24. 04. 24	3.	Untere Viaduktgasse 55
Back Walter	07. 03. 24	3.	Blütengasse 3
Blumka Herbert	02. 11. 24	1.	Himmelpfortgasse 17
Bondy Walter	26. 11. 24	3.	Bechardgasse 16
Hackel Walter	07. 03. 24	3.	Matthäusgasse 6
Kornfeld Hans	05. 02. 25	3.	Landstraßer Hauptstraße 102
Urbach Alexander	07. 02. 25	9.	Hahngasse 12

* Die jüdischen Schülerinnen der 1. und 2. Klassen wurden am 29.4.1938 den B-Klassen „zugewiesen“, die nicht-jüdischen Schülerinnen am 3.5.1938 den C-Klassen.

„ZUGESCHULT"

Ascher Otto	23. 02. 25	10.	Reumannplatz 5	R10	Jagdgasse
Awin Egon	02. 12. 23	5.	Fendigasse 35	R5	Reinprechtsdorferstr.
Diamant Heinz				1R2	Vereinsgasse
Ehrlich Max	12. 03. 25	5.	Stöbergasse 7	R5	Reinprechstdorferstr.
Feiner Walter	22. 04. 24	5.	Mittersteig 18	R5	Reiprechstsdorferstr.
Felder Harry	06. 03. 25	2.	Obere Augartenstraße 64	1R2	Vereinsgasse
Fuchs Hans	14. 11. 25	6.	Stumpergasse 64	R6	Marchettigasse
Geller Norbert	13. 04. 24	5.	Schönbrunnerstraße 82	R12	Schönbrunnergstr.
Glaser Kurt	24. 03. 25	13.	Auhofstraße 245	RG13	Hackingerkai
Hammermann Heinz	19. 02. 25	7.	Mariahilferstraße 12	R7	Neustifgasse
Hasterlik Ignaz	22. 04. 25	6.	Kasernengasse 8	R6	Marchettigasse
Heimerling Herbert	26. 05. 25	6.	Landwirtgasse 1	R6	Marchettigasse
Himler Gerhard	06. 06. 25	6.	Gumpendorferstraße 111	R6	Marchettigasse
Jacobi Karl	09. 12. 25	7.	Lerchenfelderstraße 76	R7	Neustiftgasse
Karpeles Walter	14. 08. 25	7.	Neustiftgasse 17	R7	Neustiftgasse
Kaszas Josef	29. 05. 25	7.	Neustiftgasse 94	R7	Neustiftgasse
Kemeny Georg	10. 05. 25	21.	Kaulbachstraße 20	R5	Reinprechtsdorferstr.
Königsberger Herbert	08. 06. 25	13.	Linzerstraße 103	RG13	Hackingerkai
Kramer Georg	11. 08. 25	6.	Worellstraße 3	R6	Marchettigasse
Kraus Robert	16. 02. 24	4.	Schlüsselgasse 8	R4	Waltergasse
Kulla Heinz	05. 04. 25	2.	Rotensterngasse 4	1R2	Vereinsgasse
Lederer Paul	02. 02. 25	4.	Scholleingasse 43	R4	Waltergasse
Liebling Harry	01. 06. 24	10.	Columbusgasse 48	R10	Jagdgasse
Löbl Herbert	24. 04. 25	6.	Kollergasse 4	R6	Marchettigasse
Matzner Fritz	10. 11. 25	6.	Schmalzhofgasse 1	R6	Marchettigasse
Medak Harry	27. 10. 24	12.	Schallergasse 2	R12	Schönbrunnerstraße
Moscari Hans	29. 04. 25	7.	Neustiftgasse 104	R7	Neustiftgasse
Müller Thomas	10. 10. 25	6.	Webgasse 35	R13	Hackingerkai
Niwes Ernst	08. 04. 25	2.	Vereinsgasse 14	1R2	Vereinsgasse
Pisk Herbert	01. 08. 25	2.	Reichsbrückenstraße 40	1R2	Vereinsgasse
Pollak Adolf	28. 01. 25	2.	Arnezhoferstraße 9	1R2	Vereinsgasse
Rosenmann Alfred	08. 10. 25	2.	Volkertstraße 16	1R2	Vereinsgasse
Rubin Georg	17. 10. 25	6.	Schmalzhofgasse 17	R6	Marchettigasse
Rubinstein Kurt	30. 12. 23	6.	Laimgrubengasse 1	R12	Schönbrunnerstraße
Sommerstein Walter	13. 05. 25	2.	Heinestraße 29	1R2	Vereinsgasse
Spindel Julian	08. 09. 25	4.	Wiedner Gürtel 12	R4	Waltergasse
Stern Erich	03. 03. 24	15.	Vogelweidplatz 10	R7	Neustiftgasse
Wasservogel Karl	22. 08. 25	4.	Wiedner Gürtel 28	R4	Neustiftgasse
Weiss Ernst	17. 07. 25	3.	Untere Weißgerberstraße 50	2R2	Josef-Gall-Gasse
Weiss Fritz	04. 08. 25	2.	Lessinggasse 9	1R2	Vereinsgasse
Welt Herbert	25. 08. 25	2.	Schubertstraße 13	2R2	Josef-Gall-Gasse
Wolf Heinz	23. 05. 25	6.	Mariahilferstraße 97	R6	Marchettigasse

4A RADETZKYSCHULE

Anschlowitz Heinz	14. 03. 24	3.	Untere Viaduktstraße 35
Bruck Alexander	09. 09. 24	1.	Falkestraße 1
Eisinger Kurt	06. 05. 24	3.	Untere Weißgerberstraße 37
Kaminker Max	06. 02. 24	3.	Blütengasse 3
Koblitz Hans	21. 02. 24	3.	Reisnerstraße 39
Schön Heinz	04. 08. 24	3.	Uchatiusgasse 5
Schwander Karl	03. 07. 24	3.	Rechte Bahngasse 14
Ungar Paul	03. 05. 24	3.	Untere Viaduktgasse 59
Vogel Kurt	14. 02. 24	3.	Neulinggasse 31
Weiß Franz	15. 08. 21	20.	Meldemannstraße 27
Weisz Hans Peter	03. 09. 24	3.	Krieglergasse 17

„ZUGESCHULT"

Atlass Hans	12. 02. 24	7.	Westbahnstraße 54	R7	Neustiftgasse
David Friedrich	28. 02. 24	8.	Lerchenfelderstraße 66	R7	Neustiftgasse
Erber Erich	06. 04. 24	2.	Erlafstraße 4	2R2	Josef-Gall-Gasse
Fast Heinz	01. 02. 24	3.	Seidlgasse 17	2R2	Josef-Gall-Gasse
Feldbauer Peter	17. 04. 24	2.	Novaragasse 26	1R2	Vereinsgasse
Fessler Leonhard	06. 01. 25	10.	Gudrunstraße 127	R10	Jagdgasse
Fessler Heinrich	26. 09. 24	12.	Schurzgasse 2	R5	Reinprechtsdorferstraße

Fleischer Fritz	29. 06. 24	10.	Laxenburgerstraße 92	R10	Jagdgasse
Gewürz Heinz	26. 06. 24	2.	Darwingasse 18	1R2	Vereinsgasse
Goldberg Alfred	29. 10. 24	7.	Neustiftgasse 3	R7	Neustiftgasse
Halle Kurt	21. 11. 24	2.	Ybbsstraße 46	1R2	Vereinsgasse
Hochmann Robert	13. 03. 24	10.	Gudrunstraße 150	R10	Jagdgasse
Holzer Heinz	28. 08. 24	7.	Seidengasse 25	R7	Neustiftgasse
Kalman Heinrich	03. 10. 24	2.	Glockengasse 4	1R2	Vereinsgasse
Kauftheil Kurt	31. 08. 23	7.	Siebensterngasse 16	R5	Reinprechtsdorferstraße
Mandler Georg	11. 06. 24	3.	Löwengasse 2	2R2	Josef-Gall-Gasse
Matzka Hans	06. 02. 24	2.	Praterstraße 66	2R2	Josef-Gall-Gasse
Panzer Josef	07. 12. 23	2.	Rueppgasse 40	1R2	Vereinsgasse
Perl Beno	21. 06. 24	2.	Rotensterngasse 22	1R2	Vereinsgasse
Raab Viktor	14. 07. 23	9.	Rossauerlände 33	1R2	Vereinsgasse
Schnapp Alfred	25. 03. 24	8.	Mölkergasse 3	R7	Neustiftgasse
Surany Kornel	02. 04. 23	5.	Rechte Wienzeile 101	R5	Reinprechtsdorferstraße
Taus Otto	09. 05. 24	8.	Laudongasse 69	R7	Neustiftgasse
Wechsberg Heinz	18. 07. 24	15.	Palmgasse 3	R7	Neustiftgasse
Wegner Fritz	15. 09. 24	2.	Ilgplatz 6	1R2	Vereinsgasse
Weibel Fritz	08. 02. 23	1.	Köllnerhofgasse 4	1R2	Vereinsgasse
Zimentstark Alfred	01. 09. 24	2.	Vereinsgasse 16	1R2	Vereinsgasse

5A RADETZKYSCHULE

Bauer Fritz	17. 08. 23	3.	Seidlgasse 30
Schlick Adolf	22. 06. 23	3.	Obere Viaduktgasse 20
Sternbach Artur	22. 04. 22	3.	Kegelgasse 2

5B RADETZKYSCHULE

Apfelbaum Blanka	07. 04. 23	2.	Taborstraße 21a	
David Yvette	29. 04. 23	3.	Hintere Zollamtstraße 11	
Engel Meta	10. 12. 21	3.	Leonhardgasse 2	
Fischler Dora	25. 05. 23	20.	Greisenneckergasse	
Gerhart Anna	29. 04. 23	2.	Hollandstraße 10	
Herzog Renate	17. 04. 23	2.	Praterstraße 13	
Leder Ruth	27. 01. 23	2.	Tandelmarktgasse 11	
Löwy Melitta	13. 11. 23	2.	Taborstraße 17b	
Mandl Gertrud	02. 07. 23	2.	Fruchtgasse 3	
Messinger Susanne	13. 05. 23	3.	Kegelgasse 32	
Palmai Ellen	11. 02. 24	3.	Dapontegasse 5	
Raubitschek Gertrud	30. 01. 23	3.	Steingasse 18	
Reisz Gertrud	07. 03. 23	3.	Radetzkystraße	
Rosenstrauß Fritzi	21. 12. 22	3.	Untere Weißgerberstraße 28	
Steiner Melanie	10. 08. 23	2.	Zirkusgasse 25	
„ZUGESCHULT"				
Eckstein Rosa	19. 02. 23	3.	Rasumowskygasse 4	2R2 Josef-Gall-Gasse
Gimplowitsch Hildegard	18. 01. 23	3.	Kegelgasse 43	2R2 Josef-Gall-Gasse
Grosner Erika	03. 05. 23	2.	Josef-Gall-Gasse 1	2R2 Josef-Gall-Gasse
Kullmann Anny	24. 07. 23	3.	Dietrichgasse 3	2R2 Josef-Gall-Gasse
Kupfermann Friederike	15. 08. 23	3.	Erdbergstraße 46	2R2 Josef-Gall-Gasse
May Helene	22. 08. 23	3.	Kundmanngasse 5	2R2 Josef-Gall-Gasse

6A RADETZKYSCHULE

Czeczowiczka Theodor	30. 06. 22	1.	Uraniastraße 2
Weber Kurt	23. 05. 22	2.	Zirkusgasse 10

6B RADETZKYSCHULE

Buchbinder Martha	23. 09. 22	3.	Baumgasse 28
Ehrenreich Eva	27. 04. 22	2.	Untere Weißgerberstraße 69
Fantl Erika	19. 03. 22	3.	Radetzkystraße
Friedmann Lucie	04. 07. 22	3.	Invalidenstraße 3
Ginsberg Gisa	07. 03. 22	3.	Disslergasse 8
Grünhut Helene	28. 04. 22	2.	Praterstraße 24
Heilpern Wilhelmine	11. 10. 22	2.	Taborstraße 22
Juer Marianne	05. 03. 21	6.	Mariahilferstraße 25
Kornfeld Helene	17. 07. 22	3.	Landstraßer Hauptstraße 102

Kornfeld Helene	17. 07. 22	3.	Landstraßer Hauptstraße 102		
Meiseles Laura	29. 11. 20	2.	Schreigasse 12		
Steiner Hildegard	30. 12. 21	3.	Schrottgasse 3		
Weinberg Henriette	26. 05. 22	22.	Marchfelderstraße 7		

„ZUGESCHULT"

Duschnitz Susanne	22. 02. 22	2.	Böcklinstraße 34	2RII	Josef-Gall-Gasse
Gottesmann Erika	17. 01. 22	9.	Rögergasse 12	R9	Glasergasse
Liebermann Gertrud	11. 03. 21	9.	Rotenlöwengasse 13	R9	Glasergasse
Neufeld Ingeborg	27. 01. 22	9.	Wasserburgergasse 2	R9	Glasergasse
Oplatek Grete	13. 07. 22	9.	Alserbachstraße 37	R9	Glasergasse
Ormianer Anny	24. 09. 22	9.	Glasergasse 22	R9	Glasergasse
Sekler Hildegard	08. 04. 22	2.	Schüttelstraße 101	2R2	Josef-Gall-Gasse

7. RADETZKYSCHULE

Adelstein Hildegard	14. 03. 21	3.	Disslergasse 8		
Austerlitz Anna	11. 06. 21	2.	Gredlerstraße 4		
Balogh Gerti	20. 07. 21	3.	Hintere Zollamtsstraße 11		
Blumka Lore	04. 08. 21	1.	Himmelpfortgasse 17		
Fritz Lucy	03. 02. 21	1.	Singerstraße 9		
Habermann Rachel	23. 12. 20	3.	Baumannstraße 4		
Hirsch Käthe	20. 03. 21	3.	Löwengasse 38		
Kaminker Erna	30. 01. 21	3.	Blütengasse 3		
Linczyc Isabella	28. 04. 21	3.	Hörnesgasse 13		
Müller Ingeborg	03. 08. 21	3.	Neulinggasse 24		
Neumann Käthe	16. 05. 21	3.	Beatrixgasse 3		
Schlanger Ilse	27. 09. 21	3.	Löwengasse 45		
Steinhaus Camilla	16. 01. 21	3.	Obere Bahngasse 2		

„ZUGESCHULT"

Blatt Marianna	05. 07. 21	2.	Miesbachgasse 3/5	1R2	Vereinsgasse
Blumenfeld Edith	20. 10. 21	7.	Mondscheingasse 7	R7	Neustiftgasse
Färber Margaretha	10. 11. 21	8.	Blindengasse 25	R7	Neustiftgasse
Flehner Hedwig	22. 03. 21	8.	Stolzenthalergasse 5	R7	Neustiftgasse
Getreu Sophie	13. 09. 21	7.	Neustiftgasse 50	R7	Neustiftgasse
Heublum Trude	01. 06. 21	7.	Langegasse 94	R7	Neustiftgasse
Jellinek Lore	24. 09. 21	7.	Neubaugasse 36	R7	Neustiftgasse
Künstler Liesl	01. 04. 21	2.	Nordbahnstraße 22	1R2	Vereinsgasse
Kurz Ruth	09. 10. 21	8.	Langegasse 30	R7	Neustiftgasse
Lazarowicz Irma	28. 06. 21	2.	Schüttelstraße 71	2R2	Joseg-Gall-Gasse
Melzer Renee	18. 03. 21	5.	Laurenzgasse	R6	Marchettigasse
Oblas Lily	17. 01. 21	8.	Lerchenfelderstraße 16	R6	Marchettigasse
Traube Hertha	12. 02. 21	3.	Kolonitzgasse 7	1R2	Vereinsgasse
Weidenfeld Greta	11. 07. 21	3.	Fasangasse 32	1R2	Vereinsgasse
Weiss Mathilde	08. 05. 21	3.	Untere Weißgerberstraße 50	2R2	Josef-Gall-Gasse
Zeisel Hertha	29. 12. 20	8.	Lerchenfelderstr. 54-56	R7	Neustiftgasse
Zimentstark Lilly	24. 10. 21	2.	Vereinsgasse 16	1R2	Vereinsgasse

S c h ü l e r I n n e n   d e s   R G 3 • Adelstein Hildegard • Altmann Gertrud • Anschlowitz Heinz Anspach Gerhard • Anspach Susanne • Apfelbaum Blanka • Austerlitz Anna • Back Walter • Balogh Gerti Bauer Fritz • Bauer Ilse • Benedikt Eva • Bermann Edith • Bettelheim Edith • Blumka Herbert • Blumka Lore • Blumschein Allice • Bondy Lise • Bondy Walter • Boxhorn Erich • Bruck Alexander • Buchbinder Martha • Czeczowiczka Theodor • David Yvette • Diamant Marianne • Ehrenreich Eva • Eisinger Kurt Eisner Eleonore • Ellinger Susanne • Engel Meta • Fantl Erika • Feiwel Hanni • Fischler Dora • Friedmann Lucia • Fritz Lucy • Fröhlich Susanne • Fuchs Edith • Geller Bella • Geretzer Kitty • Gerhart Anna Ginsberg Gisa • Grünhut Helene • Haber Kurt • Habermann Rachel • Hackel Walter • Heilpern Wilhelmine Herzog Renate • Hirsch Käthe • Hirschenhauser Rene • Hochstädt Mia • Hohenberg Eva-Marie • Juer Marianne • Justiz Therese • Kaminker Erna • Kaminker Max • Katz Susanne • Kaufmann Peter • Klapholz Erika • Koblitz Hans • Kohn Erika • Kölber Walter • Körner Felice • Kornfeld Hans • Kornfeld Helene Kulka Elfriede • Landmann Wilma • Leder Ruth • Lengyel Hanna • Linczyc od. Rosenstein Isabella Lorant Lilian • Löw Susanne • Löwy Melitta • Mandl Gertrud • Mandler Kurt • Marbach Lise • Marian Xenia-Pia • Marmorek Lise • Meiseles Laura • Messinger Susanne • Morgenstern Ernestine • Müller Ingeborg • Neumann Käthe • Neumann Walter • Palmai Ellen • Popper Erna • Ratz Lisbeth • Raubitschek Elfriede • Raubitschek Gertrud • Reisz Gertrud • Rosenbaum Fritz • Rosenstrauß Fritzi • Rufana Mordechai • Safier Tirca • Schachner Erwin • Schlanger Ilse • Schlick Adolf • Schnabel Herbert Schnapek Gertrud • Schön Heinz • Schwadron Herbert • Schwager Arnold • Schwander Karl • Silzer Hertha • Sohr Gertrude • Steiner Hildegard • Steiner Melanie • Steinhaus Camilla • Sternbach Artur Streit Alfred • Trebitsch Ingeborg • Ungar Paul • Urbach Alexander • Vogel Kurt • Wachtel Harry Wagenberg Lilly • Waldmann Susanne • Weber Kurt • Weinberg Henriette • Weiss Eduard • Weisz Hans Weisz Hans Peter

Z u g e w i e s e n e   S c h ü l e r I n n e n • Altschüler Robert • Appenzeller Ernst • Arnstein Gert Ascher Otto • Atlass Hans • Awin Egon • Baumgarten Peter • Bernbach Robert • Blatt Marianne Blumenfeld Edith • Böhm Harry • Brod Hans • Czaczkes Paul • David Friedrich • Diamant Heinz Duschnitz Susanne • Eckstein Rosa • Ehrlich Max • Eisenstein Gerhard • Erber Erich • Färber Margarethe • Fast Heinz • Feiner Walter • Feldbauer Peter • Felder Harry • Fessler Heinrich • Fessler Bernhard • Fischer Erika • Flehner Hedwig • Fleischer Fritz • Fuchs Hans • Fuchs Maximilian • Gartner Hans • Geller Norbert • Geller Richard • Getreu Sophie • Gewürz Heinz • Gimplowitsch Hildegard Glaser Kurt • Goldberg Alfred • Gottesmann Erika • Grosner Erika • Grossmann Hans • Grün Gerhard Halle Kurt • Halpert Harry • Hammermann Heinz • Hasterlik Ignaz • Heimerling Herbert • Herz Harry Heublum Trude • Hillmann Kurt • Himler Gerhard • Hirsch-Jesernowsky Paul • Hirschfeld Kurt Hochmann Robert • Holzer Heinz • Huschak Kurt • Jacobi Karl • Jellinek Lore • Josefsberg Paul • Jung Leopold • Kalman Heinrich • Karpeles Walter • Kaszas Josef • Katz Alexander • Kauftheil Kurt • Kemény Georg • Klein Otto • Kohn Josef • Königsberger Herbert • Kramer Georg • Kraus Robert • Kulla Heinz Kullmann Anny • Künstler Liesl • Kupfermann Friederike • Kurz Ruth • Laufer Peter • Lazarowicz Irene Leder Herbert • Lederer Paul • Leider Friedrich • Lemberger Leo • Liebermann Gertrud • Liebling Harry Löbl Herbert • Mahs Harry • Mandler Georg • Matzka Hans • Matzner Fritz • May Helene • Medak Harry Melzer Renee • Mocsari Hans • Müller Thomas • Neufeld Inge • Niwes Ernst • Oblas Lily • Oplatek Grete Ormianer Anny • Östreicher Kurt • Panzer Josef • Perl Beno • Pisk Herbert • Pollak Adolf • Pollak Heinrich • Raab Viktor • Ragendorfer Hans • Reichlinger Herbert • Reiner Georg • Reinharz Alfred Rosenberg Franz • Rosenmann Alfred • Rosner Hans • Roth Erich • Rothmann Otto • Rubin Georg Rubinstein Kurt • Salzmann Kurt • Schächter Alfons • Scharf Kurt • Schnapp Alfred • Schneider Alfred Schwarcz Herbert • Sekler Hildegard • Smetana Peter • Sobek Felix • Sommerstein Walter • Spindel Julian • Steiner Leopold • Stern Erich • Surany Kornel • Szekely Ferenz • Taus Otto • Taussig Heinz Telheim Harry • Theodor Ralf • Traube Hertha • Ulmer Anna • Ungar Hans • Wantuch Ernst Wasservogel Karl • Wechsberg Heinz • Wegner Fritz • Weibel Fritz • Weidenfeld Grete • Weiss Ernst Weiss Fritz • Weiss Mathilde • Weissmann Kurt • Weisz Hans • Wellisch Kurt • Welt Herbert • Wolf Heinz Wolf Peter • Zeisel Hertha • Zeisel Ludwig • Zimentstark Alfred • Zimentstark Lilly

L e h r e r I n n e n • Ilse Heller • Dr. Richard Korn, Oskar Kreisky • Irma Last • Dr. Egon Lewin Dr. Hedwig Mautner • Dr.Artur Modry • Dr. Siegbert Pincus

Wir erinnern uns der 121 Schüler und Schülerinnen und der 8 Lehrer und Lehrerinnen der Radetzkyschule.
Wir erinnern uns der am 28. April 1938 von anderen Realschulen zugewiesenen 161 Schüler und Schülerinnen.

Wegen ihrer jüdischen Herkunft oder ihrer Gesinnung wurden sie unter der Gewaltherrschaft des Nationalsozialismus aus unserer Gemeinschaft ausgeschlossen.

Sie wurden verfolgt, vertrieben, ermordet.

D a s   W o r t   e n t s c h l i e f ,
a l s   j e n e   W e l t   e r w a c h t e .
(Karl Kraus)

Erinnerungslernen

Wien, 11. März 1988

Lieber Schüler, liebe Schülerin,

ich möchte Dir erklären, weshalb ich mich gerade an Dich wende – Du kannst beruhigt sein, ich will Dich weder gegen Deine Schule, Deinen Direktor oder Deine Lehrer aufhetzen – ich möchte Dich nur auf etwas aufmerksam machen...

Nennen wir es Zufall oder was auch immer Du willst – ich kam vor wenigen Tagen in Deine Schule, und da sprang mir in der Aula eine Tafel ins Auge – eine Gedenktafel für die gefallenen Lehrer und Schüler dieser Anstalt. Ich war ergriffen, denn es ist gut sich der Toten zu erinnern – nur, verzeih, vielleicht bin ich schicksalsbedingt übersensibel – oder sind es ganz einfach des März Iden in diesem Gedenkjahr – ich vermisste neben dieser Gedenktafel eine ebensolche für das Gedenken an die ermordeten und vertriebenen Lehrer und Schüler dieser Anstalt – für die Opfer der Hitlerbarbarei ...

Vielleicht empfand ich es auch deshalb so stark, weil ich so ganz plötzlich, ganz unerwartet vor dieser Tafel stand. Ich kann mir allerdings sehr gut erklären, dass für den, der hier täglich vorbeigeht – die Sache ganz anders ist. Du, jedenfalls, hast diese Gedenktafel zum ersten Mal im Alter von zehn Jahren gesehen, in einem Alter also, wo man sich wirklich über solche Dinge noch keine Gedanken macht. Und dann hast Du Dich allmählich an dieses Bild gewöhnt – es gehört eben zur Schule wie der Schulwart oder der Turnsaal – das ist menschlich verständlich – das würde mir genau so ergehen!

Was ich mir aber am heutigen Tage wünsche und erhoffe: Dass wir gemeinsam, Dein Herr Direktor, Deine Lehrer, Deine Eltern, Deine Freunde und Du, dass WIR gemeinsam unser Anliegen den zuständigen Stellen vorbringen – sodass diese uns unsere BITTE gar nicht abschlagen können – die Bitte nämlich, neben der bestehenden Gedenktafel noch eine zweite anzubringen.

Wir würden uns freuen – ja wir wären darauf stolz – eine gute Sache gemeinsam erreicht zu haben – und vielleicht war ich der Funke, der das Feuer der Begeisterung für Gerechtigkeit (das ja in jedem von uns steckt) entfacht hat ...

Du weißt ja – nichts wird einem geschenkt – man muss kämpfen – und immer wieder kämpfen für die Werte, die das Leben erst menschenwürdig machen.

Herzlich,

Inge Svoboda

P.S. Vielleicht würde unser Beispiel sogar Schule machen ...

ERINNERUNGSLERNEN AM RG3

Die Anfänge

1. VORBEMERKUNG

Der folgende Beitrag basiert auf einem Gespräch mit Mag. Gottfried Wagner, das am 2.3.2010 stattgefunden hat.

Das Thema des Gesprächs waren Bedingungen, Inhalt und Erkenntnisse ein Unterrichtsprojekt betreffend, das im Schuljahr 1986/ 87 am BRG3 im Rahmen des Philosophieunterrichts bearbeitet wurde. Das Thema des Projekts war „Antisemitismus" – nicht nur allgemein, sondern auch am Beispiel unserer Schule. Eine 7. Klasse hat in Gruppen mit unterschiedlichen Themenstellungen und Quellen gearbeitet, ein Projektbericht der Ergebnisse liegt vor.[1]

Dieser erste Schritt zur Aufarbeitung der Geschichte des Ausschlusses der jüdischen Schülerinnen und Schüler vom Schulbesuch am RG3 erfolgte zu einer Zeit, als die Waldheimaffäre dafür sorgte, dass die Verantwortung Österreichs während der 30er Jahre und während des Zweitens Weltkriegs, aber auch in der Gegenwart zum bestimmenden innenpolitischen Thema wurde.

Die Schülerinnen und Schüler arbeiteten mit den Jahresberichten und Katalogen ihrer Schule als Grundlage zur Aufarbeitung der Geschichte des BRG 3 in den Jahren 1937 – 1939, sowie mit diverser einführender Literatur.

2. DAS PROJEKT

Einerseits entsprach die geplante Aufarbeitung einem Bedürfnis, da die Schülerinnen und Schüler Licht auf ein dunkles Kapitel der Schulgeschichte und in weiterer Folge der österreichischen Geschichte werfen wollten.

Von der Beschäftigung mit dem Thema ging aber auch eine mehrschichtige Verunsicherung aus, da es sich ja nicht nur um Vergangenes handelte, sondern um weithin Präsentes: Antisemitismus war (und ist leider) ein weit verbreitetes Phänomen in Österreich, auch in Schulen, und die Waldheim-Debatte wirkte als Katalysator.

Die Hoffnung war, dass die Verunsicherung produktiv gemacht werden konnte, im Sinne demokratischer Erziehung. Der Umgang mit einem so schwierigen Thema im Klassenverband war dabei ebenso wichtig wie die Rekonstruktion der schlimmen Fakten.

Angst und Mut gleichzeitig machte der Schritt in die Öffentlichkeit, die Störung des Klimas des Schweigens; einerseits „könnte ja so mancher Lack abgehen" (Zitat Interview), andererseits war das ein Stück gelebte Aufklärung.

Im Zusammenhang mit diesem Thema drängten sich wesentliche Fragen auf, wie zum Beispiel: Was bedeutet die Behandlung des Themas Antisemitismus für die Gegenwart? Auf welcher Grundlage und wie kann es „behandelt" werden, ohne bloß theoretisch und historisch zu arbeiten? Wie stellt sich die Bearbeitung des Themas Antisemitismus am Beispiel RG3 für die Schülerinnen und Schüler dar? Was bedeutet diese Arbeit für die nichtjüdischen, was für die jüdischen Schüler, die es in der Klasse gab? Wie wirkt sich das Projekt auf den Lehrkörper aus, was meinen die Eltern dazu? Was heißt angewandte Demokratie in der Schule?

3. ZUR ROLLE DES LEHRERS

Neben dem Interesse der Schülerinnen und Schüler waren es persönliche biografische, politische und weltanschauliche Voraussetzungen von Mag. Wagner, die dazu führten, dass das Projekt angegangen wurde. Es war ihm wichtig, dass es zu einem „Einsichtsprozess führen sollte, aber keine Zwangsbeglückung war“ (Zitat Interview). Ob dies gelungen ist, stellt er dahin.

Heute empfindet er die ungenügende psychosoziale und gruppendynamische Vorbereitung als Manko, und die Erinnerung an die Unsicherheit, wie „man“ mit so einem Thema umgehen konnte, als unangenehm. Die zu stark „aktionistische Herangehensweise“ (Zitat Interview) beinhaltete viele Gefahren, sodass es aus heutiger Sicht unbedingt nötig gewesen wäre, irgendeine Form der Begleitung des Projekts in Anspruch zu nehmen.

Schließlich ging es ja nicht „nur“ um „Geschichte“, sondern auch um Ängste und Hoffnungen junger Menschen vor dem Hintergrund einer stark tabuisierten lebendigen Geschichte.

Von Bedeutung war, dass es an der Schule einen älteren jüdischen Lehrer, Dr. Ernst Beer, gegeben hatte, der eine ganze Generation von jüngeren Lehrern ermutigt und „erzogen“ hatte zu gelebtem politischen Anstand und gelebter Menschlichkeit in den Alltagskonflikten der Schule.

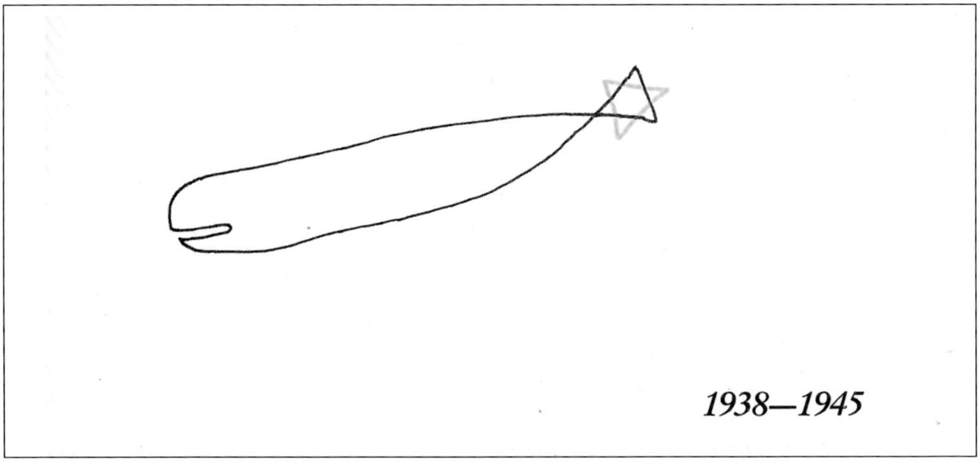

Einladung

zur Enthüllung einer Gedenktafel für die Lehrer und Schüler unserer Schule, die in den Jahren 1938 bis 1945 Opfer des Faschismus wurden.

Die festliche Enthüllung der von den Schülern gestalteten Gedenktafel findet am Samstag, dem 3. Dezember 1988, um 11 Uhr s.t. in der Aula der Schule statt.

Direktor Schüler Eltern Lehrer
des BRG III, 1030 Wien, Radetzkystraße 2a

4. RESÜMEE

Dieser erste explizite Schritt des „Erinnerns“ und „Bearbeitens“ kam einem Tabubruch gleich. Das Thema Antisemitismus war dazu angetan, Konflikte hervorzurufen und/oder vorhandene zu verschärfen, vielleicht auch produktiv auszutragen. Das war auch im Lehrkörper spürbar, dennoch war eine offene Auseinandersetzung mit dem Thema nicht der Fall.

Interessant ist, dass am RG3 in dieser Zeit eine große Gruppe von Lehrerinnen und Lehrern tätig war, die sich dem fortschrittlich-demokratischen Lager zurechnete. Berufsbezogene Selbsterfahrung, der Austausch von Unterrichtserfahrungen, Projektarbeit, politische Bildung und fachdidaktische Überlegungen waren eine hart erkämpfte, erst später alltägliche Sache. Im Prinzip lief diese Arbeitsweise darauf hinaus, gegen die geschlossene Klassensituation zu arbeiten, die Isolation aufzubrechen.

Nicht so bei diesem Projekt. Es gab keine - wie sonst durchaus schon üblich – Kooperation mit anderen Gegenständen, Lehrpersonen und Klassen. Auch die Arbeit mit den Eltern würde Gottfried Wagner heute viel aktiver anlegen.

Das Projekt macht aus heutiger Sicht ein wenig den Eindruck eines isolierten Experiments, das zunächst kaum nach Außen Wirkung gezeigt hat. Erst mit einer gewissen zeitlichen Verzögerung gab es dann den nächsten Schritt: Die Arbeit an der zweiten Gedenktafel, die 1988 angebracht wurde und heute Teil der neuen Gedenktafel ist.

Martha Bernardi,
Gottfried Wagner

1 Projektbericht Matti Bunzl, 7A, 1988

Dr. Ernst Beer

Ernst Beer hat während seiner Tätigkeit am GRG3 eine ganze Generation von Lehrern in vielerlei Hinsicht erheblich beeindruckt und beeinflusst. Diese Kontakte bestehen zum Teil auch heute, noch immer findet eine anregende Auseinandersetzung zwischen ihm und (ehemaligen) Kolleginnen/Kollegen statt.

Ein Gespräch mit Dr. Ernst Beer findet in seiner Wohnung im 19. Bezirk statt.[1] Binnen weniger Augenblicke, wir haben gerade Platz genommen, entsteht eine konzentrierte, dichte Atmosphäre.

Dr. Beer beginnt über sich zu erzählen, zunächst von der Zeit vor 1938. Er war Mittelschüler in der Stubenbastei, ein ausgezeichneter Schüler, der im März 1938 kurz vor der Matura stand. Bis dahin hatte er keinerlei antisemitische Erfahrungen machen müssen, erzählt er, weder von Seiten der Lehrer noch von den Mitschülern. Nach dem März 1938 war er dann gezwungen, die Schule zu wechseln und legte im Juni 1938 in der Sperlgasse die Matura ab. Die Schule in der Sperlgasse war, wie die Radetzkystraße auch, eine Sammelschule für jüdische Schülerinnen und Schüler, die nach den nun auch hier geltenden Gesetzen nicht mehr gemeinsam mit nichtjüdischen Schülerinnen und Schülern in einer Schule unterrichtet werden durften. Die Reifeprüfung bestand er mit Auszeichnung.

Im Juli erfolgte die Flucht nach England, wo er Arbeit in einem Rüstungsbetrieb (Flugzeugherstellung) fand. In England erfuhr er das ganze Ausmaß der Shoah, seine

1 Gespräch vom Juni 2010, anwesend: Dr. Ernst Beer, Mag. Martha Bernardi, Mag. Renate Mercsanits, Dr. Ernst Schwager.

Großeltern sind in Theresienstadt ermordet worden. Der Bruder entkam der Verfolgung durch die Nationalsozialisten, indem er in die USA emigrierte. Die Eltern überlebten den Holocaust mit gefälschten Papieren zunächst in Budapest, später in Rumänien.

Dr. Beer kehrte 1946 nach Österreich zurück, „sehr gerne", wie er betont, „weil es ein wichtiges Erlebnis war zu sehen, dass es keine Nazis mehr gab." Auch der Aufbau eines demokratischen Österreich hat bei der Entscheidung zurückzukehren eine bedeutende Rolle gespielt. Dr. Beer studierte Anglistik und Romanistik in Wien und trat 1948/49 in den Schuldienst ein, von 1956/57 bis 1980 in der Radetzkystraße. Die politische Lage nach dem Krieg spiegelte sich auch in der Zusammensetzung der Lehrer an der Schule wider: In den Jahren 1946 bis 1948 gab es einen jüdischen Direktor, Dr. Bermann, beim Dienstantritt von Dr. Beer „eine ganze Reihe von kommunistischen Kollegen, eine Menge Schwarzer und SPler." Das „3. Lager" war nicht vertreten, ehemalige Nationalsozialisten durften unmittelbar nach dem Krieg nicht unterrichten. Auf die Frage, inwieweit das Gedankengut der Nationalsozialisten in der Schule spürbar gewesen sei, meinte Dr. Beer, dass man sich wohl „typisch österreichisch" nicht auf Diskussionen eingelassen habe. Einmal habe ein Kollege eine antisemitische Bemerkung gemacht. Dr. Beer sprach ihn darauf an, und dieser entschuldigte sich. Dr. Beer war damals der einzige jüdische Lehrer an der Radetzkystraße, er sagte: „Mich hat an erster Stelle der Kontakt mit den Menschen interessiert, auch mit den ehemaligen Nazis."

Ernst Beer beschrieb dann einen für ihn wesentlichen Punkt, der seine Tätigkeit als Lehrer betraf: das ernst Nehmen der Heranwachsenden. „Ich habe die Probleme der Heranwachsenden ins Konferenzzimmer gebracht." Dr. Beer meinte sogar, dass es die Kollegen damals geärgert hat, wenn „man versucht hat, die Schwierigkeiten der Jugendlichen zu verstehen."

Es war ihm sehr wichtig, Lehrer zu sein, wie er betont. „Ich habe das Gefühl gehabt, dass ich mit den Jungen arbeiten kann."

Ernst Beer war der erste Lehrer an unserer Schule, der Unterstützung für Schüler organisiert hat, deren Muttersprache nicht Deutsch ist. Ein Gemüsehändler aus der Umgebung der Schule erzählte ihm, dass sein Kind in der Volksschule Kolonitzgasse Schwierigkeiten in Deutsch habe und er selbst ihm nicht helfen könne. Ernst Beer sprach mit Oberstufenschülern, die sich bereit erklärten, Förderunterricht zu halten.

Dr. Beers Handeln war immer von großem Verständnis für die Probleme der Jugendlichen geprägt – damals wie heute. Er fragte uns, die wir täglich in schulischen Zusammenhängen stehen, wie wir mit den Schülerinnen und Schülern zurechtkommen, wie sich das Unterrichten heute abspiele. „Man muss den jungen Leuten ja helfen, es ist schwierig geworden, erwachsen zu werden," meinte er zum Schluss.

Martha Bernardi

Die Gegenwart

SCHULISCHE VERMITTLUNGSFORMEN DES HOLOCAUST UND DIE BEHANDLUNG VON RECHTSEXTREMISMUS IN DER SCHULE

Die Frage, warum sich die Schule verstärkt mit dem Thema Holocaust und Rechtsextremismus beschäftigen muss, beantwortet die Realität: Bei den Nationalratswahlen 2008 wurde die FPÖ bei den unter 30-jährigen stimmenstärkste Partei. Ebenseer Lehrlinge und Wiener Gymnasiasten fielen durch neonazistische Aktivitäten und Äußerungen auf. Heftiges mediales Interesse und schnelle Vorschläge aus der Politik (z. B. der Vorschlag, mehr Gedenkstättenbesuche zu machen) folgten.

Aus der empirischen Sozialforschung weiß man, dass ein beträchtlicher Teil der Jugendlichen kein Vertrauen in Demokratie hat[1]. Sind neonazistische Aktivitäten daher nur die Spitze des Eisberges? Oder missversteht man die Protestformen von Jugendlichen, mit denen LehrerInnen konfrontiert werden?

In den Schulen sollte aus all diesen Gründen ein neuer Anlauf genommen werden, um aus den bisherigen Erfahrungen lernen zu können: Seit über 30 Jahren gibt es den Erlass zur Politischen Bildung, das Unterrichtsprinzip hat auch verstärkt Eingang in die Lehrpläne gefunden. Denn es zeigt sich immer klarer: Antifaschistische Erziehung, die Bearbeitung rechtsextremer und antidemokratischer Haltungen sind essentieller Teil der Erziehung zur Demokratie.

Die Bandbreite von Bearbeitungsformen des Holocaust in der Schule

Zwischen elaborierter didaktischer Literatur und der mühsamen schulischen Alltagsarbeit klaffen manchmal Abgründe: Der Berg kreißt und gebiert ein Mäuschen, so könnte man das Verhältnis bezeichnen. Jeder Lehrer weiß, wie verschieden Klassen sein können, jeder Direktor weiß, wie verschieden sich ein Lehrerkollegium zum Thema Holocaust verhalten kann. Demgemäß werden Lehrer auch verschiedene Bearbeitungsformen des Holocaust in der Schule wählen: vom einfachen, lehrplangemäßen Unterrichtsthema von mehreren Stunden bis zum aufwändigen Schulprojekt, wie es hier am RG3 Radetzkystraße gemacht wurde.

Aber auch bei der einfachen Bearbeitung gilt es ein paar Stolpersteine zu beachten. Während der Arbeit am Geschichtebuch für die 7. Klasse „Aus Geschichte lernen", das war der Band mit Egon Schiele am Umschlag, gab es intensive Diskussionen in unserem Redaktionsteam über die bildliche Darstellung eines Vernichtungslagers und über geeignete Texte zur Bearbeitung im Unterricht. Die Einwände gegen Fotografien lauteten: Entweder seien die Fotos von Tätern „geschossen"(!) und damit verharmlosend oder sogar beschönigend oder sie wurden von den alliierten Soldaten gemacht, um die Gräueltaten zu dokumentieren, dann würden sie vielleicht Abwehr hervorrufen. Außerdem muss man sich vor Augen halten, dass Abbildungen von ausgemergelten Gestalten oder verhungerten Menschen in unserer bilderüberfluteten Zeit auch auf Werbeplakaten oder Plakaten karitativer Organisationen zu sehen sind und damit ist das Bildmotiv inflationiert und entwertet. Daher entschieden wir uns im Redaktionsteam für die „Illustration" des Vernichtungslagers Aus-

Bildquelle: Aus Geschichte lernen. 7. Klasse, Oskar Achs – Manfred Scheuch – Eva Tesar, ÖBV und HPT Wien. 3. Auflage 2002.

chwitz durch die Opfer selbst und zwar in Form von Zeichnungen, die ein junger Überlebender angefertigt hatte.

In diesem Zusammenhang sei auch an die Diskussion über den Einsatz des Films „Schindlers Liste" in den Schulen erinnert. Die eine – strenge, puristische – Position vertrat die Meinung, dass durch die filmische Erzählung ein sentimentaler Zugang zum historischen Geschehen eröffnet würde; die andere – offenere – Position argumentierte, dass durch den gefühlsmäßigen Zugang, durch die Identifikation mit den positiven Gestalten des Films, der Boden für eine analytische und strukturelle Behandlung des Themas im Unterricht bereitet werde. Beide Positionen haben gute Argumente, pragmatisch gedacht finde ich jedoch, sollte jede Gelegenheit für einen wirksamen Einstieg in das Thema Holocaust ergriffen werden. Aber auch hier gilt: Der Medieneinsatz muss an die jeweilige Klassensituation angepasst werden. Materialien dazu werden inzwischen vielfach angeboten.[2]

Findet sich an einer Schule eine engagierte Gruppe von Lehrern, kann das Thema noch besser als fächerübergreifendes Projekt bearbeitet werden. Damit sind nicht nur die „üblichen Verdächtigen", Geschichte und Politische Bildung sowie Deutsch, Religion oder Philosophie gemeint, sondern auch die Naturwissenschaften, Mathematik, Biologie, aber auch Bewegung und Sport. Hier kann das kalt kalkulierende biologistische Menschenbild der NS-Ideologie einprägsam dargestellt werden. In der Behandlung des Themas Holocaust in der Schule sollten aber meiner Einschätzung nach verstärkt auch die Täter einer Analyse unterzogen, und dargestellt werden.

Das Gedenkprojekt Radetzkystraße war ein aufwändiges Schulprojekt, das in seinem Umfang und in seiner Differenziertheit wahrscheinlich nur an wenigen Schulen durchgeführt werden kann. Voraussetzung für ein solches Projekt sind mehrere Faktoren: Die eigene Schule ist auch eine „Gedenkstätte", d. h. im Falle des RG3, dass es 1938 eine jüdische „Sammelschule" wurde, weil die jüdischen Schüler von den anderen Schulen separiert wurden. Dazu muss ein/e engagierte Kollege/in (in unserem Fall Kollegin Mercsanits), dem/der die Aufarbeitung ein wichtiges Anliegen ist, kommen, um mit einem Kernteam von KollegInnen die Vorbereitungsarbeiten zu beginnen. Damit dieses große Projekt aber gelingt, ist ein antifaschistischer Grundkonsens im Lehrkörper nötig. Dieser war im RG3 gegeben. Die Darstellung des Projekts (Recherchen im Schularchiv, Exkursionen im Bezirk und nach Auschwitz, Zeitzeugengespräche, ...) wird im vorliegenden Projektbericht geleistet.

Faszinierend an unserem Schulprojekt war, dass am Ende buchstäblich alle in der Schule Tätigen eingebunden waren.

Im Nachhinein erwies sich die Struktur des Festakts und der Enthüllung der Gedenktafel als äußerst erfolgreich, weil so viele Bereiche angesprochen wurden: das Gefühl (Lieder der Schüler des RG3, Begrüßung der ehemaligen jüdischen Schülerinnen und Schüler des RG3, Verlesung der Namen der ermordeten Schülerinnen und Schüler), die Staatsautorität und die sachliche historische Analyse (Bundespräsident Dr. Heinz Fischer), die Kontemplation (Klavierstücke gespielt von Paul Gulda), das Gebet (Kaddish bei der Enthüllung der Gedenktafel) und die Entspannung beim großen koscheren Buffet.

Die Bewältigung der Logistik einer so großen Veranstaltung brachte für alle Beteiligten einen großen Lern- und Erfahrungsgewinn.

PRÄVENTION UND HISTORISCH-POLITISCHE BILDUNG

Die Vermittlungsformen des Holocaust bedürfen einer Einbettung in historisch-politische Bildung (Erlass 2009). Wird das Thema isoliert von politischen Bildungsinhalten behandelt, verkommt es zum bloßen „Event", eine Kritik, die auch an der Aktion „letters to the Stars" geäußert wurde. Ein unvorbereiteter oder nur so nebenbei (wir haben noch einen Tag in unserer Sommersportwoche, fahren wir halt nach Mauthausen) gemachter Gedenkstättenbesuch wird dann schnell zur „zivilreligiösen Handlung" bzw. zur säkularreligiösen Pilgerfahrt, von der man sich einen „kathartischen" Effekt, also die Reinigung des Besuchers/der Besucherin in der Begegnung mit Leid und Schrecken erwartet[3].

In einer aufgeklärten, politisch gebildeten Auseinandersetzung ist das Bemühen um das Verstehen der Vorgänge am konkreten Ort vorrangig: Was geschah, wie konnte es dazu kommen, was bedeutet das für uns heute? (s. a. Lehrgang „Pädagogik an Gedächtnisorten", PH Linz).

Eine Gedenkstätte, und das kann auch eine Schule sein (!), ist immer der konkrete Lernort über die NS-Gewaltherrschaft, der Zugang sollte sein: Hier geschah es, unter spezifischen Umständen und unter Beteiligung konkreter Menschen.

Allerdings lehrt die Erfahrung, je konkreter und genauer die Behandlung des Themas wird, desto schneller stößt man auf vielfältige Abwehrmechanismen. In Österreich ist der Antisemitismus mit seinen vielen historischen Schichten (religiös, wirtschaftlich, rassisch) kein politisches Tabu und er war auch das Kernstück der NS-Ideologie. Aber auch in der Klasse mit ihrer oft so unterschiedlichen sozialen und ethnischen Zusammensetzung werden Lehrer beim Thema Holocaust mit verschiedenen Formen von antisemitischen, rassistischen Haltungen und Äußerungen konfrontiert. Der Holocaust wird oft als von außen auferlegte moralische Bürde empfunden: Wann werden „sie" endlich aufhören „uns" „damit" zu belasten, denn „wir" wollen unbelastet in die Zukunft gehen und uneingeschränkt politisieren dürfen[4].

So oder so ähnlich könnte ein für die Rezeption von antisemitischen Sagern bezeichnendes Deutungsmuster lauten. Ein anderes Verhaltensmuster ist die Provokation. Rechte Funktionäre im jugendlichen Outfit reden antisemitisch, um damit ihren Mut gegenüber den „Mächtigen" zu beweisen und um die „political correctness" – als ironisch gebrauchtes Schimpfwort – herauszufordern. Sie bezeichnen sich als Sprachrohr des „kleinen Mannes" und üben, wie viele Studien – aber auch die Wahlerfolge zeigen – auf Jugendliche großen Einfluss aus.

In der Schule stellen solche Sager von Schülern eine große Herausforderung für Lehrer dar, weil sich dahinter ein breites Spektrum von Motiven verbergen kann: Eine wirkliche rechtsradikale Position bzw. Sympathie für manche Teilbereiche wie z. B. rassistische Äußerungen; oder eine Mischung aus Provokation und Unwissen, Migrantenjugendliche äußern zum Teil manchmal krasse nationalistische Haltungen. Pädagogische Universalrezepte dagegen gibt es nicht, erfahrene Lehrer werden sich aber diese Debatte im Unterricht oder in einer Projektarbeit nicht aufzwingen lassen.

Auch hier gilt es: Je konkreter an Orten (Gedenkorte) und von Personen (Zeitzeugen) die Ereignisse bearbeitet werden, desto größer ist der Lernerfolg.

Am Beispiel der eigenen Schule kann man, wie hier am RG3 gezeigt wurde, viel über diese Institution lernen, über Indoktrinierung und Gemeinschaftsbildung und vor allem über die Kontinuität mancher Erziehungs- und Bildungsvorstellungen[5]. Das Pathos des „Nie wieder" der siebziger Jahre ist von einer nüchternen Einschätzung abgelöst worden: Antifaschistische Erziehung ist vor allem Erziehung zur Demokratie, ist vor allem auch politische Bildung. Hier muss auf jeden Fall die Diskrepanz zwischen Demokratieideal und Demokratiewirklichkeit, zwischen Anspruch und Wirklichkeit herausgearbeitet werden. Aber nicht im rechtsradikalen denunziatorischen Sinne, sondern im Sinne eines Modelllernens und eines Komplexitätszuwachses von politischen Urteilen.

So verstanden kann Schule selbst zum Lernort werden. Mit der Einschränkung, dass auch hier Abhängigkeiten und strukturelle Vorgaben (Erfahrungen im Schulgemeinschaftsausschuss) vorhanden sind.

Eva Tesar

1 Filzmaier, Peter/Klepp, Cornelia (2009). Mehr als wählen mit 16. Empirische Befunde zum Thema Jugend und Politische Bildung. Österreichische Zeitschrift für Politikwissenschaft. Schwerpunktthema:Politische Bildung revisited. S 341 ff.

2 Dreier, Werner (2010). Historisch-politische Bildung über Nationalsozialismus und Holocaust. Jahrbuch 2010. Dokumentationsarchiv des österreichischen Widerstands (DÖW). S26 ft.

3 Dreier, Werner (2010) a.a.O. S 32.

4 Dreier, Werner (2010) a.a.O. S 35.

5 Peham, Andreas/Rajal Elke (2010). Erziehung wozu? Holocaust und Rechtsextremismus in der Schule. Jahrbuch 2010. DÖW. S 54ff.

ERZWUNGENE EMIGRATION

Fluchtort Shanghai

1. VORBEMERKUNG

Im Jahr 2008 hat meine Schule eine Gedenkfeier für ehemalige jüdische Schülerinnen und Schüler veranstaltet, die 1938 auf Grund der nationalsozialistischen Diktatur und der damit verbundenen Judenverfolgung schließlich zur Emigration gezwungen waren, um einem noch schrecklicheren Schicksal, oder präziser ausgedrückt, schlimmeren Verbrechen der Nationalsozialisten, dem Holocaust, zu entgehen.

Ich habe im Zuge der Veranstaltung mehrere dieser ehemaligen Schülerinnen und Schüler kennengelernt und war erstaunt, wie bereitwillig und erfreut über das Interesse, das bei vielen Schülern vorhanden war, sie ihre Erinnerungen in Worte fassten und schockierende und berührende Geschichten erzählten.

Besonders die Begegnung mit Herrn Georg Fischer hat mich so beeindruckt, dass ich Überlegungen anstellte, seine Biographie im Rahmen einer Fachbereichsarbeit zum Thema Emigration zu bearbeiten. Leider konnte mein Vorhaben nicht mit ihm realisiert werden, da er im Oktober 2009 im Zuge einer Reise nach Asien verstorben ist. Erst da wurde mir vollends bewusst, wie wichtig die Auseinandersetzung mit Zeitzeugen ist, denn es gilt, ihre Geschichte aufzuzeichnen, zu bewahren und daraus zu lernen. Frau Gertrude Laufer, eine Zeitzeugin, die wie Herr Fischer in Shanghai in der Emigration gewesen war, stellte mir dankenswerterweise ihr Wissen, ihre Geschichte und sogar einige Dokumente für meine Arbeit zur Verfügung.

Unsere Schule wurde 1938 zu einer Sammelschule für jüdische Kinder umfunktioniert, bevor ihnen einige Monate später der Unterricht vollends verwehrt wurde. Was ist dann mit diesen Schülerinnen und Schülern und ihren Familien passiert? Dieser Frage wollte ich am Beispiel der Biografie der Zeitzeugin Gertrude Laufer nachgehen. Neben einem allgemeinem Überblick über jüdische Emigration bekam ich auf diesem Weg einen detaillierten Einblick in die Emigration nach Shanghai.

Ich möchte in der folgenden Zusammenfassung die Besonderheiten dieses Emigrationszieles darlegen.

2. EXILLÄNDER

Die Emigration wird schon im Laufe der 30-er Jahre zusehends verschärft. Ab Kriegsbeginn stellen das Deutsche Reich und die Exilländer zunehmend nahezu unerfüllbare Bedingungen. Dazu zählen unter anderem ein Arbeitsfähigkeitsnachweis, der Nachweis eines Verwandten im Zielland und der Vermögensnachweis, der in Kombination mit der sogenannten „Reichsfluchtsteuer“ den meisten Emigranten eine Ausreise fast unmöglich macht.

Als oftmals letztes Emigrationsziel blieb Shanghai. Bis Ende 1937 hatten erst 300 jüdische Flüchtlinge den Weg nach Shanghai absolviert[1]. Die Konferenz von Evian endete 1938 ohne Beschlüsse die Konkretes versprochen hätten. Im selben Jahr passierte schließlich schrittweise das Gegenteil, die begehrtesten Destinationen begannen die Einwanderungsbedingungen massiv zu verschärfen. So war es zum Beispiel ab Ende des Jahres 1938 absolut nicht mehr möglich, ohne Visum nach Großbritannien einzureisen, was auch eine Reaktion auf den Anschluss Österreichs und die damit verbundene stark zunehmende Zahl an Emigranten, die unter anderem nach Großbritannien einreisen wollten, darstellte[2].

Auch Frankreich, dessen Immigrationspolitik bis zu diesem Zeitpunkt eine der großzügigsten Europas war, schränkte die Einwanderung vor allem nach der Reichspogromnacht massiv ein[3]. Die Schweiz verabschiedete neue Gesetze zur Beschränkung der Immigrationszahlen, Polen begann damit, den sich im Ausland befindlichen polnischen Juden die Staatsbürgerschaft zu entziehen[4].

Es war also vor allem der Mangel an Alternativen, der im Jahr 1938 nun bereits 1500 Juden dazu brachte, nach Shanghai zu emigrieren, wobei noch anzumerken ist, dass davon zwei Drittel aus Österreich stammten, wo sich bei den Bewohnern jüdischer Abstammung nach dem Anschluss Verzweiflung ausbreitete, die zu einer Massenflucht führte. Im Jahr 1939 stiegen die Einwanderungszahlen in Shanghai weiter massiv an, es waren nun schon über 1000 Flüchtlinge pro Monat, die im Jahre 1939 Shanghai erreichten[5].

Nanking Road in Schanghai, Fotografie von Berthold Metis, um 1940. Metis war 1938 mit seiner Familie nach Schanghai geflohen, nachdem er zuvor drei Wochen in KZ-Haft gewesen war.
© Jüdisches Museum Berlin, Schenkung Rita Opitz.

3. DIE ORGANISATION DER REISE

Shanghai war für die jüdischen Emigranten nur mittels Bahn- und Schifffahrt zu erreichen. Die Emigranten, die Shanghai „wählten“, waren gezwungen, dies zumeist sehr kurzfristig zu tun, da ihre Existenz von der sich rapid verschärfenden politischen Lage stark bedroht wurde. Als im Jahr 1938 Massenverhaftungen noch nie dagewesenen Ausmaßes stattfanden, wurden die hauptsächlich männlichen Juden, wenn überhaupt, nur freigelassen, wenn sie vertraglich unterschrieben, dass sie das Land innerhalb eines bestimmten, meist äußerst kurzen Zeitraums (in der Regel nur einige Wochen) verlassen würden[6].

Nach der Reichsprogromnacht musste die Organisation der Reise oft von den Müttern in den Familien übernommen werden, nebenbei mussten sie eruieren, in welche Konzentrationslager ihre Männer deportiert worden waren, um dann bei der Polizei oder der Gestapo herauszufinden, ob und wie sie wieder freizubekommen wären. Die Besorgung von Schiffskarten war insbesondere ab Ende 1938 eine nahezu unerfüllbare Aufgabe, da ab diesem Zeitpunkt alle Schiffe restlos ausgebucht waren. Nun blieb nur noch auf eine Stornierung zu hoffen oder den Weg der Bestechung zu wählen, um so vielleicht noch an eine Karte zu kommen[7].

In den Straßen des Ghettos von Shanghai, das zum Teil auch von Chinesen bewohnt wird, verkaufen europäische Flüchtlinge ihre letzte Habe an Chinesen und japanische Soldaten.
Foto: H.J. Szelinsky; aus: Wolfgang Benz / Hermann Graml / Hermann Weiß (Hrsg.): Enzyklopädie des Nationalsozialismus, München; 1998, S. 297)

Beim Packen der Sachen durften die Juden nur das Nötigste mitnehmen, wertvolle Sachen durften nicht ausgeführt werden, und der Geldbetrag, der über die Grenzen mitgenommen werden durfte, wurde von den Nationalsozialisten auf 10 Mark pro Person beschränkt. Viele Emigranten wurden beim Packen von Zollbeamten überwacht, um das Mitführen wertvoller Waren zu vermeiden, und selbst Kisten, die nur das Nötigste enthielten und den strikten Vorschriften der Nationalsozialisten entsprachen, wurden den Eigentümern oft weggenommen und nicht wieder ausgehändigt. An den Grenzen waren die Emigranten oft nochmals schweren Demütigungen und Schikanen ausgesetzt, bevor sie endlich ausreisen durften[8].

4. IN SHANGHAI

Das Leben in Shanghai war für die Flüchtlinge, die im Heimatland von den Nationalsozialisten ihres Besitzes beraubt worden waren, extrem beschwerlich. Als sie die luxuriösen Schiffe verließen, wurden sie auf Lastwagen zu Unterkünften transportiert, die stark von dem abwichen, was die Flüchtlinge aus ihrer Heimat gewohnt waren. Auf engstem Raum mussten die Flüchtlinge nun leben, sie waren oft zu zwanzigst in einem Raum untergebracht. Um die Hygiene war es sehr schlecht bestellt, die dort untergebrachten Juden wurden oft von Wanzen geplagt, Wasser musste vor dem Trinken abgekocht werden, die Toiletten wurden gemeinschaftlich genutzt und die Sauberkeit in den Unterkünften war bei der großen Anzahl an Bewohnern oft nicht aufrecht zu erhalten[9].

Die Flüchtlinge wurden von den vielen verschiedenen ethnischen Gruppen beziehungweise Schichten in Shanghai sehr unterschiedlich aufgenommen. Die Gemeinde der Juden aus Bagdad bemühte sich zum Beispiel sehr, den Flüchtlingen das Überleben in Shanghai zu sichern und ihnen die Integration zu erleichtern. So finanzierte sie – zusammen mit der ursprünglich zum Zweck der Unterstützung jüdischer Opfer des Ersten Weltkriegs gegründeten Organisation „American Jewish Joint Distribution Commitee“ – die Unterkünfte und gründete außerdem ein Hilfskomitee, das versuchte, die Flüchtlinge auch in die Wirtschaftswelt Shanghais zu integrieren. Im täglichen Leben der Flüchtlinge gab es einige strenge Regeln und Gesetze, über die die Flüchtlinge ebenfalls vom Hilfskomitee informiert wurden. So war es ihnen damals zum Beispiel ausdrücklich untersagt, mit Reportern über ihre Situation zu sprechen, jegliche politische Gespräche waren für sie strengstens verboten[10].

Auch die etwas größere, wenngleich auch nicht ganz so wohlhabende Gemeinde russischer Juden, die einige Jahre zuvor vor dem Stalinismus nach Shanghai geflüchtet waren, bot Hilfe an, die sich allerdings weniger organisiert sondern eher individuell gestaltete. Im zwischenmenschlichen Kontakt war das Verhältnis zwischen den Flüchtlingen und den beiden Gemeinden allerdings immer sehr distanziert beziehungsweise fand ein Kontakt überhaupt eher selten statt, die Flüchtlinge waren gesellschaftlich weitgehend isoliert[11].

Männer in einem Flüchtlingsheim in Shanghai, Foto von Arthur Rothstein, ca. 1939.
© United Nations Archives, Arthur Rothstein Collection, New York.

Hilfe der ebenfalls vorhandenen, sehr wohlhabenden Schicht westlicher Geschäftsmänner war nur in vereinzelten Fällen existent und geschah, wenn, dann ebenfalls individuell. Im Gegenteil, sie versuchten im Rahmen der Macht, die sie in den letzten Jahren durch ihr großes Vermögen in Shanghai erlangt hatten, im Dezember 1938 eine Blockade für weitere Flüchtlinge zu erreichen. Kurz darauf intervenierten die beiden Regierungen der Amerikaner und der Briten, um die nationalsozialistische Regierung davon zu überzeugen, den Juden die Emigration nach Shanghai zu verbieten, was allerdings von diesen vorerst nicht realisiert wurde[12].

Die japanische Regierung, unter deren Herrschaft Shanghai zu dieser Zeit stand, lehnte die von der wohlhabenden Schicht geforderte Blockade ab. Dies geschah wohl auch unter Berücksichtung der diplomatischen Beziehung zu den alliierten Nationalsozialisten, die dadurch gestärkt wurde, weil es diesen eine schnellere Umsetzung der Vertreibung der Juden ermöglichte[13].

Im Laufe des Jahres meldeten die japanischen Behörden jedoch, dass der wachsende Anteil der Flüchtlinge am Arbeitsmarkt negative Auswirkungen auf die Beschäftigungsrate der Japaner hätte, worauf die japanische Regierung zu eruieren versuchte, wie die Nationalsozialisten auf eine Einreisebeschränkung reagieren würden. Als diese keine negativen Reaktionen zeigten, reagierten die Japaner schnell und vermeldeten, dass Emigranten, die die Reise nach Shanghai nach dem 20. August 1939 angetreten hatten, nicht mehr einreiseberechtigt seien. Im Oktober wurde dieses Gesetz zwar noch etwas relativiert, Emigranten, die nahe Verwandte in Shanghai, einen Arbeitsvertrag oder 400 US-Dollar besaßen, durften noch einreisen, was jedoch noch immer eine massive Einschränkung der Immigration bedeutete[14].

Die jüdische Hilfsagentur HICEM stellte einigen Emigranten das zur Einreise nötige Geld zur Verfügung, einige Unternehmen aus Shanghai boten Arbeitsverträge für diejenigen Emigranten an, die sonst nicht einreiseberechtigt gewesen wären. Trotz dieser Bemühungen schafften es nur noch wenige hundert Juden nach Einführung der Beschränkungen nach Shanghai zu emigrieren, nahezu endgültig beendet wurde die Emigration nach Shanghai mit dem Kriegseintritt Italiens im Juni 1940, woraufhin das Mittelmeer unpassierbar war. Eine Einreise war somit nur noch über die damalige Sowjetunion möglich, was allerdings nur äußerst wenigen Familien gelang[15].

Obwohl die Japaner, die Shanghai seit 1939 praktisch unter Kontrolle hatten und im Dezember 1941 mit dem Ausbruch des Pazifikkriegs die Stadt auch offiziell besetzten, mit den Nationalsozialisten alliiert waren, mussten die Juden bis 1943 keine Verfolgung erwarten. Bis auf Einzelfälle war diese eigentlich auch nicht vorhanden, obwohl die Nationalsozialisten immer wieder versuchten, die japanische Regierung davon zu überzeugen, dies zu ändern. Die Nationalsozialisten waren in ihren unfassbaren Vorschlägen mitunter sehr konkret, so riet man den Japanern unter anderem, die Juden auf Boote zu verfrachten und sie dort auf offener See zu ertränken. Bis 1943 hielten die Japaner dem Drängen der Nationalsozialisten stand und setzten keinerlei von den Nationalsozialisten vorgeschlagene Maßnahmen in die Tat um[16].

Im Februar 1943 war es allerdings soweit, die Japaner erließen ein Gesetz, wonach alle nach 1937 eingereisten Flüchtlinge ab nun im relativ heruntergekommenen, sozial benachteiligten und auch teilweise zerstörten Stadtteil Hongkou zu leben und gegebenenfalls dorthin zu übersiedeln hatten. 8000 Flüchtlinge waren von diesem Umzug betroffen, dieser musste binnen dreier Monate vollzogen sein[17].

Auch wenn die Japaner nun doch antisemitische Maßnahmen umgesetzt hatten, nahmen sie innerhalb Hongkous immerhin keine gewalttätigen Dimensionen der Verfolgung an. So wurden nur sehr wenige Einzelfälle bekannt, in denen es zu behördlichen Übergriffen kam[18].

Ein großes Problem in Hongkou stellten die Krankheiten dar. Das Immunsystem der Europäer war gegen die asiatischen Krankheiten nicht gewappnet und der durch Platzmangel bedingte nahe Körperkontakt zwischen den Einwohnern beziehungsweise die meist ungenügende Zufuhr an wichtigen Nährstoffen sorgten oft für schnelle Verbreitung von Viren. Besonders gefährlich waren die Krankheiten Dysenterie (Ruhr), Scharlach und Tuberkulose, die oftmals die Todesursache der zwischen den Jahren 1943 und 1945 circa 1500 verstorbenen Juden darstellte[19].

Die Flüchtlinge brachten durchaus auch Kultur aus ihren Heimatländern mit, so wurden bereits Ende 1939 die ersten Kaffeehäuser in österreichischem Besitz im Hongkouer Gebiet eröffnet, bald gab es auch einige kulturelle Einrichtungen wie zum Beispiel Theater, die für Unterhaltung sorgten[20].

Auch die Bildung für die Flüchtlinge war in Shanghai gewährleistet, wobei die Schule, die die Flüchtlingskinder besuchten, hauptsächlich vom bagdadischen Juden Horace Kadoorie finanziert wurde. Zunächst gingen die Kinder noch zur Shanghai Jewish School, die sich im International Settlement befand. Da diese allerdings bald hoffnungslos überfüllt war, bemühte sich die jüdische Gemeinschaft erfolgreich um ein leerstehendes Gebäude in Hongkou.

Die Kadoorie-Schule nahm im November 1939 ihren Betrieb auf und bot ab diesem Zeitpunkt Bildung für 600 Schülerinnen und Schüler. Anfang des Jahres 1942

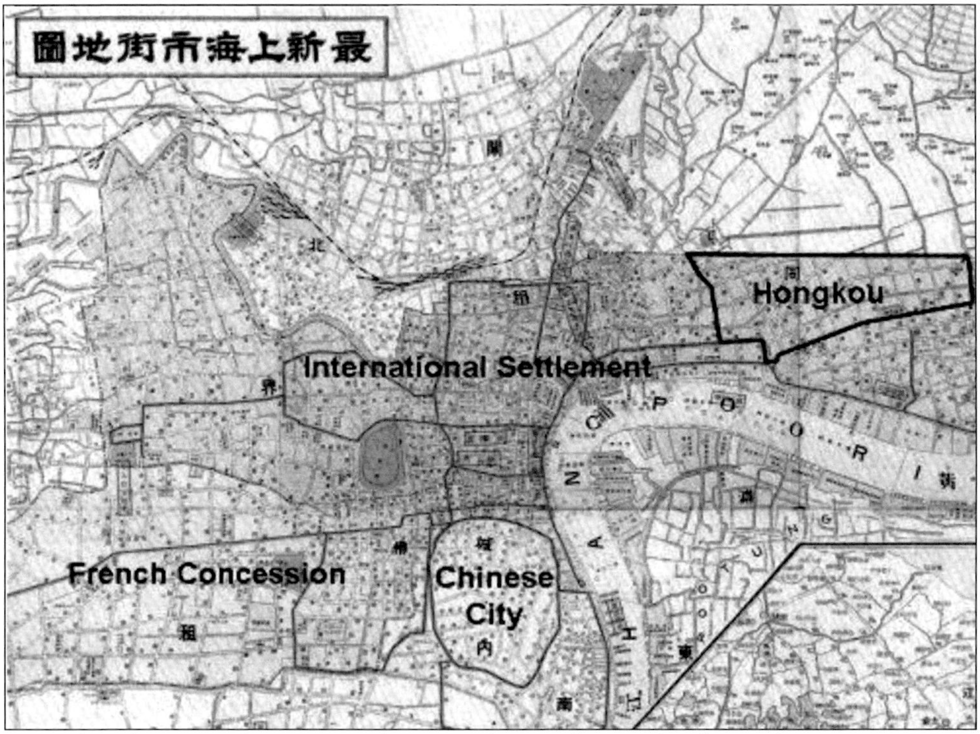

Shanghai Ghetto Hongkou um 1940 („Restricted Sector for Jewish Refugees").

zog die Schule innerhalb Hongkous in ein wesentlich besser geeignetes und auch größeres Gebäude um[21].

In Hongkou war der Zusammenhalt der jüdischen Bewohner grundsätzlich sehr groß, allerdings gab es einige Spannungen zwischen den deutschsprachigen und den etwa 2000 polnischen Juden, die hauptsächlich im Jahr 1941 nach Shanghai emigriert waren, großteils über den Landweg mit der transsibirischen Eisenbahn. Die Unterschiede zwischen den beiden Gruppen begannen bei der Kleidung. Zu Spannungen führte allerdings hauptsächlich die Einstellung zur Religion, wobei die Polen viel strenger nach den vorgeschriebenen Regeln lebten und den deutschen und österreichischen Juden insgeheim vorwarfen, die jüdische Tradition zu verraten, die Gegenseite sah die Polen als religiöse Fanatiker. Die beiden Seiten hatten innerhalb Hongkous also kaum Beziehungen untereinander, wenn doch, dann meistens geprägt durch religiöse Diskussionen und Meinungsverschiedenheiten[22].

Als 1945 sowjetische Nachrichten Shanghai erreichten, die den ersten Filmstreifen aus dem gerade befreiten Konzentrationslager in Auschwitz zeigten, die kurze Zeit später auch durch Radionachrichten anderer Länder ergänzt wurden, sah der Großteil der Shanghaier Bevölkerung zunächst darin übertriebene Propaganda Russlands und glaubte den Geschichten und schrecklichen Bildern im Film nicht ganz. Als nach der Kapitulation Deutschlands weltweit Zeitungen von den schrecklichen

Verbrechen in den Konzentrationslagern berichteten, wurde die Tatsache, dass nahezu alle im deutschen Reich gebliebenen Verwandten von den Nationalsozialisten ermordet worden waren, für die jüdischen Flüchtlinge in Shanghai Gewissheit[23].

Während die Flüchtlinge verzweifelt auf Nachrichten von ihren Verwandten hofften, ging der Krieg in Shanghai weiter. Am 17. Juli 1945 warfen amerikanische Flugzeuge Bomben auf ein Flüchtlingsgebäude in Hongkou. Die vielen Verletzten wurden von den chinesischen Ärzten nicht behandelt, weil diese keine Bezahlung erwarten konnten, weswegen einige jüdische Flüchtlinge mit ärztlicher Ausbildung gewaltsam in Krankenhäuser eindrangen, um an die nötigen Mittel zur Behandlung der Verletzten zu gelangen. Neben den vielen Verletzten gab es 30 Todesfälle, die durch den Vorfall zu betrauern waren[24].

Mit den Atombombenabwürfen am 6. beziehungsweise 9. August auf Hiroshima und Nagasaki war der Krieg auch in Shanghai vorbei, spontane Straßenfeste zum Kriegsende wurden von den Japanern allerdings noch unterbunden. Am 15. August kapitulierten die Japaner dann auch offiziell, der Krieg war vorbei und die Hongkouer Ghetto-Grenzen existierten nicht länger. Nach Kriegsende kam im September 1945 die neue Besatzungsmacht USA in Shanghai an. Die Amerikaner brachten Armee-Rationen mit, die Flüchtlinge bekamen plötzlich Süßigkeiten und Speisen, die sie mindestens fünf Jahre nicht gegessen hatten. Auch in der Wirtschaft Shanghais veränderten sie einiges, so erhielten zum Beispiel 1500 jüdische Flüchtlinge verschiedene aber allesamt sehr gut bezahlte Jobs, Geld wurde in die Renovierung von jüdischen Heimen gesteckt und auch ein jüdisches Gemeindezentrum wurde errichtet[25].

Offiziell gehörte Shanghai wieder China und die Kuomintang-Partei unter Chiang Kai-Shek stand den jüdischen Flüchtlingen negativ gegenüber, weswegen die meisten Juden erneut die Entscheidung treffen mussten, wohin sie gehen. Die begehrteste Destination war auch in dieser Zeit Amerika, der Wunsch dort zu leben war für viele der Flüchtlinge durch den hohen Lebensstandard, den die Amerikaner durch die Besserungen, die sie nach Shanghai gebracht hatten, vermittelten, noch einmal gestiegen. Vor allem die junge Generation, die in der Schule Englisch gelernt hatte, zog es hauptsächlich in die Vereinigten Staaten[26].

Die streng gläubigen Juden bevorzugten in erster Linie die Emigration nach Palästina, wobei die Aussicht auf einen jüdischen Staat für viele so attraktiv war, dass sie bereit waren, die zumeist eher schlechten Lebensbedingungen in Palästina in Kauf zu nehmen. Den Weg, den verhältnismäßig wenige wählten, war die Rückkehr nach Deutschland oder Österreich. Etwa 2.000 Flüchtlinge entschieden sich dafür zurückzukehren[27].

David Kral

Vgl. Hochstadt, Steve: Shanghai Geschichten, Die jüdische Flucht nach China; Teetz/Berlin 2007.

1, 2, 3, 4	S. 12	21	S. 113
5	S. 55	22	S. 114
6, 7, 8	S. 54	23, 24	S. 152
9, 10, 11, 12, 13,	S. 70	25	S. 160
14, 15	S. 71	26	S. 175
16, 17, 18	S. 110	27	S. 176
19, 20	S. 112		

„Spurensuche“

EIN BEITRAG DES WAHLPFICHTFACHES GESCHICHTE / POLITISCHE BILDUNG DER KLASSEN 7AB

„Die Spur ist Erscheinung einer Nähe, so fern das sein mag, was sie hinterließ. Die Aura ist Erscheinung einer Ferne, so nah das sein mag, was sie hervorruft. In der Spur werden wir der Sache habhaft, in der Aura bemächtigt sie sich unser.“

Walter Benjamin

(Walter Benjamin, geboren 1882 in Berlin als Sohn von jüdischen Eltern, nimmt am 27. September 1940 an der spanisch/französischen Grenze aus Furcht vor der Auslieferung an die Gestapo Gift ein).

Die Schülerinnen und Schüler des Wahlpflichtfaches Geschichte/Politische Bildung des RG3 Radetzkystraße waren auf Spurensuche nach unseren vergessenen jüdischen Nachbarn im Weißgerberviertel, im 3. Bezirk.

„Wir wollen die Spuren finden, uns von der Aura der über 13.000 vertriebenen und ermordeten Jüdinnen und Juden des 3. Bezirkes bemächtigen lassen und die Verantwortung für eine Kultur des Erinnerns übernehmen.“ Mit diesem Anliegen beginnt unsere Gruppe den Weg durch das Weißgerberviertel.

Vor 1938 lebten zahlreiche jüdische Familien im 3. Bezirk, eine große Anzahl von Geschäftsleuten, Allgemeinmedizinern, Fachärzten, Rechtsanwälten und Technikern, deren Privatwohnungen, Geschäftslokale, Praxen, Kanzleien und Büros arisiert wurden. Von der Existenz offenbar vieler bedürftiger Familien in diesem Viertel wissen wir durch Recherchen, die das Bestehen mehrerer Wohltätigkeitsvereine im Bezirk belegen.

Dass an den Tausenden vom Bezirksmuseum für den 3. Bezirk recherchierten Adressen eine Vielzahl von Spuren ihrer ehemaligen Bewohner oder deren Nachfolger aufzuspüren sind – seien sie deutlich oder zaghaft, sichtbar oder nur spürbar – stand für uns bei unserer Suche zu hoffen.

Die Orte der durch den Verein „Steine des Gedenkens für die Opfer der Shoa“ in Planung befindlichen Gedenkstellen im Bezirk waren unser Ziel. Vorbei an den fünf bereits verwirklichten Gedenkstellen setzen wir uns auf ihre Spur.

Die Erwartungshaltung ist groß, wir suchen nach sichtbaren, spürbaren Zeichen einer Gemeinschaft, deren anonyme Schicksale wir aus der Anonymität sichtbar werden lassen wollen, die gerade in diesem Viertel vor dem unaus-

Hier befand sich ein Bethausverein; Obere Weißgerberstraße 8

sprechlich Grausamen ein lebhaftes, kulturell und sozial intensives Miteinander gepflegt hatten, ehe sie gedemütigt, verfolgt, vertrieben, ermordet wurden.

Die Gedenktafel erinnert an die Synagoge in der Unteren Viaduktgasse 13.

Wir suchen jede einzelne der Adressen auf und wir erkennen die Spuren nicht. Für solche, wie wir es sind, die wir nicht jahrelange Forschungen darüber betrieben haben, die aber bewusst mit sehr offenen Augen, wissentlich und willentlich danach suchen, ist diese Erkenntnis bitter. Wir sehen nichts, wir spüren nur die Stille hinter anonymen Türen und geschlossenen Fenstern. Nichts mehr deutet auf die rege Geschäftstätigkeit, den Gang in die Synagoge, die Treffen in Bethäusern, in Vereinen und zufälligen Begegnungen auf den Straßen und Plätzen hin. Alles ist leer, nichts ist bezeichnet, nichts voll Freude und Stolz groß geschrieben oder angekündigt. Nur gelegentlich Schilder, die die Wiedererrichtung von Wohnhäusern nach dem Krieg durch die Stadt Wien anzeigen.

Mit Missbehagen stellen wir es fest, und die für uns nicht vorfindbaren Spuren verdeutlichen es: Die Schergen des Naziregimes haben ihr unmenschliches Werk fast vollendet, sie haben beinahe alles Deutliche beseitigt und Zeichen ausgelöscht, zumindest noch Vorhandenes zu anonymisieren. Nahezu hat man den Eindruck, dass diejenigen, die noch verblieben sind, sich gar nicht mehr als jüdische Mitmenschen sichtbar machen wollen; die Gründe kann man nur vermuten, sie ihnen auf keinen Fall verdenken: Verbitterung, Scham, Angst, vielleicht Hass, unendliche Trauer, Hoffnungslosigkeit oder das Gefühl des vollkommenen Verlustes in das Vertrauen an

Wahlpflichtfach Geschichte / Politische Bildung. Frau Prof. Evelyn Hadler und die 7. Klassen.

die Menschheit. Auch ihre Flucht in die Anonymisierung sei respektiert. Aber es ist an uns, ihre Geschichten, auch wenn sie gesichtslos sind, weiter zu tragen, sodass keine einzelne von ihnen in Vergessenheit gerät. In der Schwermut über die Aura, die von uns in der so nicht erwarteten Form Besitz ergriffen hat, sehen wir aber unser an den Anfang gestelltes Ziel bestätigt: Die Verantwortung für das Erinnern in uns weiter zu tragen und sie auf alle uns nachfolgenden Generationen zu übertragen, sich den Spuren zu nähern und sich von ihrer Aura bemächtigen zu lassen.

Evelyn Hadler

Was blieb?!

Die Erinnerung ist das einzige Paradies, aus dem man nicht vertrieben werden kann. (Jean Paul)

Ziel unseres Gedenkprojektes war es, den verfolgten und ermordeten jüdischen SchülerInnen und LehrerInnen des RG3 zu gedenken. Sie wurden wegen ihrer Herkunft vertrieben und aus unserer Gemeinschaft ausgeschlossen. Im Rahmen dieses Projektes nahmen wir an einer Gedenkfeier in Auschwitz teil. Wenn ich an die Exkursion nach Auschwitz zurück denke, so überkommen mich Hilflosigkeit, Verständnislosigkeit und Betroffenheit.

Den Ort zu betreten, an dem Menschenmassen vernichtet, ganze Familien ausgelöscht und unfassbare Verbrechen gegen die Menschlichkeit begangen wurden, löste in mir einerseits große Trauer, andererseits aber auch enormen Zorn aus. Ich erinnere mich noch gut daran, wie viel Zeit es gebraucht hatte, ehe ich das Ausmaß, welches der Holocaust in Auschwitz angenommen hatte, realisieren konnte. Noch heute sehe ich die vielen persönlichen Gegenstände, die den Gefangenen weggenommen wurden und die abgeschnittenen Haare vor mir.

Je öfter ich über das Gedenkprojekt nachdenke, desto lebendiger werden die Erinnerungen an die erste Begegnung mit den ehemaligen jüdischen SchülerInnen unserer Schule.

Um ehrlich zu sein hatte ich vor dem ersten Treffen Angst, da ich nicht wusste, wie ich ihnen gegenübertreten, beziehungsweise wie ich mich ihnen gegenüber verhalten sollte. Worüber spricht man mit Menschen, die vor langer Zeit auf Grund ihrer jüdischen Herkunft oder ihrer Gesinnung vertrieben wurden? Spricht man sie auf ihre Vergangenheit an und stellt ihnen all die Fragen, die einem kein Geschichtsbuch der Welt beantworten kann, oder lässt man sie lieber ruhen, um sie nicht noch mehr an den Schmerz zu erinnern?

Gerade weil sie durch das Gedenkprojekt und ihre Rückkehr an das RG3 ohnehin schon sehr an das Erlebte erinnert wurden, war ich mir sehr unsicher, inwieweit sie sich überhaupt durch meine zusätzlichen Fragen erinnern wollten.

Meine Unsicherheit war aber schon Sekunden nach der ersten Begegnung mit dem Ehepaar Absil verflogen. Beide sind unglaublich glückliche, witzige und überaus lebensfrohe Menschen. Wir haben uns die ganze Zeit über sehr gut verstanden, viel gelacht und ich konnte einiges von dem Ehepaar Absil, vor allem von Frau Absil, lernen. Als ich sie fragte, wie man denn nach so viel schrecklichen Erlebnissen noch so lebensfroh sein konnte, sagte sie mir folgendes: „Die Vergangenheit hat mich zu dem gemacht, was ich jetzt bin, und auch wenn ich schlimme Erlebnisse hatte, so macht allein das Vergessen das Leben erträglich."

Ich werde Herrn und Frau Absil aber auch alle anderen Zeitzeugen sicherlich niemals vergessen, vor allem werde ich mich jedoch immer an den Ausdruck der Dankbarkeit, welchen sie die ganze Zeit über in ihren Gesichtern trugen, erinnern.

Wir alle hatten im Zuge des Projektes und der intensiven Auseinandersetzung mit dieser Thematik viel erlebt und so war es äußerst wichtig und notwendig, uns mit all den Impressionen und Erlebnissen nicht alleine zu lassen. Es gab viele Nachbesprechungen, unter anderem auch im Wahlpflichtfach Philosophie, Psychologie und Pädagogik. Speziell diese zwei Stunden kommen mir immer wieder in den Sinn, da es die emotionalsten in meiner ganzen Schullaufbahn waren. Zunächst unterhielten wir uns über die Erfahrungen, die wir mit den Zeitzeugen sammeln konnten. Irgendwann jedoch war ich an einem Punkt angelangt, an dem ich meine Gefühle nicht mehr zurückhalten konnte, und so bahnten sich meine Tränen unkontrolliert ihren Weg. Kurze Zeit danach konnten/wollten auch die anderen Schüler des Wahlpflichtfachs ihre Emotionen nicht mehr verstecken und so weinten auch sie. Es war für uns alle befreiend, in diesen zwei Stunden unseren Empfindungen freien Lauf lassen zu können.

Wenn ich mich an den Tag des Festakts zurück erinnere, so sehe ich sofort wieder den sehr gut besuchten Festsaal vor mir. In ihm fanden sich Vertreter der Politik, Kultur und Medien zusammen mit Professoren, Eltern und Schülern ein. Dass unser Bundespräsident eine Ansprache hielt, der ORF sie aufzeichnete und in einer „Wien Heute" Sendung ausstrahlte und dass sogar Ö1 hinterher ein Interview mit Schülern der Oberstufe durchführte, verdeutlichte uns allen, dass unser Projekt auch außerhalb der Schulmauern höchstes Ansehen genoss.

Ich bin unheimlich stolz an der Gedenkfeier teilgenommen zu haben.

Ich hoffe, dass noch viele Projekte dieser Art folgen werden, um zu verhindern, dass diese Zeit in Vergessenheit gerät. Verdrängen oder vergessen wir gar die Vergangenheit und ihre Fehler, so sind wir verdammt sie zu wiederholen.

Leider müssen wir bei all dem jedoch bedenken, dass es bald keine Zeitzeugen mehr geben wird, aus deren Geschichte wir lernen können.

Keine Wunde ist in mir so vernarbt, dass ich sie ganz vergessen könnte.
(Francesco Petrarca)

Julia Schmied (Absolventin des RG3)

Literaturverzeichnis

QUELLEN

Interview Walter Absil	November 2008
Interview Alexander Aldbrook	Juni /November 2008
Interview Dr. Ernst Beer	Juni 2010
Interview Georg Fischer	September 2008
Interview Chanan Kedar	November 2008
Interview Hildegard Kletecka	September 2008
Interview Dr. Martin Vogel	März 2005

Zahlreiche zwischen 2008 und 2010 erhaltene Briefe/Berichte und Emails von ehemaligen, 1938 von der Realschule Radetzkystraße vertriebenen Schülern und Schülerinnen (oder deren Partnern oder Kindern) bzw. an die Realschule 3 am 29. April 1938 verwiesene Schüler der Realschule II Vereinsgasse, der Realschule II Josef-Gall-Gasse, der Realschule IV Waltergasse, der Realschule V Reinprechtsdorferstraße, der Realschule VI Marchettigasse, der Realschule VII Neustiftgasse, der Realschule IX Glasergasse, des Realschule-Oberlyzeum X Jagdgasse, der Realschule XII Schönbrunnerstraße, der Realschule XIII Hackingerkai, der Realschule XV Henriettenplatz.

Kataloge der Realschule III Radetzkystraße,	1933/34, 1935/36, 1937/38, 1938/39
Kataloge der Realschule I Schottenbastei	1934/35,1937/38
Kataloge der Realschule IV Waltergasse,	1933/34, 1934/35, 1937/38
Kataloge des StG IX Wasagasse,	1930 - 1939
Kataloge des StG II Sperlgasse,	1933/34, 1934/35, 1937/38
Kataloge des RG II Zirkusgasse,	1933/34, 1934/35, 193738
Kataloge des RG XXI, Unterbergergasse,	1933/34, 1937/38
Kataloge des BG/RG VI Rahlgasse,	1933/34, 1934/35, 1937/38

Jahresbericht der Realschule Radetzkystraße 1937/38
Jahresbericht des RG3 Radetzkystraße „100 Jahre Radetzky-Realschule" 1951/52
Festschrift des RG3 Radetzkystraße „150-Jahre Realgymnasium Wien 3" 2001/02
Jahresberichte des RG3 Radtzkystraße 1976 bis 2008
Geschäftsbuch der Realschule Radetzkystraße 1924 -1940

Daten aus dem Meldearchiv des Wiener Stadt- und Landesarchives
Daten aus dem Österreichischen Staatsarchiv: Allgemeines Verwaltungsarchiv
The Central Database of Shoah Victims' Names, Yad Vashem
Daten des Dokumentationsarchivs des Österreichischen Widerstandes DÖW
Daten/DVD Projekt „Namentliche Erfassung der österreichischen Holocaustopfer" DÖW

Verordnungsblatt des Stadtschulrates für Wien, Jg. 1934, Jg.1938
Völkischer Beobachter (Wiener Ausgabe), 28. April 1938

AUTOBIOGRAPHIEN

Aldbrook, Alexander und Eva
Two Lives Together, privatly published in May 2005, Firenze.

Klein, Arthur O.
An Unplanned Roundtrip. Hamilton Books. Maryland, UK 2009.

Spencer, Charles
This is me – all over, but it´s not all over yet, not by a long chalk.
Unveröffentlichtes Manuskript. London/UK 1994.

Rosenbaum, Fritz
One Child´s lonely Passage to Freedom. The Archives, United States Holocaust Memorial Museum, Washington, D.C. May 1996.

Tschol, Brigitte
Erinnern. Die Schicksale der im Jahr 1938 vertriebenen jüdischen Schüler der Ressel-Realschule. Wien 2005.

DARSTELLUNGEN

Achs Oskar, Scheuch Manfred, Tesar Eva
Aus Geschichte lernen. 7. Klasse. 3. Auflage, Wien 2002.

Benjamin, Walter
Das Passagenwerk. In derselbe: Gesammelte Schriften Band 5, Frankfurt/Main, 1983.

Benz Wolfgang, Graml Hermann, Weiß Hermann (Hrsg.)
Enzyklopädie des Nationalsozialismus, München 1998.

Botz Gerhard u: Oxaal Ivar, Pollak Micheal, Scholz Nina (Hrsg)
Eine zerstörte Kultur. Jüdisches Leben in Wien seit dem 19.Jh. Wien 2002.

Dreier, Werner
Historisch-politische Bildung über Nationalsozialismus und Holocaust.

Jahrbuch 2010
Dokumentationsarchiv des österreichischen Widerstands (DÖW).

Dokumentationsarchiv des österreichischen Widerstandes (Hrsg.)
Jüdische Schicksale. Berichte von Verfolgten. Wien 1992.

Engelbrecht, Helmut
Geschichte des österreichischen Bildungswesens. Bd. 5. Erziehung und Unterricht auf dem Boden Österreichs. Von 1918 bis zur Gegenwart. Wien 1988.

Filzmaier, Peter/Klepp, Cornelia

Mehr als wählen mit 16. Empirische Befunde zum Thema Jugend und Politische Bildung. Österreichische Zeitschrift für Politikwissenschaft. Schwerpunktthema: Politische Bildung revisited. Wien. 2009.

Gulick, Charles Adam

Österreich von Habsburg zu Hitler. Wien 1976.

Hilbeg, Raul

Die Quellen des Holocaust. Entschlüsseln und Interpretieren. Frankfurt/M 2002.

Hochstadt, Steve

Shanghai Geschichten. Die jüdische Flucht nach China. Teetz/Berlin 2007.

Krist, Martin

Vertreibungsschicksale. Jüdische Schüler eines Wiener Gymnasiums 1938 und ihre Lebenswege. Wien 2001 2. Auflage.

Messerschmidt, Astrid

Bildung als Kritik der Erinnerung. Lernprozesse in Geschlechterdiskursen zum Holocaust-Gedächtnis. Frankfurt/M 2003.

Peham, Andreas/Rajal Elke:

Erziehung wozu? Holocaust und Rechtsextremismus in der Schule. Jahrbuch 2010. DÖW.

Pollak, Michael

Die Grenzen des Sagbaren. Lebensgeschichten von KZ-Überlebenden als Augenzeugenberichte und Identiätsarbeit. Frankfurt/M. – New York 1988.

Rabinovici, Doron

Instanzen der Ohnmacht. Wien 1938-1945. Der Weg zum Judenrat. Frankfurt/M 2000.

Rath, Ari

Auf dem Weg zum Frieden. Artikel und Essays aus fünf Jahrzehnten. Hrsg: Oswalt Stefanie, Kotowski Elek-Vera, Schoeps Julius H., Berlin Brandenburg 2005.

Stadler, Friedrich (Hrsg)

Vertriebene Vernunft I/II. Emigration und Exil österreichischer Wissenschaft. 1930-1940 Münster 2004.

Stadler, Friedrich (Hrsg) in Zusammenarbeit mit Eric Kandel, Walter Kohn, Fritz Stern und Anton Zeilinger.

Österreichs Umgang mit dem Nationalsozialismus. Die Folgen für die naturwissenschaftliche und humanistische Lehre. Wien New York 2003.

Talos, Emmerich und Wolfgang Neugebauer (Hrsg)

Austrofaschismus. Politik – Ökonomie – Kultur, 1933-1938. Wien 2005.

Personenregister